法律谈判的技能与实践

主编 胡敏飞 刘建明 杨 磊

浙江工商大學出版社
ZHEJIANG GONGSHANG UNIVERSITY PRESS

图书在版编目(CIP)数据

法律谈判的技能与实践 / 胡敏飞，刘建明，杨磊主编. — 杭州：浙江工商大学出版社，2017.3(2018.6 重印)

ISBN 978-7-5178-1997-4

Ⅰ. ①法… Ⅱ. ①胡… ②刘… ③杨… Ⅲ. ①法律—谈判—教材 Ⅳ. ①D90—055

中国版本图书馆 CIP 数据核字(2016)第 322047 号

法律谈判的技能与实践

胡敏飞　刘建明　杨　磊 主编

责任编辑　郑　建

封面设计　林朦朦

责任印制　包建辉

出版发行　浙江工商大学出版社

(杭州市教工路 198 号　邮政编码 310012)

(E-mail:zjgsupress@163.com)

(网址:http://www.zjgsupress.com)

电话:0571-88904980,88831806(传真)

排　　版　杭州朝曦图文设计有限公司

印　　刷　虎彩印艺股份有限公司

开　　本　787mm×1092mm　1/16

印　　张　13.25

字　　数　267 千

版 印 次　2017 年 3 月第 1 版　2018 年 6 月第 2 次印刷

书　　号　ISBN 978-7-5178-1997-4

定　　价　32.00 元

法学专业实训课程系列教材

总主编 楼伯坤

总序
Prefore

法学乃应用之学科。中国的法学教育应该是学科教育还是职业教育，素有争论。我认为这种争论并没有太大意义。学科教育不是单纯的思辨教育，缺乏技术传授的教育其实也谈不上是教育；职业教育也不是单纯的技术教育，没有知识体系的技术教育只能算是经验传授。而高等教育的使命是让学生不仅要懂得一些知识，还要会将这些知识予以应用，并对社会产生积极影响。因此，作为一个完整的法律人才培养体制，法学教育既要注重通识教育，又要注重职业教育。处理好二者的关系，是法学教育健康发展的重要前提。长期以来，我国的法学教育既不重视通识教育，也不重视职业教育，而只偏重于专业知识的传授。教师采用演讲方式讲授系统的理论知识和成文法的具体规定，虽也穿插案例分析、模拟法庭等内容，但其目的是配合理论知识的讲解。貌似进行专业培养，实际上学生的知识面不够宽、法治理念不够牢固、法律素养不够高、实践应用能力不够强，导致学生毕业后适应法律职业所需要的时间比较长，与时代对法律专业人才的要求不相适应。这已成为中国法学教育的通病。

就职业教育而言，法学教育的目的就是要培养具有良好交往能力、自由思考能力、批判性思维能力以及健全的人格和人文关怀精神，融知识、能力与素质于一体的法律专门人才。因此，改变单一的知识传授和学术培养格局，更加注重学生知识面的拓展和法律实践应用能力的培养，是法学教育面临的迫切任务。这就需要根据法律职业的基本要求来调整人才培养计划、完善培养模式、改革培养方案、增加实践教学的环节和内容，突出对学生“实践、运用和操作”能力和技能的训练，以提高学生观察问题、分析问题和解决问题的能力。只有这样，才能使学生在毕业后迅速适应法院、检察院、律师事务所和其他法律实务部门法律职业工作的需要。

提高法科学生的实践应用能力，实践教学是重要途径，也是法学知识与法律实践相结合的主要环节。教育部早在1998年就下发了《普通高等学校本科专业目录和专业介绍》及相关文件，明确规定法学专业的实践性教学环节包括：见习、法律咨询、社会调查、专题辩论、模拟法庭、疑案辩论、实习等。2007年教育部《关于进一步深化本科教学改革，全面提高教学质量的若干意见》进一步强调，“各高等学校要高度重视实践环节，提高学生实践能力，特别要加强专业实习和毕业实习等重要环节”，推动学生实践活动的开展。然而，由于受传统教学理念和教学模式的影响，法学教育与社会实践的结合还停留在形式上，效果并不明显。为从根本上解决法科学生的职业适应能力和创新能力问题，2011 年底，教育部、中央政法委联合启动了"卓越法律人才教育培养计划"，旨在建立法学院校与政法机关的联合培养机制，强化学生法律职业伦理教育和法律实务技能培养，提高学生解决实际法律问题的能力，促进法学教育与法律职业的深度衔接，为新形势下的法学教育工作指明了方向。

教材是实现教育功能的重要工具和媒介，是课程及教学内容的主要载体，也是实践教学课程改革的基础和先导。法学教材建设是法学教育永恒的任务，也是提高教学质量的重要环节。2005 年教育部《关于进一步加强高等学校本科教学工作的若干意见》要求"加强教材建设，确保高质量教材进课堂……对发展迅速和应用性强的课程，要不断更新教材内容，积极开发新教材，并使高质量的新版教材成为教材选用的主体"，而且特别强调教材应当"具有中国特色、中国风格和中国气派"。教材的编写与选用是法学教学改革和发展的基础。但是，法学教材的编写套路一般比较固定，都是按照概念、特征、内容、原则、体系、理论争议等这样的思路下来，这就不能满足实践教学的需求。即使近些年新出版的教材既阐述原理，也分析案例，但总体上还存在原理与案例彼此分离、结合有限、对接困难的问题。因此，破解法学教育的难题，推进法学教学的实践化，教材起着相当重要的作用。

实训教材是指导专业应用技能培养的教科书，是长期实践教学经验的总结。浙江工商大学法学院是由原杭州商学院法律系和原浙江省政法管理干部学院合并组建而成的，其法学专业历史始于 1979 年，是浙江省内较早设立并招收、培养法学专业本科生的高等学府。多年以来，浙江工商大学法学院依托学校"大商科"的办学优势，积极探索实践教学的途径和方法。在实验教学方面，学院将法学专业课程中需要通过实验来讲授的内容，变成了学生自己动手参与教学的模式。借助两校合并带来的资源优势，学校于 2003 年 3 月投资 30 万元，并通过 2005 年省财政 100 万元的专项资助，建成了省内高校一流的"刑侦实验室"，主要承担刑事侦查学的教学任务。在刑侦实验室的基础上，又将与之关联的《法医学》课程纳入实验教学范围，"刑侦实验室"也扩展为"刑侦法医实验室"，面积达到了 250 平方米，主要承担《刑事侦查学》《法医学》《证据法学》等课程的课内实验教学任务。同时，以诉讼法为主体，开始引入诊所教学模式。法律诊所于 2005 年 10 月开业，由 20 多名经过严格选拔的优秀学生担任诊所律师，配备 10 名专业教师进行专门辅导，并且得到了律师事务所执业律师的技术指导，开展社会服务工作。为使诊所教育取得实效，学院从 2006 年开始，与美国太平洋大学麦克乔治法学院和美利坚大学华盛顿法学院合作进行了为期五年的"体验式法学教学"项目，在师资培养和教学方法习得方面取得了重大突破。2007 年建成的以全新模拟法庭为标志的学生综合专业能力训练平台，使得法学理论知识与实践应用相结合，成为法科学生演练组织能力、反应能力和表达能力的重要场所。2009 年学院成为"教育部法律执业技能人才培养实验区”试点，又在整合实验室教学、诊所教学、模拟法庭和社会实践方面作了新的探索，提升了法律诊所教育、模拟法庭课程的位阶，融案例教学于全部实践性课程中，并以学生社团为基础组建法学社会实践小分队，形成了以实验、实训、实习和社会实践为主要环节的实践教学体系。这当中，实训课程的建设成为一项新的任务。因此，从2009年开始，学院以法学核心课程中应用性强的课程为重点，为本科学生开设了“民事法实训”“商事法实训”“刑(事)法实训”“行政法实训”“经济法实训”“民事诉讼法实训”“刑事诉讼法实训”和“行政诉讼法实训”等8门实训课，并着手编写讲义。经过3年多的教学实践，发现了一些课程在教学内容和训练方法上有一定的重叠，加之实体与程序分离，主讲教师往往将其引入了“理论＋案例”的教学模式中，课程内容缺乏可操作性，学生的技术能力提高不快。经过调研和论证，学院于2012年初决定将原先8门实训课中的民事、商事和民事诉讼法合并为“民商事法律实训”，将刑事法与刑事诉讼法合并为“刑事法律实训”，将行政法与行政诉讼法合并为“行政法律实训”，并将法律谈判、调解等非诉讼程序和法律职业道德养成等纳入实践教学课程体系。2012年底教育部和中央政法委公布了“全国首批卓越法律人才教育培养基地”，浙江工商大学法学院成为浙江省属高校中唯一的“应用型、复合型卓越法律人才教育培养基地”，强化实践教学、深化教学效果、提升教学质量，又被推到了培养卓越法律人才的高度。在总结实践教学经验和广泛吸取国内外实践教学最新成果的基础上，浙江工商大学法学院决定编写这套面向21世纪高等学校法学专业的“法学专业实训课程系列教材”，以践行培养高层次应用型人才为目标的办学理念，为卓越法律人才教育培养作出积极的努力。整套教材内容广泛，涵盖了培养法律职业人才的专业技能和素质涵养的总体要求。在教材建设上，第一批出版的实训教材包括《刑事法律实训教程》《民商事法律实训教程》《行政法律实训教程》《调解的技能与实践》《法律谈判的技能与实践》《法律执业道德养成》，根据法律职业类型和学生就业方向需要编写的侦查业务、检察业务、审判业务和律师诉讼与非诉讼业务等方面的实训教材也将陆续出版。

为确保教材编写质量，本套教材选聘了具有丰富实践教学经验的教师担任主编，并吸收了实务部门具有教学指导经验的专家参与编写，致力于打造品牌教材。本套教材具有以下几个方面的特色。一是定位适当、追求卓越。教材编写贯彻了法学院校与实务部门联合培养的要求，在法治理念、法律知识、职业伦理和职业技能上，与时代的要求相适应。二是形式多样、追求优质。根据实践教学课程的特点，采取灵活多样的体例形式，以“学以致用”为目标，争取教材功能在最大程度上得到优化。三是注重应用性，讲求实效。教材编写注重了知识点的应用和技能的可操作性，以满足学生熟练运用法律知识进行创新思考，独立解决疑难、复杂法律问题的能力。

我认为，本套教材同以往的法学实践类教材相比，在质量和层次上都有了新的提升，它既可以作为在校法科生的实训教材，也可作为在职法律人士业务培训的参考书。本套教材的出版，对于推进我国的法学教育特别是法学实践教学必将起到积极的作用。当然，由于实践要求的多样性和编写人员涉足领域的有限性，这套教材也肯定存在许多不足和需要改进的地方，恳请读者提出意见和建议，以便于再版时修正。

楼伯坤

2013 年 7 月 20 日

前言
Foreword

谈判是一门艺术，谈判是一项技能，谈判是一种争议解决方式……不同角度的解读，赋予了谈判不同的内涵。对法学院的学生来说，谈判是一项必备的技能：不管你以后成长为律师、法官、检察官，还是公司法务、法学教授，谈判都将伴随你的职业生涯。

早在20世纪50年代，美国就认识到了培训未来律师谈判技能的重要性；20世纪80年代，英国也将谈判方法和技术的教育引入本科法学项目。① 在中国，将包括谈判在内的法律职业技能培训作为法学院的教学内容之一，是最近十几年的事情。

本书主要用于教授法学院的学生了解并初步掌握法律谈判的技能：第一章是法律谈判的概述，接着依法律谈判的进程，分谈判准备、开局与初次报价、谈判进行中、谈判结束四章，对法律谈判的原理、策略、技巧等进行了介绍、梳理和分析；第六章述及多边法律谈判，第七章探讨的是法律谈判中的伦理道德问题，第八章简单介绍了法律谈判与其他争议解决方式的关系。在第二至第六章、第八章中，我们专门增加了一节模拟练习，为学生进行法律谈判的模拟演练提供事例、练习方案、自我评估表等。我们认为，模拟练习是帮助学生领悟法律谈判程序与技能的最佳方式。

本书的写作，得到了浙江工商大学法学院同仁和部分律师的指导和建议，尤其是罗文燕教授、汪凌萍律师、李慧慧律师，为本书模拟事例的撰写提供了许多帮助，在此一并表示感谢。

编　者

2016年6月

① [英]戴安娜·特赖布：《法律谈判之道》，高如华译，法律出版社2006年版，前言第1页。

目录
Content

第一章　法律谈判概述 …… 1

第一节　什么是法律谈判 …… 1

第二节　法律谈判的模式与策略 …… 13

第三节　法律谈判的沟通技巧 …… 24

第四节　法律谈判的礼仪 …… 40

第二章　法律谈判准备 …… 44

第一节　收集信息 …… 45

第二节　评估各方的利益、权利和权力 …… 49

第三节　制定谈判方案 …… 59

第四节　谈判人员、议事顺序、谈判时间与地点的确定 …… 77

第五节　模拟练习 …… 82

第三章　法律谈判开局与初次报价 …… 86

第一节　法律谈判开局 …… 86

第二节　初次报价 …… 91

第三节　模拟练习 …… 104

第四章　法律谈判进行中 …… 108

第一节　信息交换 …… 108

第二节　磋商与让步 …… 120

第三节　其他常见谈判策略和技巧 …… 136

第四节　模拟练习 …… 144

第五章　法律谈判结束 …… 149

第一节　法律谈判结束 …… 149

第二节　模拟练习 …… 159

第六章　多方法律谈判 …… 163

第一节　多方法律谈判 …… 163

第二节　模拟练习 …… 168

第七章　法律谈判中的伦理道德 …… 173

第八章　法律谈判与其他争议解决方式 …… 185

第一节　法律谈判与其他争议解决方式 …… 185

第二节　模拟练习 …… 194

主要参考文献 …… 198

第一章 法律谈判概述

生活从不缺少争议。因此，作为解决争议最直接最常用的方法，谈判也就无所不在。律师所处理的绝大部分法律事务，最终都会涉及谈判：不管是想替委托人达成一份买卖合同，还是打算提起一宗人身损害赔偿诉讼，或是与你的客户讨论一些未决的法律事务，你都是在谈判。谈判是律师的一项重要任务，是律师职业不可或缺的一部分，甚至影响到律师生涯的成功与否。尽管很多人认为，律师要比一般人更有谈判技巧，但除少数人天生就具有谈判才能外，大多数律师熟练的谈判技能都是通过培训、实践而获得的。法律谈判就是一个将法律培训、法律技能和人际交往能力融合在一起并最终达到预期目的的过程。①

法律职业就是谈判。

第一节 什么是法律谈判

一、谈判的概念

(一)谈判的含义

在日常生活中，谈判事例随处可见：比如你看中了街边橱窗展示的一件小工艺品，或者你想在学校附近租个房子准备司法考试或公务员考试，或者你因为不小心弄破了借来的一件礼服等，你会与店主、房东或礼服的主人，就价格、赔偿等问题进行谈判。谈判是双方或多方通过相互交流、讨价还价，最终达成一致的过程。换句话说，所谓的谈判，是人们为某些事项达成一致而与他人协商，或为达成和解或妥协而讨论问题，②或者说，是有关各方为了自身的目的，在一项涉及各方利益的事务中进行磋商，并通过

---

① [美]X. M. 弗拉斯科纳、H. 李·赫瑟林顿：《法律职业就是谈判》，高如华译，法律出版社2005年版，第3页。

② [英]戴安娜·特赖布：《法律谈判之道》，高如华译，法律出版社2006年版，第3页。

调整各自提出的条件，最终达成一项各方较为满意的协议，这样一个不断协调的过程。谈判与裁判的不同之处在于，后者是由有利益冲突的各方，通过向第三方（仲裁员或法官等）提交证据、进行辩论，然后由第三方做出对各方均有约束力的裁定；而谈判，则是由当事方自己而非第三方决定结果，当事方必须同意或接受最终结果，从而使得协议能够得到履行。

（二）谈判的特点

谈判作为一种互动的社会行为，具有以下几个特点：

1. 谈判是谈判者“给予”与“接受”兼而有之的一种互动过程。① 谈判是双方的而不是单方的给予，单方面的施舍或接受、单方面的让与取，都不是谈判。谈判者要实现自己的利益需求，必须不断地、不同程度地修改自己的利益目标、调整各方的利益关系，即各方都要做出一定程度的让步、妥协，相互调整并最终趋于一致。谈判双方都有自己的需求，一方想要满足自己的需求，须以满足另一方的需求为前提；否则，各方互不相让，最终双方的利益和需求都得不到满足。因此，对各自的利益需求进行调整是实现谈判目标的必然途径。如果一方有足够的权力将所有条件强加给对方，并可以无视对方的利益和需求，迫使对方无条件让步，那不是真正意义上的谈判。

2. 谈判既有竞争性，又有合作性。谈判的前提是，参与者都存在尚未满足的欲望和要求，否则谈判不会发生。谈判者参与谈判的目的，就是通过谈判使己方的这些利益和需求得到满足。但是，由于立场的不同，谈判各方的利益和需求之间存在着冲突。如在买卖合同谈判中，买方希望以尽可能低的价格获得某一物品，而卖方则希望以尽可能高的价格出售这一物品。这就意味着，谈判的过程是各方为实现自己的利益和需求而相互竞争的过程。谈判者可以通过竞争来衡量和估计自己与对方对抗的能力和手段，通过竞争获得各自想要的利益和需求。

但同时，在谈判中，一方利益的实现和需求的满足，离不开另一方的合作。谈判者要想通过谈判使自己的需求得到满足，就必须把谈判当作参与者之间的合作过程，在关注自己利益和需求的同时，也要了解和考虑对方的利益和需求。谈判的目标不是一方独得胜利、另一方完全失利，而是各方都获益。因此，谈判既是一个竞争的过程，也是一个合作的过程。

3. 谈判是谈判者之间进行信息交流、沟通、磋商的过程。谈判包括了“谈”和“判”两个环节：谈，是指双方或多方之间的沟通和交流，是谈判各方通过信息交流，明确阐释自己的意愿和所追求的目标，陈述自己的观点，同时通过倾听对方的要求，接受对方的信息，了解对方的期望、要求、观点、态度等，充分发表各方关于应当承担和享有的责、权、利等看法；判，即分辨、评定和决定，谈判各方只有在交流、沟通的基础上，才能

① 宋莉萍：《商务谈判理论、策略与技巧》，上海财经大学出版社 2012 年版，第 16 页。

够做出相应的决定，最后达成协议。

谈判是一种沟通对话。在谈判过程中，语言运用得好与不好、恰当与否，直接影响到意见、条件、要求等信息的表达和接受。谈判的参与者都是一个个具体的人，随着谈判交流的逐渐深入，谈判者的思想、感情会发生变化。因此，在谈判过程中，谈判者要平和地表达自己的要求、想法和意见，避免与对方发生激烈冲突，通过交流和沟通建立起相互理解和信任的关系，促进谈判的顺利进行。

4. 谈判是一种复杂的人际交往活动。谈判是人与人之间、团体与团体之间利益关系的协调过程。它伴随着谈判者的语言互动、行为互动和心理互动，需要运用交往手段及策略来实现有效协商的目的。每个谈判参与者，都有自己的成长背景和经历，也有与之关联的感情、需求、爱好、性格、习惯、价值观念等，谈判者的个人性格、思维方式和行为习惯会规制和约束谈判的进行，并对谈判结果产生重大影响。因此，这就要求谈判者要了解谈判对手的性格和谈判风格，预测谈判对手的行为，具有较强的洞悉与体察对方心理状态及应变的能力，并能做出应对性的反应。

二、法律谈判与一般谈判的区别

既然谈判无处不在，那么我们这里所说的法律谈判和通常意义上的谈判是否有所不同？不同在哪里？应该说，法律谈判最本质的一点就是，律师是以委托人代表的身份参与谈判的。因此，法律谈判不仅涉及律师与谈判对方或谈判对方的律师之间的关系，还涉及律师与各自委托人之间的关系。对谈判议题的法律咨询以及委托人对谈判的影响，贯穿着法律谈判的整个过程。概括地说，法律谈判和一般谈判的区别主要有以下几点：①

1. 在法律谈判中，有权就一些重要的实质性问题，如是否出价、出价多少、是否接受对方报价或和解方案等做出决定的，是委托人而非作为谈判者的律师。这包含两个层面的意思：一是在法律谈判中，有决定权的是委托人而非律师；二是在委托人做出最终决定前，律师应告知委托人有关谈判事项的各类情况，并提供与之相关的法律意见和建议。

美国律师协会《职业行为示范规则》第 1.2 条(a)款明确规定，律师应遵从委托人关于是否接受某一争议解决方案的决定。该款还规定，律师应遵从委托人关于代理目标的决定，并同委托人商讨采用何种手段实现该目标。② 中国的相关规定虽然没这么明确、具体，但同样要求律师应在委托人的委托权限内行事：《律师执业行为规范》第四

① Donald G. Gifford, *Legal Negotiation: Theory and Applications*, West Group (1989), pp3—7.

② *Model Rules of Professional Conduct Rule* 1.2(a) (2002).

十条规定，律师接受委托后，应当在委托人委托的权限内开展执业活动，不得超越委托权限。不过，在选择实现代理目标的方法和途径上，《律师执业行为规范》更多的将决定权赋予了律师，该规范第三十六条规定，律师及所任职律师事务所有权根据法律规定、公平正义以及律师执业道德标准，选择实现委托人或当事人目的的方案。不管是谈判还是其他争议解决方式，有一点是毋庸置疑的，即律师仅是委托人的“代理人”而已。

如果一项谈判或和解协议能够满足或者实现当事人的利益，那么这就是一份好的协议。因此，衡量某项谈判协议是否成功，依据的不是律师自己的评判标准，而是取决于该协议是否满足，以及在多大程度上满足了委托人的利益，而且要从短期和长期两个角度进行衡量。因此，若想获得一个对委托人真正有益的谈判结果，律师首先必须确定委托人真正的利益，委托人最关心的是什么，他应当和委托人就除达成协议之外的其他各种替代方案进行有效沟通，并告知其各种方案所可能带来的有利、不利结果。比如，在一起专利转让合同谈判中，律师可能会认为，如果不是委托人过早地做出让步、决定接受对方的报价，按照他的计划再持续一段时间的强硬立场的话，他可以为委托人争取在他看来更好的合同条件。但是，只有委托人才能最终决定当前的合同条件对他来说是不是最佳的：如委托人或许会认为对方的报价已经比较公平、合理了，他并不打算更进一步；委托人或许更关注未来与对方的合作前景，而不是仅着眼于在当前这项谈判中获得尽可能多的利益。又如，在一起人身伤害赔偿纠纷谈判中，律师或许会认为，委托人若愿意提起诉讼，获得20万元以上赔偿金额的可能性极高，但是只有委托人才有权利决定，是选择在一周内拿到12万元赔偿金额，尽快了结这起纠纷，还是选择提起诉讼，在接下来的几个月里等待法院可能做出的、判令对方赔偿20万元甚至更高数额的裁决。同一事件，每个人的视角不同、诉求不同，风险承受能力也不同。因此，只有对谈判所涉事项有着直接利害关系的委托人，才有权决定某项协议是否为一项“好”交易。

当然，委托人接受或拒绝某一谈判协议的决定，应当是在律师全面告知相关情况之后做出的。我国的《律师职业道德和执业纪律规范》第二十六条规定，律师应当遵循诚实守信的原则，客观地告知委托人所委托事项可能出现的法律风险，不得故意对可能出现的风险做不恰当的表述或虚假承诺。第三十一条规定，律师应当及时告知委托人有关代理工作的情况，对委托人了解委托事项情况的正当要求，应尽快给予答复。美国律师协会《职业行为示范规则》第1.4条也要求，律师应当合理告知委托人关于委托事项的进展情况，及时满足委托人了解情况的合理要求；律师对委托事项的说明应合理且必要，以便委托人能够据此对委托事项做出决定。就谈判而言，这条规定意味着在谈判推进过程中，律师应及时、持续告知委托人谈判的最新进展：告知委托人对方提出的和解方案，在谈判中与对方律师的交流沟通情况，并向委托人提供与谈判事项相关的事实。

需要指出的是，律师的职责并不仅限于向委托人告知委托事项的相关情况，还包括从专业角度做出判断并向委托人提供直接的法律意见和建议。美国律师协会《职业行为示范规则》第2.1条还建议，律师给予委托人的建议除相关的法律因素外，还应包括其他如道德、经济、社会和政治因素等。如在前述的人身伤害赔偿纠纷谈判中，委托人最终可能决定接受对方提出的赔偿12万元的和解方案，但律师有义务、有责任告知委托人，若将纠纷提交诉讼的话，他很有可能获得比这12万元多近一倍的赔偿。律师需要确认委托人是否真的清楚接受和解方案的后果是什么，是否真的理解委托人所遭受的伤害将给他未来的生活、经济所带来的各种影响，接受这12万元的赔偿是真实意愿还是因为12万元对他而言已经是一笔巨款，出于一时激动做出了接受和解的仓促决定。

2.在法律谈判中，律师是委托人与对方当事人及其律师之间利益冲突的调和者。

在谈判过程中，作为谈判者的双方律师通常会努力促成协议的达成。由于律师并不是直接利害关系人，因此不会像他们的委托人那样无法抽离对谈判所涉争议或事项的感情，而能够以一个更平和、客观的心态去进行谈判，因此也就更容易找到能在一定程度上令双方都较为满意的解决方案，促成协议的达成。不过我们也需要分辨，协议的达成到底是因了律师对委托人之间的利益冲突进行合理、合法的协调，还是因律师错误地屈从于压力甚至于为了和解而和解？有些时候，这两者之间的差别很细微。在一些极端的案件中，也曾出现过律师为了达成和解而出卖委托人利益的情况。

参与法律谈判的律师身上，融合着两种互相冲突的职业压力：一方面，作为委托人的代理人，你有义务在谈判中为委托人争取尽可能大的利益，哪怕给对方造成损害；另一方面，作为一个法律人，你的职业信仰又会要求你去争取一个对双方当事人而言都较为公平、合理的解决方案。因此，就有了这样一种分歧：有效或成功的谈判者是代表受到伤害的委托人获得尽可能高的经济赔偿的律师，还是在特定案子中获得最接近一般判决结果（被视作更为公平）的律师？或者说有效或成功是应依据委托人的需求或期望来判定，还是应根据一些非委托人的因素比如公平或公共利益来判定？通常，对某个谈判者的有效或成功进行评价，应当考虑整个法律体系的目标、律师工作体系的目标。①

3.法律谈判的进程很多时候会因为律师和委托人之间频繁的沟通、咨询而中断，进展相对缓慢。

法律谈判的时长和谈判律师之间的相互交流，会因交易或谈判事项的类型、重要程度等的不同而大有差别。如一起简单的财产损害赔偿谈判，可能只需一个或几个小时；而一起复杂的公司并购谈判，则可能要持续几个月甚至几年。尽管在法学院的法律谈判模拟教学中，学生针对每个谈判事例的模拟演练大多只进行一场面谈就告结

---

① [英]戴安娜·特赖布，前引书，第10页。

束，但在实践中，双方律师通过一次面对面的交锋就达成协议的法律谈判虽然有，却不多见。大多数的法律谈判往往要经过多个回合的文件交换、电话沟通、面对面会谈等多种形式，才能完成。而且，在法律谈判中，当事人与律师之间以及谈判律师相互间的交流也不可能一次就完成。通常，律师和当事人之间的反复商讨、咨询，双方律师之间的多次讨价还价，贯穿了法律谈判的整个过程。最初，许多委托人往往并不完全清楚他自己的目标，或者他最想要的是什么，也不太确定他能够或者承受的风险有多大。谈判开始之前，委托人通常是什么都想要，且会对谈判之外的其他替代性解决方案所可能带来的结果进行不切实际的评估。谈判开始后，在获取了更多信息尤其是谈判对方对谈判事项的观点、意见之后，委托人的期望以及他对某一特定问题或事项的关注，会发生变化。在有些谈判中，当双方的分歧太大或者遭遇谈判困境时，委托人甚至会选择改变他的底线，也即他能接受和解的最低条件，而不是中止谈判。当然在有些案件中，委托人的底线是不变的：如在离婚谈判中，不管谈判过程中出现什么样的新情况或新信息，父母通常都不愿意改变她或他想获得孩子抚养权或监护权的立场。在许多时候，即使委托人坚持底线不动摇，但是他对对方在谈判中的立场和情势的预期、对一旦谈判破裂所可能带来的后果或影响的预期，则会发生不小的变化。

法律谈判本身也是律师获取谈判所涉主要事项相关信息的来源。法律谈判的过程，是律师了解对方当事人对该争议或交易的观点、意见的最佳途径，同时也是律师获悉、了解对方能给自己的委托人带来什么，愿意给委托人什么和解条件的唯一途径。律师在与委托人进行最初的交流时，律师所掌握的信息也是不完整的，因此你给予委托人的一些咨询建议也仅是初步的，包括采取仲裁、诉讼等替代性争议解决方式，律师也无法准确预见裁判结果。律师通过法律谈判获得更多信息后，你需要将这些信息与委托人进行沟通，而委托人的反应通常是根据新的信息，改变或调整他的预期和对某一特定事项的要求，然后和他的律师一起商讨决定，在下一轮的谈判中该如何报价、提出条件、应对对方的报价等。法律谈判的过程及其性质，决定了律师和委托人之间沟通的重要性。

三、法律谈判的分类

根据谈判的目的，法律谈判大体可以分为两类：交易型谈判和争议解决型谈判。

（一）交易型谈判

交易型谈判，是指谈判各方为了进入或建立某种法律关系而进行的谈判。如房屋的买卖、租赁，货物或服务的采购与出售，公司的成立或合并，劳动关系的确立，等等。在交易型谈判中，各方就将来约束他们行为的条件自愿达成共识，其目的在于努力缔结某种关系。

(二)争议解决型谈判

争议解决型谈判,是指谈判各方为解决某一产生于过往事件的争议所进行的谈判。争议源于各方原有的法律关系或某一行为或事件,如因合同履行、侵犯知识产权、人身或财产损害、离婚引起的孩子抚养权以及财产分割争议等。在争议解决型谈判中,谈判各方存在着冲突,谈判的目的在于解决这些冲突。

不过,有些时候,某一法律谈判兼具争议解决和交易两方面的内容:[①]如在某一劳动合同谈判中,就可能同时涉及有关法律规定的安全或工作条件方面的争议解决以及劳动者和用人单位之间维持长期关系这一交易层面的问题;同样,在某一贸易谈判中,各方可能就现有合同条款的含义产生争议并对将来的合同条款进行讨价还价。即使是在一些表面上看来属于"纯"争议解决的谈判中,也会存在某些交易事项。如对于某一租赁合同,承租人声称因出租人未按约提供物品或服务而违约,出租人主张承租人未支付租金而违约,双方可以通过谈判重新起草租赁合同并将各方的权利义务规定得更为详细、具体。

(三)区分交易型谈判和争议解决型谈判的意义

那么区分交易型谈判和争议解决型谈判,又有哪些实际意义呢?[②]

1. 交易型谈判关注利益,争议解决型谈判更关注权利。在解决争议的谈判中,谈判各方更关心的是他们拥有什么样的权利;反之,交易型谈判更关注利益,因为在交易尚未达成之前,通常不存在可支配这桩交易的"权利"。不过有时交易和争议解决是共存于同一谈判中的。因此,在一场解决争议的谈判中,谈判者既可能通过协调各方的利益即缔结一桩新交易,也可能通过追溯那些已经为协议或法律所确立的权利,来解决争议。

从理论上讲,关于利益的谈判,较之关于权利的谈判,更容易朝达成协议的方向前进。通过为获得共同受益设计创造性的选择,利益可以通过多种途径得到满足,进而产生"双赢"的结果;而在关于权利的谈判中,一方的权利即另一方的义务。因此,单纯的争议解决型谈判,通常不太可能存在双赢。

2. 交易型谈判和争议解决型谈判的最佳替代方案存在差异。在交易型谈判中,谈判者的最佳替代方案或者是与其他第三方进行谈判,或者不再进行交易。相对于争议解决型谈判,谈判者的选择余地更大些,同时也意味着替代方案有着更多的不确定性。而在争议解决型谈判中,相对于达成协议的最佳替代方案,就是采取其他的争议解决方式,或调解或仲裁或诉讼。离开谈判桌,对相互间已经存在争议的谈判各方而言,谈

---

① [美]斯蒂芬·克里格、理查德·诺伊曼:《律师执业基本技能:会见客户、咨询服务、谈判、有说服力的事实分析》,中伦金通律师事务所译,法律出版社 2006 年版,第 312 页。

② [美]斯蒂芬·B.戈尔德堡、弗兰克·E.A.桑德等:《纠纷解决——谈判、调解和其他机制》,蔡彦敏等译,中国政法大学出版社 2004 年版,第 68—70 页。

判者的选择比在有可能达成协议的谈判中的更少；而且由于各方对在仲裁或诉讼中胜诉可能性的评估不同，对某一和解方案的评价也就有所不同。因此有些时候，争议解决型谈判的替代方案也存在不明晰的情形。

3. 争议解决型谈判相对更具对抗性。由于争议解决型谈判中的各方更关注如何从处于争议的资源中，"索取"更多的利益或价值，而交易型谈判相对更关注"创造"价值，创造使各方利益都能得到满足的机会。因此从程序上看，争议解决型谈判更有可能存在一种对抗的味道。

4. 谈话的方式和内容也可能存在差异。在交易型谈判中，谈判各方有更多的机会去探讨各方的利益和选择，因此谈话的方式倾向于非正式、理性、友好，且谈话内容的焦点在于未来的关系，如"如果我们达成协议，对我们而言会发生些什么？""我们的未来会是一种什么样的关系和状态"等。而在争议解决型谈判中，由于谈判各方已经存在冲突，所以很多时候谈话会以一种相对正式、不那么友好的方式进行，而谈话的内容则更多地关注于过去——通常包括对引起争议或冲突的所有作为或不作为的过错、责任等的讨论。（见表 1-1）

表 1-1　交易型谈判与争议解决型谈判之比较①

交易型谈判	争议解决型谈判
前瞻性	回顾性
关注创造价值	关注索取价值
关注利益	关注权利
用以替代一份谈判协议的最佳选择经常是不明晰的	用以替代一份谈判协议的最佳选择有时是不明晰的
共同解决问题式的风格	竞争型的风格

四、法律谈判的目标与内容

（一）法律谈判的目标

无论是交易型谈判还是争议解决型谈判，谈判者的目标是与对方进行说服性的交流，并最终让对方同意对你的委托人尽可能有利的协议或和解方案。交流的方式有多种：如威胁对方，如果不能成交，你的委托人将采取某些行动；辩称某一法律法规或者法院的某一判例支持你的立场和观点；承诺对方的让步将获得相应的对价；肯定对方在尝试合理解决问题中的观点；恳求对方给你的委托人留些情面；或故意保持沉默，以激起对方的解释、讨论；等等。谈判者所选择的交流方式，取决于他所制

① [美]斯蒂芬·B. 戈尔德堡、弗兰克 E. A. 桑德等，前引书，第 70 页。

定的策略。但无论何时，谈判都不是一方律师表演的独角戏：谈判不是向对方宣泄委托人的不满和愤怒，也不是律师玩弄文字游戏炫耀口才的舞台，更不是律师卖弄法律专业知识的场合。谈判是一场旨在说服对方就所涉事项或争议达成彼此可以接受的结果的对话。

（二）法律谈判的内容：利益、权利和权力

任何一项交易或争议，都不可避免地会涉及利益、权利和权力：各方利益的差异会把他们带到谈判桌上去，同时，各方的权利和权力又会影响到谈判的结果。因此，法律谈判所谈的，就是利益、权利和权力。

1.各方的利益。利益是需要、欲望、担心、恐惧及对特定一方的预期，是人们所关心或想得到的东西。利益决定了人们的态度。利益包括经济利益、履行利益、心理需求、名声、关系利益、自由利益等多个方面。共同的利益能使交易达成、争议较为迅速地解决，使经济上的考虑得以最大化，使各方之间的关系得以发展或保持，或使心理上的需求得到满足。如在一起发生于邻里间的人身伤害赔偿纠纷中，受害一方的利益包括获得医药费误工费的赔偿、所受伤痛的精神赔偿、内心的宁静、与邻居关系的修复与维持；而对侵害一方而言，其利益包括减轻或免除刑事处罚、免遭报复、内心的宁静、邻里关系的修复等。同样，交易型谈判也会涉及多种利益：如在雇佣合同谈判中，潜在的受雇者不仅关心薪资的高低，而且关心福利、假期、岗位、升职的可能性、未来的发展前途等；而公司的利益则包括了受雇者所受过的培训、工作经历、薪水和福利、其为人处世的能力、团队合作的能力、受雇者是否愿意长期从事这份工作以及其职业成长的潜力等。

在法律谈判中，任何一方都会有多种利益，这些利益中有些可能是共同或互补的，有些则是相互矛盾的。谈判的目的就是协调这些相互冲突的利益，使谈判各方的利益能在一定程度上得到满足或实现。

2.各方的权利。法律谈判中所涉及的权利，有些是依法律法规所确定的，有些是以委托人之间原有的合同为基础的，还有些是为社会接受的行为标准如互惠、平等、先例等为基础的。① 在争议解决型谈判中，谈判通常是在“法律的阴影”(shadow of the law)——各方当事人在某个特定审判中所提出的主张和抗辩——的背景下发生，各方对其所拥有的权利的评估会对谈判结果产生重要影响。在交易型谈判中，谈判并不在“法律的阴影”下进行，但各方当事人的权利确实为交易的讨价还价提供了背景。有时，当事人被特定的法律限制了选择，如法律限制了贷款人能够向借款人收取的利息额度，即使是双方另行达成协议，这种协议一旦发生争议，其效力通常不会被法律支持。除了法律，交易中的谈判者还常常依赖于“商业惯例”或“格式条款”，参照社会或

① [美]斯蒂芬·克里格、理查德·诺伊曼，前引书，第314页。

行业所接受的行为标准作为他们采取立场的基础。

3. 各方的权力。权力是强迫他人做如果不被强迫就不愿意做某些事情的能力，是不需要诉诸行使合法权利即可实施的强制。① 权力主要来源于经济、社会、心理、政治以及专业知识等因素。当事人实施权力的途径有两种：一种途径是进攻，如进行破坏，或宣称向外界公开对方的不法行为等；另一种途径是拒绝，拒绝给予某种关系中产生的利益或满足对方的需求，如拒绝提供后续服务，威胁不让对方探视孩子，等等。权力会对谈判产生影响，有些时候甚至会决定谈判的结果，但是许多时候权力并非绝对，而是会发生变化的。如在房屋买卖的谈判中，开发商通常比购房者拥有更多讨价还价的资本，但开发商必须要在激烈的市场竞争中销售房屋。因此在房屋销售淡季或房地产市场相对低迷的时期，多个购房者联合起来进行集体购买的时候，购房者可能就拥有了更多的权力。

五、法律谈判的过程

尽管每一次的法律谈判都是不同的，有着各自的节奏、进程和时长，但对于大多数法律谈判而言，通常都会经历以下四个基本步骤或阶段：谈判准备、谈判开局、磋商与让步、谈判结束。有的还将一次完整的谈判分成六个步骤：谈判准备、谈判开局、首次报价、信息交换、缩小差距、谈判结束。②

（一）谈判准备

谈判准备是指在谈判开始之前，谈判者围绕谈判议题进行准备的阶段。任何一项重要的尝试都受益于之前的准备工作，法律谈判也不例外。谈判准备阶段的工作包括确定谈判的议题或事项，谈判团队的组建，信息的收集包括委托人的信息、谈判对方的信息及其他相关信息，评估委托人和对方当事人的利益、权利和权力，确立谈判目标和底线，确定最佳替代方案，选择谈判策略，确定谈判时间、地点和议程等等。

谈判准备的重要性毋庸置疑，尽管从表象上看，谈判者的口才、颇具说服力的论辩、应对各种情况的能力，是谈判成功的关键因素。殊不知，充分、有效的谈判准备才是谈判成功的关键。当谈判者最终坐在谈判桌前时，就会明白谈判前的准备工作让他受益匪浅。成功的谈判者往往只有一个选择，就是准备。这就意味着要花费足够的时间来确保你的预测和信息是准确的、详细的，对大量谈判细节进行充分的准备，从而让你能够控制整个谈判进程。这是唯一能避免在谈判中因为环境、对方律师或者其他情况而导致你被动的方法。有谈判专家说，“二八法则”同样适用于谈判：大约80%的努

① [美]斯蒂芬·克里格、理查德·诺伊曼，前引书，第315页。

② Donald G. Gifford, supra note, p8.

力应该用于准备工作，20%的努力用于实际谈判。[①]

(二)谈判开局

谈判开局是指谈判各方为谈判而进行正式接触，彼此了解，开始就谈判事项进行沟通的阶段。谈判的目标是让对方接受或同意能够满足己方委托人利益的解决方案。因此，作为谈判者的律师与对方谈判者之间的关系如何至关重要。谈判开局的功用旨在为后续的谈判打下基础，包括与对方建立一种和谐信任的关系，获取相关信息、确定谈判的参数等。在有些谈判中，开局较为简短、迅速，谈判者很快就切入主题，进入讨价还价的阶段。而在另一些谈判中，谈判开局则较为缓慢：有些是因为谈判事项比较复杂、重大，在首次报价之前有许多的信息、规则需要双方沟通和确认；有些是因为谈判者没有太多的谈判经验，或者因为对谈判没信心、担心谈判失败而不愿意尽快进入正式的谈判中，等等。

俗话说，良好的开始是成功的一半。谈判开局的好坏，直接影响到谈判的进行和结果。良好的开局措施为后续的谈判打下了基础，并且往往在取得和保持谈判的控制权方面发挥至关重要的作用。

(三)磋商与让步

磋商与让步是指谈判开局之后，谈判各方就谈判议题进行报价、还价、交换信息、辩论、逐步缩小差距的阶段。磋商的过程，就是谈判各方在交换信息基础上进行讨价还价的过程，其目的在于促成一个能为各方所共同接受的协议。在磋商阶段，通过报价和还价、更多信息的交换和透露，谈判会进入一个相对深入的状态，谈判者相互间也有了更清晰的了解。在这个阶段，谈判者一方面要为自己的委托人争取尽可能多的利益，另一方面也要让对方从中得到利益和需求的满足，即在保证自己得到实质性利益的情况下，以尽可能少的让步来协调与对方利益之间的矛盾和冲突。因此，这个阶段又被形象地称为谈判的跳舞阶段(the dance stage)。

在磋商阶段，谈判者会遇到各种挑战，包括是否以及如何提出初次报价，如何进行回价，如何控制谈判节奏，如何应对谈判僵局和困境，以及各种谈判策略和技巧的运用，等等。某种程度上，谈判的磋商阶段是集中检验谈判者的准备工作是否充分、谈判策略和技巧的运用、应对各种挑战和困境的能力的阶段。谈判中的对立与统一、冲突与协调、竞争与让步，在这一阶段都表现得淋漓尽致。

(四)谈判结束

谈判结束是谈判的最后一个阶段，标志着谈判进入尾声。很多时候，谈判结束和谈判磋商阶段的界限并没有那么清晰，当谈判者经过几轮讨价还价之后，出于时间压力或其他一些原因，谈判一方或双方会认为是达成一致的时机了，进而做出最关键也

---

① [美]利·汤普森：《谈判学》，赵欣、陆华强译，中国人民大学出版社2009年版，第10页。

是最后的让步以促成交易或争议的解决；或者鉴于双方之间分歧太大、无法协调，因而承认谈判破裂或失败。

谈判结束虽然是谈判的最后一个阶段，但也是一个非常重要的阶段，如果处理不当，很可能导致功亏一篑。谈判不管是以达成协议而结束，还是因破裂而告终，都会涉及结束时机的选择和谈判技巧的运用。需要指出的是，谈判的结束并不意味着作为谈判者的律师工作的结束，签署意向书、起草协议、监督协议的履行等，都是谈判结束之后律师需要完成的工作。

六、律师在法律谈判中的角色

在法律谈判中，律师通常扮演者四种角色：评估者、法律顾问、谈判者和协议起草者。[①]

（一）评估者

在法律谈判中，作为当事人的委托人很多时候可能会过度关注争议或交易中的某一部分而忽视其他方面，而律师由于在其中没有切身利益，所以能从另外一个角度来看待问题，对谈判议题的评估相对会全面、客观些。比如，在人身伤害赔偿谈判中，委托人有时会潜意识地夸大自己所受到的伤害，同时受到外界舆论的支持或压力，很可能会对赔偿金额等有着过高的预期。律师的作用之一便是向委托人解释、评估现实或合理的情况是什么。

（二）法律顾问

律师就委托人在交易过程中的选择向客户提供咨询。在一些较为复杂的交易型谈判中，律师的作用之一是就谈判中的各项议题提供法律意见，分析法律风险，就委托人可做什么样的要约以及是否能接受对方做出的要约提供咨询意见。在争议解决型谈判中，律师则需要根据合同、法律的规定，结合相关事实证据材料，向委托人提供有关责、权的咨询意见，以便协助委托人做出是否进行谈判、确定谈判目标和底线等决定。当然，是否接受和解、签订协议的决定权掌握在委托人而非律师手里。

（三）谈判者

在有些谈判中，委托人是谈判的积极参与者，律师仅是谈判团队中的重要一员，主要负责法律方面的问题而非技术、财务等其他事项的谈判，如一些较为重大、涉及众多谈判议题和事项的交易型谈判。而在另一些谈判中，律师可能是唯一能与对方或其律师沟通的人，委托人并不具体参与谈判，其所做的就是授权律师进行谈判。委托人是和律师共同参与谈判还是由律师单独参与谈判，取决于多种因素，包括谈判的策略、委

---

① [美]斯蒂芬·克里格、理查德·诺伊曼，前引书，第320页。

托人与他人的沟通技能、律师或委托人所具备的有关交易或争议事项的专业知识、授权代理的利弊、委托人的时间和精力等。

(四)协议起草者

不管是交易型还是争议解决型的谈判，一旦达成一致，不管是口头的还是书面的，都需要有一份正式的协议加以固定。而协议的起草，无疑是律师的工作，律师需要用准确的语言表达出双方的一致，这期间可能会涉及草案来来回回的修改、确认，才能最终完成协议。协议是对谈判成果的肯定，同时也是对后续的实施、履行的一种监督和保证。

第二节　法律谈判的模式与策略

在法律谈判中，作为谈判者的律师的目标是，在不违反法律的情形下，努力和对方达成一份能使委托人利益最大化的协议。谈判是各方相互进行沟通、说服的过程，因此谈判者在谈判中采取什么样的方法至关重要：谈判对方会基于律师在谈判中的言行举止做出不同的反应，而谈判结果或协议的内容在很大程度上也取决于律师所采取的谈判模式和策略。

划分不同类型的谈判模式，主要从两方面进行衡量：第一，采取某一谈判模式，是着眼于从有限的资源中尽可能分享到多的利益，还是通过拓展、扩大共同利益和资源，提高双方在相关问题上的满足程度？第二，谈判者采取此种谈判模式，旨在促进与另一方的协作关系，还是制造与对方的对抗关系？谈判模式通常可以分为三种：竞争型谈判、合作型谈判和解决问题型谈判。尽管这样的表述并不十分准确和贴切，但这是目前较为通用的或者说能较好地帮助人们理解谈判者在谈判中各种行为的表述。

每一种谈判模式都有相应的谈判策略。其实，谈判策略有两个层面的含义：一是谈判战略或策略，英文表述为 negotiation strategy，是指谈判者在谈判中为了实现谈判目标，使谈判朝有利于他的委托人方向发展，而采取的一系列思考、谋划、选择与行动。[①] 二是谈判策略或手段、技巧，英文表述为 negotiation tactic，是指谈判者在谈判中为了启动和对方的交流，或回应对方的某个行为而做出的一个具体的谈判行为。[②] 前者需要通过后者得以实现。

---

① Donald G. Gifford, supra note, p13.

② 同上注。

一、竞争型谈判模式与策略

(一)竞争型谈判(competitive negotiation)

竞争型谈判,有时又被称为对抗式或零和型谈判。所谓零和(zero-sum),就是指谈判一方所获得的,正是另一方所失去的。在该谈判模式下,由于资源是固定、有限的,且只能在谈判各方之间进行分配,每一方都希望自己获得尽可能多的资源。而一方获得的利益越大,另一方的损失也就越大,反之亦然。因此,竞争型谈判的结果,必然导致一输一赢。[①] 比如在就一辆二手车或一件衣服的价格进行讨价还价时,车价每降低一元,购买者就多获得一元的利益,而出售者就损失一元。因此,在此类谈判中,很容易判断谈判的结果,输和赢的比例为 50∶50,要么输要么赢,不存在双赢的可能。这结果就像经过适当的谈判,双方之间的需求达成平衡。

竞争型谈判模式下,谈判各方都是基于各自的立场进行讨价还价。在解决争议的谈判中,谈判者会以各方的权利和权力为中心,谈判者通常会以若将争议提交仲裁或诉讼时,对仲裁庭或法院可能做出的裁决的预估,作为坚持己方立场的依据。如在人身伤害赔偿的谈判中,各方可能会执着于讨论各自在法律上的权利主张、抗辩的优势和劣势以及对裁决的预测等。在交易谈判中,尽管不涉及仲裁庭或法院的裁决,但谈判者还是会以贸易或商业中的通行惯例作为讨价还价的权利,而且各方权力的不平衡将影响交易条件的最终达成。

竞争型谈判经常适用于针对某一问题的简单谈判,因为在谈判议题比较单一的情形下,双方间的利益冲突简单而直接,所以双方会更关注如何从固定的、有限的资源中分享到尽可能多的利益,也就自然而然地采取了竞争型的谈判模式,如仅涉及商品价格、人身伤害赔偿金额的谈判等。当然,这不是说竞争型的谈判模式仅出现在针对单一议题的谈判中,在综合性议题的谈判中,有些谈判者同样会采取竞争型谈判模式,因为他们仅关注谈判的或"输"或"赢"状态。换句话说,他们只注重于己方立场,关注己方所能获取的利益的大小,而忽视对双方都有利的解决方案的考虑。[②]

此外,如果谈判是属于偶然的、一次性的,谈判者也会倾向于采取竞争型的谈判模式:一方面,谈判者希望从此次谈判交易中获得最大的利益;另一方面,他不需要考虑与另一方现行关系的维护和未来关系的发展。如买方通过中介与出售房子的卖方就房子的价格、付款方式等进行谈判,或者因行人不小心将商店门口摆放的展览物撞坏而引发的赔偿谈判等。

---

① [英]戴安娜·特赖布,前引书,第 5 页。

② Donald G. Gifford, supra note, p16.

(二)常用的谈判策略

竞争型谈判模式下，谈判双方处于一种对立或竞争的关系，双方都将对方视为“敌手”。竞争型谈判模式会有一些特定的策略：如通常不会首先报价，或提出极端的报价，或到最后才报价；总是试图隐瞒委托人的真实目的，不轻易透露信息或仅在有某种谈判优势时才透露部分信息，同时极力谋求从对方获得有利的信息；不做让步或很少让步且让步幅度小；喜欢进行争论、辩解，否定对方的意见和理由；经常使用夸张、威胁、欺诈的手法。这些谈判策略的目的，在于给谈判对方造成紧张或压力，减损对方对其谈判优势、实力和地位的信心，降低其对谈判结果的期望，进而诱使对方接受所获利益要比预期少得多的协议。

竞争型的谈判策略如果运用得当，会使对手失去信心，进而获得对委托人有利的谈判结果，尤其是谈判对方经验不足，或者谈判实力明显弱势的情形下。但是，这种过于强势的谈判策略的局限性在于：它们通常会将对手逼向防守，不利于出现具有创造性的解决方案；谈判对方可能会出于对这种压迫式谈判方法的反抗而导致两败俱伤，谈判破裂的可能性增加；即使双方达成协议，对方也可能不履行或不完全履行协议；谈判者与对方在未来继续进行合作的空间变小；当双方再次相遇时，谈判遭遇失败的可能性较大。

二、合作型谈判模式与策略

(一)合作型谈判(cooperative negotiation)

合作型谈判是指谈判者通过同对方建立共识，并试图使双方的利益都能达到最大化，进而从心理上逐步接近对方；谈判者通常会以“让步换让步”，双方逐渐缩小差距，直至达成妥协。[①] 合作型谈判模式的特点是：谈判者通常比较信任对方，双方在合作的基础上，通过讨论、协商，说出自己的真正目标，以使对方充分知晓并争取获得对方的理解，同时听取对方的想法，以了解对方的立场和目标；谈判者愿意首先做出让步，同时期待并相信对方会以礼相待也做出让步；对谈判者而言，一份对双方都较为公平、合理的协议，是实现委托人利益的最佳途径；同时寻求在善意、信任基础上与对方建立起良好的关系。

需要指出的是，尽管合作型谈判的目的是与谈判对方建立起良好的协作关系，但是，与竞争型谈判相同，合作型谈判也是着眼于从有限、固定的资源中为委托人获取相应的利益，同样认为他们之间的谈判就是如何在双方之间分割现有的“蛋糕”。也即，在合作型谈判模式下，谈判各方依旧固守着各自的立场进行讨价还价，谈判的核心依旧着眼于各方有权得到些什么。只不过在合作型谈判模式下，谈判者所采取的方法、

---

① [英]戴安娜·特赖布，前引书，第6页。

策略更为温和，提出的报价更为公平、客观，其不仅考虑到己方委托人的立场，也考虑了对方的立场。

（二）常用的谈判策略

合作型谈判模式常用的策略有：提出对委托人有利的，但同时又较为温和、公平的报价；依双方认同或客观、公平的标准提出建议；首先做出让步，解释让步或所提建议的理由；进行公平、合理的辩论和说服；不否定也不贬低对方提出的各种替代方案；共享信息，行事公正合理，试图调解双方的利益冲突等。

采取合作型谈判策略的好处在于，和谈判对方达成协议的概率很大，而这正是合作型谈判的目标所在；同时，由于双方通过谈判建立起了良好的协作关系，所以后续的谈判及协议履行相对会比较顺利，而且未来在谈判者之间或委托人之间也存在继续合作的可能。但是，合作型谈判策略的软肋也非常明显：合作型的谈判更合适于双方谈判实力、地位相当的谈判。如果谈判一方的财富、地位等因素明显占优，合作型的谈判策略很难实施。而且，合作型的谈判策略要想达到预设的目的，必须得到对方的配合，即谈判对方也采取合作立场和态度。如果对方不愿意给予互惠，或者对方是一个强硬的非合作型谈判者，那么采取合作策略的谈判者往往会被利用；谈判者温和的立场、公平的报价、善意的让步，换来的可能是对方的得寸进尺，因为竞争型谈判者只愿意接受让步而拒绝做出让步；即使达成了协议，也不太可能是一份公平、合理的协议，单方面的退让，为协议而协议的，注定是一份不明智的协议，它很可能是以损害一方委托人的利益为代价的。

三、解决问题型谈判模式与策略

（一）解决问题型谈判（problem-solving negotiation）

解决问题型谈判，又称原则性谈判（principled negotiation），是指谈判双方不再执着于立场之争，而是通过扩大共同利益、拓展有限资源，使各方解决问题的潜力最大化。解决问题型谈判由美国学者罗杰·费希尔和威廉·尤里提出，被认为是一种与立场式谈判截然不同的新的谈判方法，旨在通过有效和友好的方式取得最明智的结果。解决问题型谈判的目的，是通过最大化谈判各方解决问题的潜力，以扩大其委托人潜在的共同利益。这种谈判模式通常适用于双方利益不是针锋相对、并且存在着满足双方利益的解决方案的情形。

解决问题型的谈判模式具有四个基本策略：①

1. 把人和事分开。即把谈判者之间的人际关系和实质利益分开。人都是带有强

---

① [美]罗杰·费希尔、威廉·尤里、布鲁斯·巴顿：《谈判力》，王燕、罗昕译，中信出版社 2012 年版，第 10—11 页。

烈情感的动物，每个人都有自己不同的感知，有时很难做到明白无误的交流。人的感情容易和客观利益纠缠在一起，立场式谈判之所以会导致局面恶化，是因为人们把自我与立场等同起来。因此，在解决实际问题前，应该把人际关系和实际问题分开处理。形象地说，谈判者应该是肩并肩地一起解决问题，而不是相互攻击。因此谈判的第一点，就是要将人和问题分开。

2. 关注利益，而不是立场，即考虑委托人的利益，而不是执着于立场，这样各方才能充分理解每一方的动机、目的和价值。立场式谈判的一个弊端是，谈判者本应满足各方的潜在利益，实际上却把精力集中在各自的立场上。谈判中的立场常常会掩盖委托人的实际利益需求，使人看不清自己真正想要的是什么；即使谈判者在立场上做出妥协后达成协议，也不太可能兼顾双方最初采取这种立场的实际需求。因此谈判的第二点是，着眼于利益，而不是立场。

3. 达成协议之前，为共同利益找出多种选择方案，如通过集体讨论找出能满足各方需求的新思路。为了寻求富有创造性的选择方案，谈判者需要做到：(1)将创造选择方案与评判方案二者分开，也即把思考可能方案的过程与从中进行选择的过程分开，先创造，再决定。(2)扩大谈判桌上的选择，不要只寻求唯一方案。在创造多种方案的过程中，谈判者的目的不是寻找正确的途径，而是要创设可以谈判的空间：只有通过获得众多截然不同的想法，才能创设这种空间，如那些可以成为你和对方的谈判基础的想法，那些双方可以共同进行选择的思路、途径，等等。(3)寻求共同利益。共同利益显然有助于达成共识，作为谈判者，不仅要明确双方的共同利益，而且要努力融合不同利益，即寻找对己方而言代价最小，对对方好处最大的方案，反之亦然。(4)找到让对方容易决策的方法。谈判者在谈判中的成功取决于对方做出让你满意的决定，因此应尽自己所能让对方轻松做出那一决定。你所需要做的不是让对方觉得事情很难办，而是要让对方面临的选择尽可能地简单明了。如果没有吸引对方的选择，那就可能永无协议可言。

4. 谈判结果须以客观标准为基础，即根据以客观准则为基础的、容易确定的标准，来评价计划中的结果。当利益直接冲突时，谈判者有可能因态度强硬而得到满意的结果，这种方法会使寸步不让的一方得到好处，但也容易产生武断的结果。而谈判是双方而不是单方面说了算的事情，协议必须反映公平的标准，要有公平合理的依据，而不依赖于各自的要求：比如有市场价值、专家意见、惯例、法律的评判等。通过讨论这样的标准而不是单凭各自的意愿，双方就会遵从一个公正的解决方案。

(二)三种谈判模式的区别

通常认为，竞争型谈判是一种对抗式的谈判，而合作型谈判和解决问题型谈判，都属于协作式的谈判。但是，除了以创造非对抗性的氛围以便双方达成一致外，合作型谈判和解决问题型谈判似乎再没有其他的共同之处,[①]它们是两种完全不同的谈判模式:在谈判双方间存在直接利益冲突,认为谈判是胜负之争,是分割"定量利益"的单一谈判情势下,协作型谈判就是采取合作型的谈判策略;而在综合性的谈判情势下,即谈判双方的利益并非直接发生冲突,一方的利益满足程度并非以损害另一方的利益满足程度作为代价的情况下,解决问题型的谈判模式便是最佳的协作型谈判。当然,判断某一谈判中哪些问题具有综合性的潜能,哪些问题仅是单一性的谈判议题,是对律师谈判能力的一个挑战和检验。从某种程度上说,谈判者最初对谈判议题的界定、能创造的潜在解决方案、对重要事实与信息的评估等,都有助于谈判者确定该谈判是单一性谈判情势还是综合性的谈判议题。[②]

罗杰·费希尔认为,竞争型谈判和合作型谈判,都属于立场式谈判,前者属于强硬型,后者属于温和型;解决问题型谈判跳离了立场之争,着眼于利益。这三种谈判模式的差异如表 1-2[③]

表 1-2　竞争型谈判、合作型谈判和解决问题型谈判的差异

竞争型谈判	合作型谈判	解决问题型谈判
对方是对手	对方是朋友	双方能解决问题
目标在于胜利	目标在于达成协议	目标在于有效、愉快地取得明智的结果
要求对方做出让步作为维持双方关系的条件	为了双方关系做出让步	把人和事分开
对人和事的态度强硬	对人和事的态度温和	对人温和、对事强硬
不信任对方	信任对方	谈判与信任无关
固守立场不动摇	容易改变立场	着眼于利益而非立场
威胁对方	给予对方实惠	探讨共同利益
掩饰自己的底线	亮出底牌	避免谈底线
把单方面优惠作为达成协议的条件	为达成协议愿意接受单方面的损失	为共同利益创造选择方案
寻求己方可以接受的单方面解决方案	寻求对方可以接受的单方面解决方案	寻求多种解决方案
以坚守自己的立场为目的	以达成共识为目的	坚持使用客观标准
试图在意志的较量中取胜	避免意志的较量	争取基于客观标准而非主观意愿的结果
给对方施加压力	迫于压力而妥协	坚持并欢迎理性方法,只认道理,不屈服于压力

① [英]戴安娜·特赖布,前引书,第 7 页。
② Donald G. Gifford, supra note, p18.
③ [美]罗杰·费希尔、威廉·尤里、布鲁斯·巴顿,前引书,第 12 页。

四、谈判策略的选择

(一)谈判策略的选择

单就法律谈判策略而言,不能说某一种策略就一定比另一种策略高级或有效。没有哪一种谈判策略是万能的,适用于任何谈判、永远都是最有效的;也很少有谈判者,在谈判中从头至尾只采用一种策略。在实践中,谈判者会采取或者说该采取什么样的谈判策略,取决于多种因素,包括争议的性质、议题的数量、谈判各方的关注点,委托人的地位、实力,谈判的进程,对方采取的谈判策略,是否想和谈判对方建立良好的关系,谈判者的谈判风格,等等。在有些谈判中,将竞争型、合作型、解决问题型三种谈判策略结合起来加以运用或许是最合适、最有效的,因为它们并不完全相互排斥。

的确,谈判者在谈判的某一阶段、针对某一个具体事项,只能在竞争、合作与让步、提出一个综合性的方案或建议中,选择一种谈判方式或策略;但据此认为一个谈判者只会或只能采取竞争型、合作型或解决问题型谈判策略中的一种,显然是不合理的。在同一个谈判中,谈判者通常会采取多种谈判策略,而并不局限于某一策略或技巧。在不同时机、不同议题上采取不同的谈判策略和技巧的事例,比比皆是。谈判的过程,很多时候就是从最初的竞争型策略向后来的合作型或解决问题型策略推进的过程。通常,在谈判开始之初,一方或双方律师会采取一些竞争型的谈判策略,如开出极高的初次报价、不愿做出让步等,但随着谈判的深入,律师的谈判策略开始转向协作,逐步同意以互惠为条件进行让步,或者提议由双方共同商讨一个能够满足各自不同利益的解决方案。在同一谈判中,有经验的谈判者在对具有综合性潜能的事项采取解决问题型策略的同时,会就某个单一性的事项采取竞争型或合作型的谈判策略。谈判中的有些问题是单一而直接的,如雇佣谈判中的工资问题;而另有些问题是具有综合性或有扩大选择方案可能性的,如岗位保障问题,一方面工人的就业、岗位的稳定和持续性得到了保障,同时企业也可以减少因工人流动频繁而需不断支出的培训费用。又如,关于人身伤害赔偿的谈判,谈判者最关心的就是赔偿金额、赔偿的支付方式、支付时间等问题,若将这三个问题分开来逐一进行谈判,则每个问题只能进行单一的你赢我输、你高我低的讨价还价,但将其统筹起来进行考虑,这一谈判事项也就具有了综合性,就可以有多个方案可以进行选择和讨论。

一个有经验的谈判律师不会在谈判前就确定在谈判中只采取竞争型或只采用解决问题型的谈判策略。相反,谈判者应当明白,在谈判的每一个阶段,针对每一个谈判事项,当他有机会就对方的信息、主张等进行回应的时候,他有三种选择:首先,他可以采取对抗性的谈判策略如提出极高的报价、拒绝让步、进行威胁或反驳等;其次,他可以采取温和的合作型策略,如做出让步同时期望对方也做出让步,或者援引一些客观标准，提议该如何解决这个问题；最后，他可以采取解决问题型的谈判策略，就谈判事项提出一个解决方案，建议各方以在不同问题上做出让步作为交换，或者启动各方集体讨论解决方案的程序。谈判律师做出上述选择并付诸行动后，他接下来要做的便是等待对方的回应。一旦对方做出回应，他就要对对方的回应进行评估，继而决定是继续原有的谈判策略，还是采取另一种策略。① 在谈判进行过程中，谈判者可以经常变换他的谈判策略，而不必受缚于他最初所采取的谈判策略。

一个有经验的谈判者应该懂得，什么时候该合作，什么时候该采取强硬立场，什么时候该提供解决问题的选择方案。决定采取竞争型或合作型或解决问题型谈判策略的一个重要因素，是对方可能采取的策略。合作型和解决问题型的谈判策略，要求谈判者和对方都采取相同的策略。所以，遭遇竞争型对手的谈判者，不能采取合作型的谈判策略，否则将会节节败退。因为竞争型对手会把合作型谈判者的让步当作软弱的信号，进而不愿意让步或者做出极小让步。只有对方以礼相待也做出让步时，合作型策略才能成功。采取解决问题型策略的谈判者，由于并不直接做出让步而是提供新的、综合性的解决方案，因此他受到竞争型谈判者压迫或利用的可能性相对少一些；但是，解决问题型的谈判策略也要求交换信息并对谈判对方的需求做出回应，由于竞争型谈判者通常会拒绝参与到共同创设解决方案的过程中，因此这种被利用或压迫的可能性仍旧存在。越是不强势的谈判者越应该采取非竞争型的谈判策略，因为不够强势的谈判者的威胁和抗辩不能令人信服，采取竞争型的谈判策略很可能就意味着失败。

（二）模拟事例：谈判策略的选择

1. 基本事实

市南安建筑装修公司（以下简称“南安公司”）是一家成立不到一年的新公司，规模不大。5 个月前，公司通过原来的老客户承接了一个项目，为紫荆花园小区一套顶楼的跃层住宅进行装修，并在其露台上加建一个玻璃花房。双方约定装修款项为 30 万元，分 3 期支付，最后一期 10 万元在工程结束、房主验收后的一周内支付。

南安公司原计划于签订合同后的一周内开始这项工程，但是由于公司工程部经理生病，加上房主指定的建筑团队由于另一个项目的超期，装修工程比原计划迟了两周才开工。其间又由于天气、工人放假等，直到上月初才完成装修，比合同所约定的时间整整晚了一个月。现在工程结束已有两个多月了，但房主迟迟不肯验收，也没有支付第 3 期 10 万元的装修款，理由是工程没有按时完工，客厅地面的地砖有色差，露台玻璃花房所用钢化玻璃厚度不够。

南安公司认为，工程未按时完工确实是他们的责任；客厅地面的地砖是房主自己采购的，出现色差不是公司的责任；对于玻璃花房所用的钢化玻璃厚度，合同并未明确

① Donald G. Gifford, supra note, p23.

约定，南安公司目前安装的玻璃厚度为3.4mm，是标准厚度。公司想尽快收回这10万元余款，因为公司成立时间短、承接的工程也不是很多，此项工程的利润也不高；另外，公司需要这笔钱去支付原料供应商的款项，以便再次进货。公司不太想进行诉讼，因为诉讼既费时费钱，而且对公司的名声也有影响。

房主陈先生认为，工程未按约完工，导致自己一家不能按时搬进新居；客厅地砖是自己采购的，但装修公司在铺地砖时未及时发现并告知地砖有色差，所以也应承担一部分责任；玻璃花房所用的钢化玻璃是最薄的那种，总让人感觉质量不够好。

2.问题

(1)如果你是南安公司的代理律师，准备和房主委托的律师进行谈判，你计划采取什么样的谈判策略？为什么？

(2)如果你是房主陈先生的代理律师，你计划采取什么样的谈判策略？理由是什么？

(3)在谈判进行过程中，你会一直采用你事先计划的谈判策略吗？为什么？

(4)如果你改变谈判策略，你觉得影响你改变的主要原因可能是什么？

(5)如果你采取的是非竞争型的谈判策略，你会提出什么样的解决方案？

(6)谁会最终决定或影响你的谈判策略？

五、谈判策略与谈判风格

谈判策略和谈判风格是两个不同的概念。谈判策略是一系列具体的谈判技巧和谈判行为的综合；而谈判风格则是谈判者与人交流、沟通也即待人接物的方式，具有鲜明的个人特征。谈判者谈判风格的形成取决于多种因素，除了谈判者的智力、教育、个人经历和性格外，还受社会经济背景、上下级关系、文化、地理、宗教背景等影响。所有这些因素共同作用，形成了谈判者鲜明的人格并且决定着其特定的谈判风格。在法律谈判中，谈判风格往往通过谈判者说话的语气、语调、非言辞语言及其他细节体现出来。以下两段对话，假设来自徐律师(以下简称“徐”)——一名女性新手律师——和一位有经验的谈判律师邓律师(以下简称“邓”)。比较这两段对话可以看出，谈判者所采取的谈判策略没有变化，但其谈判风格却是截然不同的。[①]

例1:

徐:邓律师，很高兴见到您！您是谈判界的高手，久仰大名。

邓:嗯，一直以来，让你们这些刚从法学院出来的小朋友体验现实社会、见识见识什么是真正的谈判，是我最大的荣幸。小徐，我知道你的委托人利

---

① Donald G. Gifford, supra note, pp19—20.

基电脑公司想租我客户朗丰集团的商铺。

徐:噢,说实话,我并不这么确定。最初,我的委托人确实对你客户的商铺有兴趣,但当邓律师你把租约发给我们,提出租价为每平方米130元时,我们就已经在另作打算了。我的委托人今天让我过来的目的,是想最后确认一下你们的真实意图。但说实话,邓律师,你的委托人实在是狮子大开口,过分了。我不知道你们想要蒙谁。你委托人的朗丰大厦里好多铺位都是空着的,这个地段的商铺租金一般是每平方米80元,而你们竟然要130元每平方米。我的委托人今天还跟我提到了朗丰集团的副总裁彭小平先生,公安局是不是在调查他啊?

邓:哈哈,小徐,你的"家庭作业"做得不错啊。我想说的是,尽管你表现得很努力,你想装得跟我们男律师一样有底气,但是我会让你明白现实是什么。我发给你委托人的是朗丰大厦商铺的格式租约。坦白地说,我不太确定对我们而言,把房子出租给你委托人这样的公司是否是一个明智的选择,因为我们都知道电脑公司的倒闭率奇高。每平方米130元的租价是一个标准价,你知道,我们的客户主要是一些具有高品质、高知名度的专业商店,不像某些没信誉、不靠谱的电脑公司。给你们这个报价,我的委托人已经是卖大面子了,别不领情。

在这段对话中,两位谈判律师的谈判风格都很强势,每一方都在极力地打击和贬低对方及其委托人。邓律师的"让刚从法学院出来的小朋友见识见识什么是真正的谈判"以及对徐律师"装得和男律师一样有底气"的说法,显然是对对方律师的新手兼女性身份的攻击。他带着傲慢的口吻进行冷嘲热讽,还说徐律师的委托人是"没信誉、不靠谱的"。而徐律师也针锋相对,说邓律师的委托人是"狮子大开口",并且还提及其副总裁被调查的事情。这样的对话,显然只会使双方的关系恶化,无助于协议的达成。

例2:

邓:徐律师,有机会见到你并与你一起合作,我感到很荣幸。我一直认为,和同行律师建立起良好的工作关系极其重要。

徐:谢谢您,邓律师。您是一位非常优秀的律师,久仰您的大名。我们现在就开始谈正事好吗?我看过您发给我们的租约,我的委托人还是很有兴趣租用您委托人的铺位,但同时他也要求我找一找周边的其他商铺,看看有没有更合适的选择。坦白地说,每平方米130元的租金确实吓到了我的委托人,让我们有些难以接受。我们知道朗丰大厦目前的出租价格在每平方米80元左右,且大厦里还有很多的空店铺可供出租。离你们朗丰大厦不远的建峰大厦已经在开始招商了,这对你们来说应该也是个压力,他们会分流掉一部分客户的。

邓：小徐，我必须跟你实话实说。我们都知道电脑零售市场的起伏太大了。那些销售业绩好、能长久生存下来的通常都是一些综合性商店，他们能吸引大量消费者到朗丰大厦来。我想你明白你的委托人是一家尚未打响知名度、业绩并不佳的公司。我们认为你们的电脑零售卖场将来在很大程度上要依赖于朗丰大厦良好的商业氛围。不过对于租金，恐怕我们真的没有太多空间可以退让了。如果我答应你可以降低租金，那么下次代表朗丰集团和你进行谈判的就不是我而是他们委托的其他律师了。在租金问题上，我的委托人是不会允许我做出退让的。

在第二段对话中，双方谈判律师的谈判策略都没有发生变化：相同的报价，同样的抗辩理由，以及同样的坚持初次报价不让步。但是与第一段对话不同的是谈判者的谈判风格，双方律师互相客套，说了些好话，并且表示良好的工作关系很重要。邓律师将其不愿意让步的缘由推给了委托人，因而在很大程度上消除了徐律师对他产生的对立情绪；他旨在减低对方律师信心的抗辩理由，如认为电脑零售卖场不如其他企业稳定、对其委托人而言不如普通的综合性商店有价值等，虽然采取的是以一种比较歉意的口吻，表达得却是强硬的立场。而徐律师对邓律师提出的每平方米 130 元租金报价的回应，并不是“如果你们不降价，那我们就没什么可谈”等之类带敌意的威胁，而是以委托人对报价的反应作为事实进行施压：“每平方米 130 元的租金吓到我的委托人了，我们有些难以接受”。谈判策略虽并没有改变，但两人交流、沟通的风格显然不同了。

认清谈判策略和谈判风格的区别，对作为谈判者的律师而言，有着重要意义：首先，谈判者要意识到，具有不同个人谈判风格的律师，即便采取同样的谈判策略和技巧，结果也会大不相同。比如，大多数的竞争型谈判策略和技巧，容易引起谈判双方之间关系紧张、互不信任、互不相让，进而导致谈判陷入僵局甚至破裂，但如果谈判者本身是位颇有合作风格和个性的律师，那么竞争型谈判策略所带来的那些负面影响，会在很大程度上得到缓解。尽管谈判者针对实质问题提出的要求或条件比较高且强硬，但其表示出来的善意、谦和且有礼貌的说话方式，有助于同对方建立起较为积极、良好的工作关系。但如果谈判者本身就是一个行事强硬、自视甚高且具有控制倾向的谈判者，那么谈判过程会变得紧张而充满火药味，这样的谈判氛围显然不利于促成令双方都满意的协议。其次，谈判律师还应当清醒地认识到，谈判对手所展现出的友好、协作的谈判风格，并不意味着他采取的谈判策略就是协作型的。有些时候，谈判者会被谈判对手友好、谦逊的谈判风格所误导，理所当然地认为对方会采取合作型的谈判策略，对方的谈判目标会是一份公平、合理的协议和双方之间积极、信任的工作关系。殊不知温和、礼貌的谈判风格，并不等同于对方在具体谈判事项上的立场和谈判策略也是温和、合作的。谈判者一旦迷信于对方的合作型谈判风格，就容易在谈判中过快过多地做出让步、回报，进而导致对其委托人不太有利的谈判结果。

当然，在一个具体的法律谈判中，谈判者的谈判风格很多时候是与他所采取的谈判策略相对应的，而谈判者所选择的谈判策略也不可能不受其个人的谈判风格影响。比如一个喜欢挑战、竞争，寻求冒险并具有较强控制欲望的谈判者，在谈判中通常更倾向于选择竞争型的谈判策略，而那些较为深思熟虑、相对随和、合群并具有说服力的人，则会更倾向于采取非竞争型的谈判策略。但这并不是说，具有竞争型性格的人不会采取合作型的谈判策略，也并不意味着具有谦逊、合作个性的谈判者就肯定会采取非竞争型的谈判策略。尽管一个强势、具有进攻性的谈判者，常常能够成功地使谈判对手丧失信心，接受一个比其最初预期利益少得多的和解方案，但是，一个态度谦逊平和、待人友善的谈判者，他若采取提出极端的初始报价且不轻易让步等竞争型谈判策略，摧毁谈判对手的自信心并诱使对方做出单方面、非互惠的让步，就更容易了。因此，谈判律师要采取灵活的方式，学会区分谈判对手的谈判风格和他所采取的谈判策略。

第三节　法律谈判的沟通技巧

谈判是一个双方或多方为特定事宜达成最终一致而交换信息、进行交流沟通的过程。只有通过交流沟通，谈判者才能分享信息、知晓各自的想法和意图，最终达成一致。因此，谈判的进展和结果，在很大程度上取决于谈判律师的沟通技巧。

尽管每个人在日常生活中，一直就和周围的人之间进行着沟通，但对于学习如何在专业层次上进行沟通，却没有看起来那么简单。作为律师，很多时候他会发现，原先看起来很熟悉、很有效的沟通方式或习惯行不通了；同时，对于本来知道在交谈中该如何做的事情，却不敢做了，因为他认为这不是律师应该做的。比如，在日常交流中，当你要表示“我听到了你刚刚所说的”这个意思时，你可能会习惯性地说“好”；但在以律师身份对委托人的叙述进行回应时，在某些场合这种习惯可能会让你犯错。①

例 1：

你：请问，明天上午的会议议程是怎么安排的？

工作人员：明天上午 9:00 开幕式，9:30—10:30 大会主题发言；10:30—10:45 是茶歇时间，10:45—12:00 是分组讨论时间。

你：好的，谢谢。

① ［美］斯蒂芬·克里格、理查德·诺伊曼，前引书，第 49 页。

你听到了某件复杂的事情，但认为自己听明白了，所以说“好的”。但是现在委托人跟你说。

例 2：

委托人：我曾在华通公司工作了15年，公司破产的时候，我失业了，我的养老金也没了，因为我把钱全都用来购买华通的股票了，但现在这些股票一文不值。我已经身无分文，我投了几百份的简历，但全部石沉大海。我也知道没有公司会愿意聘请一个已经快到退休年龄的老头。我的房子也很快就要被银行收回去了，因为我已经有半年多没有付房贷了。我的生活一点希望都没有。

你：哦，好的。

对于你的这种回答，委托人会想，你认为发生在他身上的悲剧是“好的”，但其实你只是想表示“我听到你说的了”。对于委托人而言，他所需要的是你知道该如何处理他的事情，但你却可能以为作为律师，如果感同身受就会显得不理性和客观。其实在这种情形下，律师应该做的是：表现出你的同情心，如同你朋友告诉你某件不幸的事时你会做出的回应。

例 3：

委托人：（同上）

你：啊，这真是太糟糕了。

在面对面的法律谈判中，律师所用的语言、措辞、语调、神情、动作等，都会对谈判对方产生影响。对方的回应，很多时候都取决于你的语言沟通。通常，谈判律师所涉及的沟通技巧包括以下几种。

一、陈述的技巧

（一）陈述的含义

法律谈判中的陈述，是指谈判者基于己方的立场、观点和谈判方案，通过陈述来表达相关事实、对各种问题的具体看法，以使对方有所了解。谈判的过程是交换、披露信息的过程，而陈述是谈判双方借以了解对方的想法、方案和需要的基本途径和手段。陈述是谈判的重要技巧之一，谈判者能否正确、有效地运用陈述的功能，把握陈述的要领，直接影响到谈判的效果。

谈判中的陈述跟一般的陈述既有许多相似之处，又有其特殊性：谈判要求能够快速而准确地说明问题，因为谈判的针对性很强，它要求谈判双方能够直接解决某一个问题。因此，陈述对谈判者而言具有更高的要求：它要求谈判者不仅能够清晰明确、言简意赅地把自己的想法表达出来，而且还要能够吸引对方兴趣，并具有相当的说服力。对一个未掌握陈述技巧的谈判者而言，谈判的结局通常只有两种：一是谈判最终达成了对他不利的协议；二是谈判破裂。其原因在于若谈判者无法清晰地表达自己的想法，也就无法说服对方满足己方的需求。

（二）陈述的技巧

概括起来，法律谈判中的陈述技巧主要有以下几点：

1.主题明确，言简意赅。谈判者应尽量使自己的陈述简洁明了。法律谈判中的陈述不同于日常生活中的闲聊，切忌主题模糊、主次不分、层次混乱，让听者不知所云。陈述的内容，不管是客观事实还是观点、意见，都要围绕你所要表达的主题，不要随意发表与主题无关的言论，因为这样一来影响谈判进程，二来淡化甚至混淆你的真实意图。同时，法律谈判明确的目的性和急促性不允许谈判者长篇大论，你需要的是马上找到一个明确的解决方案。不要使用过多的论据和技巧，这样会让对方无法抓住你的重点，还会认为你说了太多废话。事实证明，大多数谈判者都对那些夸张、虚华的字句很反感，并且会在谈判的过程中表现出不耐烦。直奔你要表达的观点，进行必要的解释和说明，这样就足够了。

2.观点要准确。谈判者在陈述己方的观点时，应力求准确、易懂，避免表达含混不清、前后矛盾，这样很容易让对方发现破绽，陷自己于尴尬境地。当然，在谈判过程中，谈判者的各种观点和意见可以依据谈判形势的发展而发生变化，但在陈述方法上还是要做到令人信服。不管观点如何变化，都要以准确为原则。

3.陈述要客观、坦诚。谈判者在陈述相关事实时，应本着客观真实的态度进行叙述。不夸大也不缩小事实真相，这样方可取得对方的信任；否则，一旦对方发现陈述者对事实进行虚假陈述的话，会大大降低己方的信誉。同时，谈判者要避免在谈判的过程中闪烁其词，隐瞒自己的想法和动机，这样势必给对方一种不真诚的印象，从而影响谈话气氛。在谈判中，谈判者应该把自己的想法和需求明白地表达出来。只有这样，对方才能知道你的想法，或者满足你的需求。另外，把对方想了解的情况告诉对方，这样才能得到对方的信任，进而了解对方的想法，最终达成一致的意见。当然，你只是需要适度地坦诚相待，因为有些时候，过度的坦诚反而可能会被对方利用。

4.注意语调、语速。为了让对方集中注意力，获取最佳的倾听效果，你在陈述的时候应注意语调的变化，采用节奏适中的语速。很多谈判者急于表达自己的观点，急于说服对方以便迅速达成协议，在陈述时语速非常快；结果等你说完了，对方并不明白你说了些什么。还有些谈判者总是希望用气势压倒对方，试图用气势赢得谈判，希望对方最好不要讲话、不要反驳。结果是，对方很可能直接以沉默作为回应，但并不同意你的观点，而谈判也可能因此破裂。因此，不要试图用咄咄逼人的气势去压倒对方，最好使用平和的语调；也不要使用过快或者过慢的语速，记得要让对方能够听得清楚。

二、倾听的技巧

(一)倾听的含义

倾听是谈判者之间交流与沟通的一种基本形态。没有倾听，就没有沟通和交流。倾听的形式有三种：消极倾听、认同、积极倾听。① 消极倾听，指只接收信息而不向信息发送者提供接收是否正确和完整的任何反馈。有时消极倾听就可以保持信息的交流，如果对方很健谈、喜欢讲话，谈判者会发现当对方讨论自己的观点时，最好的办法就是倾听。认同，比消极倾听稍微积极一些，在倾听时，倾听者偶尔点一下头，保持眼神交流或回答诸如“我明白”“嗯”“有意思”“请继续”等，以表示认同，这些反应足以使谈话者继续发送信息，但谈话者有可能会将此误解为倾听者同意其观点，而不只是在接收信息。积极倾听，即倾听者有效倾听，并用自己的语言重述或解释讲述者的信息。如：

谈话者：我不知道该如何解决这个难办的问题。
倾听者：你真的被这个问题难住了。

谈话者：请不要问我这个问题。
倾听者：听起来你现在很忙。

谈话者：我认为今天的会议没有什么成果。
倾听者：你对今天的会议感到失望。

法律谈判中的倾听，是指谈判者作为信息的接收者认真听取对方所发送的信息，确定其含义并做出反应的过程，是一种积极的倾听。在谈判中，好的倾听能力与好的谈话能力同等重要。只有先听到对方对谈判所涉事实、问题、意见的陈述，才能知晓对方的基本立场和观点，并在此基础上做出回应。倾听者对听到的信息进行反馈，是积极倾听的关键；但同时，对于倾听者而言，此时与对方进行交流的重点在于倾听而不是沟通。积极倾听并不是要求或建议倾听者机械地同意对方的观点，而是希望谈判者通过积极倾听更好地了解对方的立场、信息，并根据谈判者的偏好和优先次序对己方观

① [美]罗伊·J.列维奇、布鲁斯·巴里等：《谈判学(第4版)》，廉晓红等译，中国人民大学出版社2006年版，第161—162页。

点进行调整。

（二）倾听的技巧

1. 认真、仔细地听。在法律谈判中，要认真、仔细地倾听对方的谈话。是否认真倾听，可以从眼睛、神情、肢体语言等各个方面表现出来。在谈判对方谈话时，保持对他的正视、适时地就谈话内容进行回应、对部分谈话内容进行记录等，都是认真倾听的表现。认真倾听，有利于同对方建立信任关系：认真倾听，会让对方感觉到尊重，不仅是针对他个人，而且包括对他所表达的观点和意见的尊重。相对应地，对方也会在后续的谈判过程中对你以及你所表达的意见表示尊重。认真倾听，方能清楚听见、获取对方所说的信息，正确理解对方的真实意图。很多时候，你所愿意的或者你希望对方所说的与他实际所说的经常是不一致的，仔细聆听对方所使用的词汇，才能真正明白他的实际用意。比如，“我同意你的建议”和“这真是一个有意思的建议”有着天壤之别，而“我有权提供的内容就是这些”与“我想我此时最多只能提供这些”也有实质的差别。

很多律师都是糟糕的聆听者，他们习惯于说得多、听得少。研究表明，当谈判对方说话时，很多律师都未能积极地参与到谈判中来，并因此丧失了收集与案件、争议相关的重要信息的机会。很多情况下，这是因为他们正在思考待会儿该他们发言时他们该说些什么、怎么说，或者他们认为对方说的是重复的，完全是在浪费时间；也或者他们感到很疲倦，不想再去听对自己委托人不利的信息。但是，律师如果不认真聆听，可能就会误解对方的谈话而失去达成妥协或和解的机会。[①] 懂得认真倾听的律师，往往有着非常大的优势。

2. 有效地听。有效倾听，就是在对方说话的同时，倾听者要对接收到的信息进行处理，也即要听懂对方说话的意思。“倾听，不仅仅是一字一句地听某人向你讲述的话，你必须用心去倾听……”“倾听，不仅仅是保持安静，而是听人们说什么、没说什么、所表达的是什么意思……”[②]法律谈判中的倾听不仅要求倾听者听到对方说什么，还要注意说话者所用词句，识别对方的语气、语调，这样才能真正听懂、听明白对方的意思。只有进行有效倾听，倾听者才能准确地获取信息、理解讲述者的真实意图，并在此基础上做出有效的反馈，包括采用何种方式、顺序，来有效地表达己方的意见和观点。

（1）识别谈话者的主要观点和理由。有经验的谈判者，一般会在开始的时候即用一两句话表达自己的主要观点，之后再阐述用以支持其观点的事实和理由；但对于另外一些没有经过专门训练的谈判者而言，他可能对于说什么或者怎么说并没有特别准备，他无法条理清楚地表达他的主要观点和理由，有时往往要讲很多话，说很多内容，才能断断续续把他的意思给表达完整。对于倾听者而言，不管谈判对方的表达能力如

---

① ［英］戴安娜·特赖布，前引书，第 17 页。

② 转引自［美］斯蒂芬·克里格、理查德·诺伊曼，前引书，第 50 页。

何，也不管对方是否是一个有经验的谈判者，都要注意识别对方的主要观点和理由。尤其在后一种情形下，更要学会从对方冗长且缺乏条理的谈话中厘清对方的真实意思。

(2)注意倾听谈话者的用语，识别关键词句。在谈判中，说话者所用的许多词句，都反映了他的真实想法和意图，倾听者要学会识别。比如，对方表示“你产品的价格稍微高了些”，在这里“稍微”就是一个关键词，对方表示价格“稍微有些高”，说明你委托人的产品定价基本接近对方的标准，坚持这个价格或适度给予对方一些优惠，最终是有可能达成协议的。又比如，对方说“我没被授权同意这个价格”，这句话可以有两种解释：一是你所提出的价格有问题；二是尽管说话的人没被授权接受这个价格，但是其他人被授权了。又如，“我们不打算在这个阶段讨论这个问题”意味着谈判者可能打算在以后讨论。“这是我们的格式合同条款”则可能意味着：一是一直以来，就这个问题，我们的条件都是这样的；二是这些条款还是可以再商量的。

还有人喜欢用一种比较随意的语言，如“顺便提一下”，倾听者听到这类话不要太大意，反而要特别留意对方所谓顺便提及的问题，很多时候恰恰是对方真正想要表达的重点内容所在。①

(3)注意谈话者的语气和语调。在谈判中，倾听者不仅要注意对方所用词句，还要注意对方在谈话时流露出来的语调、语气，因为正是这些语调语气，最有可能暴露对方内心的态度，不经意间就把对方潜在的一些信息透露出来。一个出色的倾听者，不仅会从对方的表述中听到相关的事实、观点和立场，而且能从对方言语间的语气、语调中听出对方的情绪、心态，抓住对方很多没有用语言表现出来的，或者是可以掩饰的信息。②

在对方说话时，作为倾听者的你，问自己以下几个问题，会帮助你听得更有效些：③

> 我正听到什么话？那些话是什么意思？
> 说话者的话暗示(揭示)了些什么？
> 说话者的语调和身体语言(面部表情、姿势)等暗示了什么？
> 为什么说话者说或暗示这些事情？
> 说话者没说或没暗示哪些一般人在这种情况下会交流的事情？为什么？

3. 记得重申和确认相关信息。有些时候，谈判对方可能表述得不太清楚，他们或者故意说得模棱两可，或者口头语言和肢体语言互相矛盾，使得你不太确定他的

---

① 蔡彦敏、祝聪、刘晶晶：《谈判学与谈判实务》，清华大学出版社 2011 年版，第 151 页。
② 同上注。
③ [美]斯蒂芬·克里格、理查德·诺伊曼，前引书，第 52 页。

真实意图。不过,不管造成你理解错误或不确定的原因是什么,一个有效的确认你所收到的信息就是对方发出信息的方法就是:在谈判的每个阶段结束时,重申或解释你认为对方所说的内容。比如,在一起关于人身损害赔偿的谈判中,在对方律师陈述之后,你可以做如下重申:“好,请让我确认一下我是否理解了你方的观点。你说你有证据表明我的委托人因为慌张没有履行职责,如果诉诸法庭,因为他的过错,赔偿将会减少。因此你建议和解金额应该比同类案件中一般的金额要低。我的理解是否正确?”①重申对方这一谈话内容的目的在于,确认对方到底是在推卸责任,还是仅仅在谈论你委托人的过错?只有获取并正确理解了对方说话的内容,你才能用支持己方委托人的证据对该观点进行反驳。用你自己的语言陈述你所听到的内容,以确信你理解了对方所表达的观点,同时也让对方明白,你是在对他的话进行思考。

在按照你的理解重复对方所言时,你要从对方的观点出发,态度积极、措辞明确、清楚地表达对方观点中的核心信息,表明你真正理解了对方的观点。当然,理解并不等于赞同,你可以做到完全理解对方,但同时又不赞同对方的意见。只有让对方确信你领会了他的意思,你才可能向他们阐述自己的观点。如果你能比对方更清楚地说出他的观点,然后再进行反驳,就会大大增加双方根据实际情况进行建设性对话的可能。②

4.适当地做记录。俗话说,“好记性不如烂笔头”,在倾听对方谈话时,记录谈判的内容会非常有用。不过在谈判中做记录要注意以下几点:(1)不要沉浸于记录之中,而不参与和对方的讨论。一些谈判新手会因为过于关注记录而忽略了对对方谈话的回应和反馈。其实,记录是为了更好地识别、理解对方谈话的意图,固定一些重要信息,但因此而无法进行有效倾听,则未免有本末倒置之嫌。(2)记录要有选择性。在谈判中,倾听者在记录对方谈话时,要有选择和取舍,即要在倾听对方谈话的同时,迅速做出决定和判断,哪些该记哪些不该记,而不是如录音机那样不加选择地全盘记录。有选择的记录,一方面有助于倾听者理清对方的主要观点、思路,另一方也使得倾听者有时间和精力回应对方的谈话,而不是被动的倾听和记录。

当然,在进行法律谈判时,律师也可以让其他人进行专门的记录。不过此种情形下,要注意及时确认记录的内容是否符合你对实际谈判内容的理解。因为不同的人对于谈话的内容会有不同的理解,这取决于他们对事实的认识,所以要提前确认你的记录者对案件的事实、所涉的法律等是否熟悉,理解是否准确,因为这直接关系到他的记录效果。

① [英]戴安娜·特赖布,前引书,第18页。
② [美]罗杰·费希尔、威廉·尤里、布鲁斯·巴顿,前引书,第34页。

三、提问的技巧

（一）提问的目标、类型

在法律谈判中，提问与倾听的共同点是：两者都是了解对方想法和意图、掌握更多信息以及证实双方意见是否一致的重要手段和有效途径。不过，相较之下，倾听者是被动的，提问者是主动的：倾听者获得什么样的信息，很大程度上取决于说话者，倾听者对说话者所发送的信息并没有选择权；而提问者提出什么样的问题，取决于提问者想获取什么样的信息，提问者对可能获取的信息享有选择权。在谈判中，谈判者提问的目的在于通过提问，获取己方所不知道的信息，或要求对方澄清，或确定某些事项，或验证己方先前的推理或分析，或借机表达己方的感受，或提醒对方注意到某些重要问题。同时，谈判者通过提问，还可以从对方的回答中看出他对己方的信息了解、掌握多少，这些信息的真实度如何等，进而掌控并推进谈判。

传统上，提问的模式主要可以分为两个类型：开放式提问和封闭式提问。

1. 开放式提问。开放式的问题大多含有“为什么”“怎么样”“什么时候”“在哪里”等字眼。在法律谈判中，提问者提出开放式问题的目的，是为了在双方之间建立和谐、信任的关系，或者从对方的回答中获得尽可能多的信息。也正因为如此，开放式问题的回答不太容易预测，且回答范围不受限制，回答者的自由性和自主度都比较高，如“你委托人提出这样的赔偿要求，理由是什么？”或者“你的委托人想要什么样的解决方案”等。针对这样的问题，对方的回答通常会包括相关的事实、对方的立场和观点、法律上的权与责、可行的替代方案等诸多内容。

2. 封闭式提问。封闭式的问题要求简短的回答，通常为“是”或者“不是”，并假设特定事实与谈判者想要澄清的事实有关。① 如“你的委托人的意思，是不是当时路面很滑、视野不好？”“你的委托人是否认为他们的售后服务没有改进的可能？”“上个月，你的委托人是否去探视了他的孩子？”等。一个有技巧的提问者会利用对方对封闭式问题的回答，来获得自己想要确定的优势。在上述的提问中，你可以依据对方的回答获得这样的确信，如“没有人认为当时的路况不好，视野不好”“对方并没有改进其售后服务的计划和行动”“我的委托人并没有阻止对方探视孩子，她的行为合情合理”等，而这些可能原本都是对方本不打算确认的。

若要细化，提问还可以分为开放式提问、选择式提问、假设式提问、探究式提问、引导式提问、澄清式提问等。开放式的提问可以促进谈判中的信息搜集，宽泛的问题给了回答者更大的空间，以决定谈论主题的范围。选择式、假设式的提问，是希望获得某一特定方面的具体事实和信息，如“你的委托人是希望一次性付款还是分期付款？”“如

---

① ［美］罗杰·费希尔、威廉·尤里、布鲁斯·巴顿，前引书，第20页。

果我的委托人要增加订货数量，你方能给什么样的价格优惠？"等。探究式的提问是通过追问的方式，以期获得对方在某些情形下不愿意直接透露的信息或立场，如"那么说来，你的委托人愿意承担孩子的部分抚养费？""就孩子的抚养费问题，你的委托人每个月愿意支付多少？"等。引导式、澄清式的提问，很多时候是为了确认提问者实际已经掌握的信息，如"这条路的最高限速是60码，是不是？""你刚才的意思是，如果我们愿意一次性付款，赔偿额度可以减少，是吗？"等。在法律谈判中，针对不同的谈判情形，基于不同的提问目的，提问者要采取不同的提问方式。

(二)提问的技巧

提问对推进谈判有着重要意义，有经验的谈判者认为，真正控制谈判局面的人是善于不断发问、诱使别人说话的人。[①] 提问者想要取得好的提问效果，应当掌握一些基本的提问技巧。

1.提问要有的放矢。提问是为了获得你所想要的信息，或者从对方处得到答案，以解除己方的疑惑，或加固己方的确信。因此，提问者事先要对所提问题进行准备，确定好提问的范围与主要内容；要有明确的询问目标，而不是为了提问而提问。尤其在谈判之初，提问者需要通过一些宽泛的问题，获得尽可能多的信息；但即使是宽泛的问题，也应当有明确的目的。

2.问题要清楚、简短、确定。律师通常都喜欢长篇大论地发表意见，因此有时候即使提问，也喜欢先说上一段自己的理解、想法或意见之后再提出问题，或者问题本身就包含了许多的信息和提问者的意见。这样的问题很容易模糊提问目的，使得对方难以理解或把握问题的核心，于是，给出的回答也就偏离了。在谈判中，提问者的问题一定要清楚、简短、明确，即使是那些引导式、澄清式的提问，也要尽可能做到言简意赅。如果提问者所要获取的信息量很大，一个简短的问题无法含尽的话，那么就分成多个问题，一个问题一个问题地来；如果对方对你的问题的理解不太确信，你可以重复提问。衡量你的提问是否成功的一个因素，就是看对方是否听懂、理解你的问题。

3.提问要把握时机。提问时机的把握，是对谈判者能力的一大考验。有经验的谈判律师会在正确的时间和正确的背景下提问，即他知道什么时候可以提问，什么时候不该提问；什么时候该问这样的问题，什么时候该问那样的问题。比如在对方陈述时，如果你发现或想到了某个问题，除非这个问题特别重要，不及时提问会影响到彼此的交流，否则最好等对方陈述完毕再提问；但是如果对方的陈述过于冗长、主题不明、表达信息不清的时候，你可以适时打断对方说话，进行提问。对提问时机的把握还包括：提问者知道，什么时候提出宽泛的问题，以获得一般信息；什么时候提出具体的问题，以获得具体、直接的信息；什么时候提引导性问题以确认你已经知道的信息或答案，什

① [美]艾瑞克·伊文思：《你就是谈判高手》，陈玲等译，中国水利水电出版社2004年版，第44页。

么时候提非引导性的问题来获取未知的信息。

4.选择合适的提问方式。提问者的问题若较为宽泛，通常能获得对方的认可和配合，因为回答者享有很大的自由度；但同时，回答者的回答可能会过于表面和宽泛。选择式的提问虽可以将对方的回答限制在提问者可控制的范围内，但获取的信息量相对有限。直截了当的提问虽然可以即时或很快得到对方的回答，但在有些场合下并不合适。婉转的提问方式可以避免出现尴尬、不愉快的情形，尤其是针对一些敏感问题，但是这种间接的提问方式，有时候可能会造成一些错误理解。因此，在法律谈判中，没有哪一种提问方式是万能的，提问者应根据你的询问目的、问题性质、谈判情势等，选择恰当的提问方式。

5.提问者要有耐心并注意倾听。提问者要学会耐心地等待，不要在提出问题之后就想马上得到答案，或者在对方未能迅速做出回答时，就立即问另外一个问题。要给对方足够的时间答复、专心等待对方做出回答。对方很可能正在认真思考如何回答你的问题，若你立马抛出第二个问题，对方的思考就会被打乱；而且你有可能永远听不到第一个问题的答案了。懂得“沉默是金”，懂得倾听沉默，你的沉默既可以给对方施加压力，同时或许还可以促使对方提供大量的信息。

倾听也是提问者提问时所需要注意的技巧，如果对方的回答只提供了你想要的一部分信息，那么认真倾听之后，你应当就缺失的，或者说对方遗忘的或故意忽略的那部分信息继续进行询问，以尽可能获取有关这个问题全部的而不仅仅是大部分的信息。

四、回答的技巧

与提问相伴的是回答，有问必有答。不同的谈判者，针对同样的问题会有不同的回答，而不同的回答又会产生不同的谈判效果。因此，从某种意义上说，不会回答提问，就等于不会谈判。在法律谈判中，提问有讲究，回答也有技巧：问得好，有利于掌控谈判局面；回答得好，同样也能把握主动。

对于谈判者而言，回答比提问更有难度：提问者是主动的，他的目的是获取、确认相关信息；回答者是被动的，他要针对对方的问题做出回应。回答得不好，有可能使回答者陷于不利的境地：如果你一贯采用非正面回答对方的提问或转换话题，对方会认为你缺乏诚意，不值得信任；如果你事事都给予直接、真实的回答，又可能导致你过早或过多地泄露信息，或者让对方认为你的回答就是你的承诺，从而使自己在后续的谈判中陷入被动。

谈判中的回答不同于日常生活中的回答。谈判场上，提问者的问题五花八门，许多问题都有着特定的目的和动机，有些甚至是别有用心，因此谈判者并不需要对所有的问题都给予正面、实事求是的回答。这就要求谈判者在面对对方的提问时，沉着冷静、摸清对方的真实意图，然后再根据不同情况予以回答。谈判者在回答提问时，要注意以下几个方面的技巧。

1.回答之前要认真思考。很多人会认为，对对方的提问回答得越快，就说明自己越有准备。但是在谈判中，很多时候情况却恰恰相反：回答过于快速，一则可能因为没有弄清对方的意图，容易落入对方的设计中，透露了原本不该透露的信息；二则还有可能给对方造成自己欠缺思考、不够成熟稳重的印象。因此，在回答对方提问时，谈判者应该给自己留一些思考的时间，理解问题的真正含义，弄清对方提问的真实意图，分析自己的回答会给双方带来什么样的影响，再决定自己的回答方式和范围，做到从容回应。即使对方的提问在自己预料之中，答案了然于胸，也仍然要记得留点时间给自己，进行必要的思考。

2.回答要有所保留，不可"全盘托出"。在谈判中，对所有问题都做出全面回答，未必就是最好的。有时候回答越准确，就越愚笨。回答的关键在于该说什么，不该说什么，而不必考虑所回答的是否对题。[①] 谈判讲究的是信息交换，若你回答问题时将委托人的信息全盘托出，那么在后续的谈判中，你就缺少了和对方进行信息交换的资本，你要想获取对方的信息就变得很困难，你的处境也会变得很被动。在谈判中，回答者的任何一句话都近似于一句诺言，一经说出，在一般情况下很难收回。谈判者回答问题，不要太"满"，要记得给自己留余地，那样即使日后情况有变，自己也有调整的空间。

在实践中，谈判者可以根据具体情况，针对不同的问题做出不同的回答：当对方提出问题时，如果是应该让对方了解，或者需要表明你态度的问题，可以认真作答；对某些问题，可以只回答其中的一部分，而忽略其余部分；或对回答的前提进行修饰或限制，以缩小回答的范围，如对方问"你对这个方案怎么看，同意吗？"，你可以回答说："我们也考虑了一下，就这个方案中的××条款，我们认为……"或者给出概括地回答，如"对于这个问题，我们确实询问了一些证人，但目前我尚不确定这些证人证言对我们来说有多大的用处"等。

3.要懂得拒绝回答。谈判者有回答问题的义务，但这并不等于你必须回答对方所提出的每一个问题。如果提问者所提的是一些与谈判主题无关，或不值得回答的问题，或者说回答只会损害你委托人的利益，或者涉及的是一些委托人比较敏感或忌讳的问题，那么谈判者完全可以拒绝直接回答，同时解释一下原因，如"我们认为这个问题和这次谈判无涉，我们就不要把时间浪费在这些无关的问题上了吧"或者"对不起，我并没有被授权讨论那个问题"等。

4.适时地转移话题、拖延回答。在谈判中，有时候对方提出的问题，谈判者无法从正面做出有针对性的回答：若拒不回答，会被对方指责为毫无诚意；如勉强作答，又可能会被误读。在这种情况下，谈判者可以通过巧妙的转移话题，一方面使得对方得不

① 张强：《谈判学（第二版）》，华中科技大学出版社 2003 年版，第 155 页。

到想要的答案，另一方面也不至于破坏谈判气氛。如对方反复强调一个他们认为十分重要的问题，要求谈判者同意其观点，谈判者若觉得难以直接回答，就可以这样说："这个问题确实十分重要，我方以前也曾遇到过这样一件事……"貌似回答，而实际上是滑过了原来的问题，谈及了与原题相关但实际上却是对另一个问题的看法。①

此外，对一些你认为不合适在这个阶段讨论或者你目前不打算回答的问题，你可以回答说："如果可以，我想在以后的谈判中再谈这个问题，目前我想我们还是来讨论……吧。"而对一些不便回答或者仓促之间想不出该如何回答的问题，谈判者可以找借口进行拖延答复："对你所提的问题，我们目前没有第一手的资料进行论证。我想，你肯定希望我有个详细而满意的答复，但这需要时间，你说对吗？"

5. 控制对方追问的兴致和机会。在谈判中，如果一方进行连续性的提问，且提问环环相扣、步步紧逼，回答的一方很可能就会掉进对方的圈套而陷于被动，甚至有可能导致谈判的失败。因此，谈判者在回答问题时尽量不要授人以柄，让对方抓住某一点继续追问，而是通过各种方式包括降低问题的意义、回避等方式，使提问者找不到继续追问的理由和借口。有经验的谈判者会以"我们考虑过，情况没有你说的那么严重"这样的回答，来降低问题的意义，或指出"现在讨论这个问题还为时过早""这是一个暂时无法回答的问题""这个问题可以留待以后解决"等，来抑制对方的追问。

五、说服的技巧

(一)说服的含义

说服，是指人们在沟通中通过传递信息，使对方改变信仰、态度和行为的活动；谈判中的说服，即谈判者综合运用各种沟通技巧，使对方改变立场和态度，接受自己的观点和意见，进而促成协议达成的过程。说服是法律谈判中最重要也是最复杂、最富有技巧的沟通方式，它贯穿谈判始终。谈判的推进和谈判协议的达成，本身就是谈判者相互说服与被说服的结果：谈判律师为给委托人争取最大的利益，在谈判中扮演着积极主动的说服者的角色；但同时，他也是被说服的对象，他需要适度接受对方的建议和酌情考虑对方的利益，这样才能使得双方的意见逐步走向一致。

谈判者之间也经常会出现辩论的情形，但辩论并不等同于说服。辩论是将一组想法有逻辑地表达出来，以力证自己观点的正确和对方观点的错误。谈判中的辩论有时也是说服对方做某些事情或接受某些观点的方法，但在另外一些场合，辩论的目的并不是为了让对方接受自己的观点，而是为了证明自己的观点和意见的正确性，或者说服第三者而不是对方接受自己的观点。律师经常会犯的一个错误，就是在需要陈述、倾听、提问或说服时选择了辩论。法律谈判需要辩论，但辩论并不是法律谈判的主要

① 宋莉萍，前引书，第 176 页。

沟通方式。

谈判者在谈判中能否说服，怎样说服对方接受自己的观点，是谈判能否达成一致的关键。

(二)说服的技巧

1. 明确说服目标。要提高说服的效果和效率，谈判者首先必须明确说服的目标，明确尚有哪些问题需要和对方沟通，取得一致意见；在哪些问题上，即使不能取得一致也不影响谈判目标的实现。在需要说服对方、争取协商一致的那些问题上，谈判者要弄清楚，你和对方目前的分歧是什么，为什么会出现这样的分歧，你想要对方接受什么样的观点、做什么样的事情，你的理由是什么，等等。

2. 尊重、理解对方，与对方建立起良好的关系。要想有效地说服对方，首先必须尊重、理解对方，与对方建立友好、信任的关系。如果谈判双方关系融洽，那么对方就比较容易接受你的意见；如果谈判双方情绪对立比较严重，关系比较僵，那么不管你的意见有多正确，也不管你的理由有多充分，要想说服对方，都将非常困难。

说服并不是辩论，说服的目的不是争出胜负，而是让对方接受你的意见和观点。要让对方接受你的观点，除了你的观点本身具有说服力外，还要理解对方的处境和困难，考虑对方的利益，尊重对方的需求；否则，你也就无法要求对方理解你的想法、你的需求，更别说接受你的意见和建议了。具有丰富说服经验的谈判者，往往是那些善于理解对方、从对方角度考虑问题的谈判者，他在帮助对方实现谈判目标的同时，通常也使自己委托人的利益得到最大实现。

3. 努力寻求双方的共同点。在谈判中，双方存在着利益的对抗、分歧，但同时，双方也有共同的需求，而这正是双方愿意谈判并促成谈判成功的原因所在。谈判者在进行说服时，要努力寻求并强调你的委托人与对方的立场、利益一致之处，讨论这些共同之处可引起对方的兴趣，并增加彼此的信任感。

4. 直陈利害。谈判者在进行说服时，要客观地向对方明示利害关系。既要说明接受你的意见后，对方将会得到什么样的利益，你的委托人将会得到什么样的利益，也要讲明接受你的意见后，对方的损失是什么，你的委托人损失有哪些。这样做的好处有两个：一方面使人感觉到你的意见客观、符合情理；另一方面，如果对方接受你的意见后出现了对其不利的结果，你也可以进行适当的解释。

5. 说服要耐心。说服必须耐心细致，要动之以情、晓之以理。在说服过程中，不要期望你一提出主张和理由，对方就能接受。对方提出异议，提出不同的想法和建议，可以先表示理解，然后再婉转地说出你的意见和主张。若对对方的观点加以全盘否定，很可能会使他更加坚持己见，从而使得说服更难进行。

6. 说服要以理服人，不可用欺诈或胁迫的手段。说服不是压服，也不是骗服，说服要以理服人。成功的说服要体现双方真实的意思，采用胁迫或欺诈的手段，虽然一开始对方可能会基于各种原因接受你的意见，但同时也给谈判埋下了危机。谈判者在进行说服的时候，对于解决问题所适用的标准要力求客观，这样既能坚持公正，又可以使谈判结果在预料之中。

六、法律谈判中的语言

谈判律师的各种沟通技巧，决定着法律谈判的进展和结果；而谈判中言辞语言的恰当与否、非言辞信息的表达，决定着各种沟通方式的效果。

(一)言辞语言

1.专业术语的运用。在法律谈判尤其是一些争议解决型谈判中，律师常常会使用专业术语。但是，专业术语的运用，很多时候要看谈判对手：如果谈判对方也是律师，那么在抛出一个专业术语之后，不加解释没有任何问题，因为对方显然清楚你所说的意思；但是，如果对方谈判者并不是律师且对法律知之甚少，那么律师在使用专业术语的时候，要进行恰当的处理，比如对所使用的专业术语进行解释，或者询问对方是否听懂自己所说的意思，这样的语言表达效果就会好很多，而且也显得尊重对方。为了显示自己的专业知识和能力而大量使用专业术语且不做任何解释，对谈判的推进没有任何益处，因为谈判的过程是沟通的过程，若你所使用的语言无法起到良好的沟通效果，那么谈判很可能会遭遇失败。

2.缓冲语言的运用。谈判双方的观点难免产生冲突，双方的需求自然也会有矛盾。为了使自己的想法和观点更加容易被对方接受，或者改变对方的某些看法，需要使用一些缓和冲突的语言技巧。比如，“你的观点有一定的道理，但是我有另外一些想法，不知道对不对……”这样既没有直接指出对方观点的错误之处，也没有拔高自己的观点，而是以一种商量的口吻表达自己的看法。对方的观点得到了一定程度上的肯定，因此不会对你产生反感，也不会对你的观点产生抗拒，因而也更加容易接受你的观点，或者至少能够平心静气地跟你一起讨论。

3.弹性语言的运用。在法律谈判中，我们需要针对不同的人说不同的话。这并不是说改变自己说话的内容，而是改变说话的技巧而已。如果对方谈吐优雅、文明礼貌，谈判者也应尽可能使自己变得文雅有修养。如果对方朴实无华、语言直接，那么谈判者也不应该使用那些所谓的高雅词汇。这种做法能够快速而有效地缩短谈判双方之间的距离，方便双方沟通思想、交流感情。

4.中性语言的运用。谈判中若出现了某种你不希望或令你不快的情形，应尽量讲述自己的感觉而不是去评判、指责对方的行为，你可以说“我感到很失望”，而不是责备对方“背信弃义”；你可以说“请原谅，我没能理解你说的意思”，而不是指责对方“你根本搞不懂自己说了些什么”。这些表达意思相同但效果却大相径庭：前一种表达方法，既说明了客观情况和自己的感受，又避免了责备对方；而后一种表达方法，往往会激怒对方,不仅可能使对方拒绝接受你的意见,还会影响谈判气氛,严重时会使谈判陷入僵局。

5.解围语言的运用。法律谈判中经常会出现的一幕是,谈判双方出现了难以调和的矛盾和冲突,气氛也变得紧张起来,双方好像站在完全对立的境地,谈判陷入尴尬。这时候需要运用解围语言进行处理。比如,你可以说"我觉得我们这样做,可能对谁都不利",这样的表达一方面指出谈判正朝着危险的境地发展,而对方也一定不愿意看到这样的情况出现;另一方面,你也表达了你希望谈判成功的诚意,因此能在一定程度上缓和谈判气氛。此外,不要在谈判结束的时候说一些否定性的话,这样会使谈判以一种不愉快的方式结束,也对以后的交流产生很大的影响;你可以告诉对方,这次谈判让你受益匪浅。

(二)非言辞信息

谈判中的非言辞信息包括说话的语速、语调、沉默、面部表情、肢体动作等。非言辞信息在交流中发挥着至关重要的作用,语言学权威阿伯克龙比(Abercrombie)说过:"我们用语言器官说话,但是我们用我们的整个身体交谈。"①非言辞信息对谈判者之间信息的发送和接收会产生非常明显的影响:一个人说话的语调、语速,会传达他所想要表达的含义或者想要强调的意思,还会暗示他是严肃还是轻率地做出了论断;他的眼神、表情会透露他所表达的是真实想法,还是言不由衷;他的肢体动作还会暴露他是在认真地进行交流、沟通,还是心不在焉。

1.语速、语调、音量。说话的音量、语速、语调都是说话者表情达意的重要手段。研究表明,当人与人之间面对面交流时,信息的表达和传递通过肢体、音调和具体用语的大体比例为肢体语言(含表情)55%,音调38%,具体用语7%;当人与人进行电话交流时,相应的比例分别为肢体语言10%—16%(虽然对方看不到,但肢体动作和表情可以影响到语音语调并通过语音语调传递给对方),音调70%,具体用语14%—20%。② 音量适中说明说话的感情是平和的,音量过高,往往暴露出说话人的情绪紧张或激动,音量过低则表现出说话人感情上的不快、厌倦或失望;说话者情绪兴奋、紧张时,语速一般较快,而在其严肃或有些迟疑时,语速一般较慢。说话时的语调同样能表露说话者的个性特征和心理状态。③

在法律谈判中,谈判者说话的语速、语调和音量对意思的表达有较大影响:陈述意见要尽量做到平稳中速,若要加强表达的效果,可以通过改变语速来引起对方的注意;如遇到重要的或需要强调的部分,可通过减慢语速或者重复表达来进行突出。一般问

---

① 转引自[英]戴安娜·特赖布,前引书,第18页。

② 刘阳:《新课堂教学语言的语气、语调、语速运用》,载《西部科教论坛》2009年第5期。

③ 孙汝建:《汉语语调的语气和口气功能》,载《南通师范学院学报(哲学社会科学版)》2000年第3期。

题的阐述应使用正常的语调，保持能让对方清晰听见而不引起反感的、高低适中的音量。同样，你也可以通过注意对方说话的音量、语速等来了解他的情绪和心态，进而判断他表达的真实性。

2.面部表情。观察和读懂面部表情，是评估他人心理的一种有效手段。在谈判桌上，每个人都会在不知不觉中透过某些面部表情泄露自己的想法和感受。所以，当你获取信息或表明态度时，要注意观察谈判对方的脸色变化。通常，"脸红"是人在激动或愤怒时的一种非言辞语言，如果对方的脸变红，就可能表明他不够坦率，或者在试图隐藏一种目前不宜表现出来的情绪；也或者是对方太紧张了。当然，还有一种可能性就是，对方对你刚才的开价或提议感到无比兴奋。①

除了脸色，眼睛也可以透露出很多信息。快速眨眼一般会被认为是紧张的表现。谈判刚开始时，谈判者一般不会紧张，但随着谈判的进行，当他变得紧张时，他的眨眼频率就会明显改变：这种紧张也许是因为缺乏经验或准备不足，或许是因为从他委托人的角度考虑，他已经接近谈判的敏感尺度了。② 此外，当谈判者愤怒、撒谎、拖延时间时，他的眨眼频率也会发生变化。在法律谈判中，这是值得引起重视的信号。另一方面，有意识地控制眨眼也是可能的，如果感觉紧张，最好控制自己的行为以便掩饰紧张的情绪。

还有另外一些面部表情和反应也值得关注：面部肌肉抽搐可能是高度紧张的结果，透露出谈判者可能对当前的情况并不满意，所以要注意观察对方面部肌肉的微小变化；另外，嘴角下瘪可能是厌恶或悲伤的反映，而紧咬牙关或下颌收紧则可能是遭受挫折的表现。③

3.声音和沉默。在谈判中，谈判者会遇到对方故意制造某种声音的情况，比如清嗓子、反复敲击桌子等，来传达诸如"闭嘴""长话短说""轮到你发表意见了"等信息；同时，人们在紧张或不自在的时候，也会无意识或不受控制地发出某种声音，如连续咳嗽等；还有，谈判者如果不停地跺脚，则表示他很焦虑或受挫；有时，谈判者也会故意用敲手指的方式，来表现他的轻松和自信等。

沉默也是交流中经常出现的情形。在一方说话时保持安静，是有效倾听的技巧之一。但是如果一个谈判者在应该参与意见交换的时候却保持沉默，那么你就得判断其中的原因了，以便进行有效应对：是因为你刚才说的话出乎对方的意料，让对方费解，还是因为对方正处于不利的情势中，想不出应对措施？抑或对方想通过沉默的方式给你制造压力，迫使你透露出更多的信息？

---

① [美]杰勒德·尼伦伯格、亨利·卡莱罗：《谈判的艺术》，陈琛、许皓皓译，新世界出版社2012年版，第222页。

② [英]戴安娜·特赖布，前引书，第19页。

③ [美]杰勒德·尼伦伯格、亨利·卡莱罗，前引书，第226页。

4. 肢体动作。肢体动作是一个重要的非言辞信息。当一个人在说话的时候，如果他的肢体动作和所说内容表达一致，肢体动作就会对所说观点起到强调、润饰的作用。比如一个人用拳头击打另一只手掌的动作，经常会出现在一个人愤怒、情绪化或想要把观点引回正题的时候；而与言语不协调的肢体动作往往会出卖你，把你的谎言或试图掩盖某些事情的行为暴露给对方，比如一个人嘴里说着"我相信你，我会认真考虑你的提议"，但双臂却紧紧交叉于胸前，肩膀因为紧张而耸起，那么很显然，他说的话缺乏诚意。① 在谈判中，如果在你说话的时候，对方身体前倾、眼睛注视着你，这表明对方在认真听你说话；如果对方在说话的时候，慢慢抬起双手并张开手掌，则表示他对当前的谈话持开放态度，并且乐于交换意见。

非言辞信息的不当运用，同样会影响到谈判的进展甚至结果。因此在法律谈判中，要尽量控制并避免释放一些消极的非言辞信息，如转移注视说话者的视线，身体朝向背离说话者，打哈欠，看表，叹气等。在谈判桌上，摆弄双手，摆弄桌上的笔和纸，通常会被认为是紧张的表现；抓耳、揉眼、挠鼻、抖脚或握拳头等，也同样会被理解为紧张或不尊重；而说话者说话时用手捂嘴则会被认为是在撒谎或者起码是对自己所说的事实不确定。但同时，如果谈判者在说话时身体略向前倾，手心向上，对方说话时轻轻点头或微笑，则往往被认为是谈判者对自己、对谈判充满信心的表现。②

七、情景练习

1. 学生每两人一组，一人用 5 分钟时间讲述自己上周末是怎么度过的，另一人倾听；讲述者讲完后，由倾听者复述。然后由倾听者对讲述者的讲述进行评价；讲述者对倾听者的倾听表现进行评价，并对其复述的内容进行确认、补充。

2. 学生每两人一组，一人用 5 分钟时间，向另一人询问有关被询问者的各方面情况，被询问者依自己的意愿进行回答。然后由询问者根据询问所得的信息对被询问者进行描述，被询问者对相关信息进行确认，并对询问者的询问进行评价。

第四节　法律谈判的礼仪

所谓礼仪，是指在人际交往之中自始至终地以一定的、约定俗成的程序、方式来表现律己、敬人的行为。谈判礼仪，是指在长期的谈判交往过程中所形成的某些谈判言行举止或活动规范。谈判礼仪同谈判技巧一样，贯穿于谈判的整个过程，从见面之初、

① [美]杰勒德·尼伦伯格、亨利·卡莱罗，前引书，第 228—229 页。
② [英]戴安娜·特赖布，前引书，第 20 页。

谈判开始、磋商直至谈判结束,都有赖于谈判者运用得体的礼仪,加上灵活、适当的谈判技巧,推进并影响着谈判的进程,最终促使双方达成一致。

一、谈判者的仪容、仪表和仪态

谈判者的仪容仪表和仪态,简单说就是穿着打扮和行为举止。仪容,主要指的是谈判者的脸部、面容。虽然说容貌是天生的,不能要求谈判者个个都英俊、漂亮,但一定要做到清爽、整洁。干净、整洁的形象不仅能弥补容貌上的某些不足,给对方留下一个好的印象,整洁的形象也是对谈判对手的一种尊重。具体而言,男士首先头发不能留得太长,同时还要梳洗干净;其次,男士要刮净或处理好胡子。虽然说长头发、长胡子,很有艺术家的气质,但对于谈判律师而言,这样的仪容显然不合适。对女士,首先妆容不宜太浓太重,谈判桌不是晚宴桌,在谈判桌前,淡妆更显庄重、大方;其次,女士的头发不宜过长,头发的造型和颜色也不要过于醒目和前卫。

仪表,主要指的是谈判者的服饰。服饰的最基本要求就是整洁得体。得体的服饰,不仅是个人仪表美、素质高的表现,而且是对他人的尊重。谈判桌前的谈判者,通常要穿得传统、庄重、高雅。男士一般应穿西装系领带,西服的颜色以蓝色、灰色或黑色居多;在天气较热的季节,则可以衬衣领带出现。男士切忌穿非正式的休闲装、运动装,因为这两者体现的是轻松、随意的气氛,而谈判场代表着紧张、严谨的氛围。女士的最佳选择是职业套装,可以是裙装也可以是裤装;女士切忌穿得太露、太透,吊带、长裙等显然不适合出现在谈判桌前;切忌佩戴太多太夸张的首饰,项链、耳环、戒指、手链、胸针等齐上阵,会显得过于累赘,适当有一两件饰物即可。无论男士或女士,稀奇的发型、过分的化妆、大量的珠宝、浓郁的香水,都与谈判者的形象格格不入。

仪态,指的是谈判者的站、行、坐、言等行为举止。俗话说"站有站相,坐有坐相",行为举止是否恰当、得体,往往体现着一个人的素养。站立,要直、稳,两脚脚跟着地,腰背挺直,自然挺胸,脖颈伸直,下颌微低,两臂自然下垂。谈判中不同的站姿会给人以不同的感觉:腰背挺直的站姿,表示谈判者充满信心、乐观豁达、积极主动;而弯腰曲背的站相,透露的是谈判者缺乏自信、消极悲观的信号。行走,男士应当头部端正,但不宜抬得过高,否则会给人以高傲的感觉,双眼平视前方,肩平、胸挺、腹收,行走间两肩不摇,步态稳健;女士行走的姿态应当是上身自然挺直、挺胸收腹,双手前后小幅摆动,走成直线、小步前进,步态要自如、匀称和轻柔。谈判者要经常坐在谈判桌旁,因此尤其要注意坐姿:坐时不要随意地靠着椅背,要坐直,有一定的力度,将两腿平行放好;坐着的时候要正面对谈判对方,而不要斜着身子坐;不要跷二郎腿,也不要不停地抖动腿脚;不要一边坐着,一边用双手不停地摆弄东西,这些都是对对方的谈话不感兴趣或者漫不经心的表现。至于言,谈判者说话要准确、清晰,同时要礼貌、谨慎且勇敢、直率,多用敬语和谦语等。

二、见面礼仪

见面礼仪包括初次见面时，谈判者到达、相互介绍、递名片、握手等一系列的行为、礼仪。

1. 到达。谈判者要按照预定的时间，提前或准时到达谈判地点，否则可能会被理解为对谈判事项和谈判对方的不尊重。如果出于客观原因迟到，要提前告知对方。如果谈判是在谈判一方的公司、律所或其选择的场所进行，那么该谈判一方应提前做好谈判场所的布置、接待工作，包括谈判者座次的确定等，最好安排相关人员进行迎候。

2. 介绍。谈判中的介绍与自我介绍是常见而重要的一环，得体的介绍有助于创造良好的气氛，使谈判得以顺利进行。在较为正式的谈判场合一般是双方各自介绍己方的谈判成员，顺序是女士优先，职位高的优先；被介绍者，应正面对着对方，微笑起立示意，显示出有礼貌并乐于结识对方的诚意。介绍完毕，通常应与对方握手致意。如果谈判者的人数较少，通常采取自我介绍的方式，自报姓名后，应当简单说明自己的工作单位，受谁委托等；在自我介绍时，视线应始终注视对方，以显示对对方的尊重，切忌边自我介绍边四处张望，这样有失礼貌，且容易让人反感。

3. 递名片。介绍过后，若有名片在手，谈判者之间通常会交换各自的名片。交换名片也是要有礼仪的，在动作上要递、接，在多人交换的时候，通常是先客后主，先低后高。递交名片有几个小问题需要注意：一是双手或右手递交；二是名片的正面朝对方，若是谈判者中有外国人的，那么名片的英文一面朝外宾；三是递交名片时要用套语，如"您好""请多关照"等。当然，接受名片也是有规范的：站立、忌左手，微笑、目视对方，致谢、认真浏览，认真放置等。

4. 握手。握手是谈判者见面时常用的一种表示友好的礼节。握手貌似简单，但握手的顺序、力度、时间等都有一定讲究：女士先伸出手，男士一般不先伸出手；人员较多时，要稳步寻找握手对象，防止交叉握手、争手的情况发生。握手的力度要适当，不宜过重过紧，但握得太轻有时会被认为是软弱、没有信心，或者敷衍的表现。握手的时间不宜太长，也不宜太短，通常在三秒钟左右较为合适。握手时，同样要正视对方、面带微笑，以示致意。握手的时候切忌戴手套、坐着握手等。

当然，在有些国家见面时并不握手。如：日本常采用鞠躬的方式，泰国采用双手合十的方式，欧美许多国家则采用亲吻的方式。而在大多数非洲国家中，习惯用身体打招呼，如长时间地把手放在客人的肩上等。选择采用何种见面礼仪，应视不同文化而定。

三、交谈礼仪

谈判中的交谈礼仪涉及谈判用语、语速、语调、表情、谈判者间的距离等。

1.谈判用语。在谈判中,谈判者的谈判用语要准确、清晰、易懂,如果谈判对方并不是律师,那么在谈判过程中不要过多地使用专业术语,同时对术语进行解释。谈判的用语要尽量采用中性、肯定的用语,埋怨、责骂、挖苦、自夸的话都要尽量避免使用。在双方意见发生分歧,进行争论、说服的时候,更要注意言辞的友好、平和,言辞过激或追问不休,容易导致谈判对方反感,使得沟通效果大打折扣。在谈判中,绝对禁止用侮辱性的语言对谈判对方进行人身攻击。

2.语速语调。在谈判中,陈述相关意见时应尽量保持语速平稳、中速进行,在特殊情况下,可以适当改变一下语速,以引起特别注意或加强表达效果。语速过快,会使对方难以集中注意力来正确领会、把握你的意思,有时还会使对方误认为你在为完成某项工作而敷衍了事;而语速过慢,会被认为准备不足、不可信任或者紧张,意思表达不够连贯、通畅。同时,谈判者的语音语调也要控制得当,为强调某一个观点或者吸引对方的注意力而提高音量和语调,是谈判者的语言运用技巧,但如果说话者的语音语调长时间过于高亢,容易使对方产生压迫感或感到烦躁。

3.表情与肢体动作。谈判者不管是在说话还是在倾听时,面部表情都要柔和、放松,不要过于严肃。同时,谈判者不可面无表情,根据对方的谈话内容,谈判者表情和肢体语言可适度变化。在谈判中,保持同对方的视线接触的适当程度非常重要。理想的是注视对方的眼睛,但不超过正常的社交交流时间(一般为四五秒)。不要将目光"锁定"在对方身上,因为这样会被认为是怀有敌意的表现。如果你觉得很难保持视线接触,可以把目光聚焦在别人的鼻梁上,千万不要将目光聚焦到别人下巴以下的任何位置。如果对方的谈判团队中有数位成员,应该以适当的间隔时间同该团队中的每位成员都保持视线接触。此外,谈判者的肢体动作要适当、自然,不宜乱打手势,以免造成轻浮之感;更忌双臂在胸前交叉,那样显得傲慢无礼。

4.交谈距离。谈判者之间的空间距离与心理距离联系密切,空间距离直接影响着谈判双方心理上的距离。一般情况下,较适合的双方距离应在1～1.5米之间,距离太远,双方交谈不方便,难以相互接近,有谈不到一起的感觉;距离太近,声息相通,使人觉得不自在,也难以进行良好的沟通。

第二章　法律谈判准备

“在一切有困难的交涉中，不可希冀一边下种一边收割；而应当对所事妥为准备，好让它渐渐成熟。”英国培根的这句名言也适用于法律谈判，意味着在谈判开始之前，最重要的事情莫过于做好谈判准备。许多谈判专家都认为，谈判准备是谈判成功的关键：“当你最终坐在谈判桌旁的时候，就会明白谈判前的准备工作会让你受益匪浅。二八法则同样适用于谈判：大约80%的努力应该用于准备工作，20%的努力用于实际谈判。”[①]面临谈判的时候，成功的谈判者往往只有一个选择，就是去准备。这意味着要花费必要的时间来确保你的假设和信息是准确的、详细的，有足够的细节让你控制整个谈判。“这是唯一能避免在谈判中因环境、对方律师或两者兼有的因素而被动的方法。”[②]通过积极有效的计划和准备，大多数谈判者都能达到他们的目的；反之，谈判结果将更多地取决于偶然，而非谈判者的努力。

但是，尽管已经意识到准备工作的重要性，大多数谈判律师很多时候还是不愿意进行系统、充分的谈判准备。他们的理由多种多样：准备需要花费时间，而时间对律师来说是最紧缺的；准备既烦人又费时间，许多律师更愿意快速采取行动；与其花时间思考未来的事情和做计划，还不如直接采取行动，行动才更能体现一个律师的水平。但是实践表明，如果不花费必要的时间进行谈判准备，通常意味着你将在谈判桌上遭遇失败。此外，准备工作的不充分还会使律师在谈判过程中处处被动。若律师事先没有设定清楚的谈判目标和评估标准，那么当他必须做出让步；或另一方要求重新进行协议时，他将无法快速而准确地评估其结果。这样一来，律师就可能接受对己方委托人不利的协议，或者因为困惑、迟疑而拖延谈判，导致谈判对方失去耐性。律师如果没有做好充分的准备工作，就不能了解己方委托人的优势和劣势，也无法评估对方观点、建议的优势和劣势，其结果就是，律师无法提出有利于己方委托人的建议，无法用有说服力的观点来支持己方的立场并反驳对方。无论律师在谈判桌前的表现多么机智灵活，

---

① [美]利·汤普森：《汤普森谈判学》，赵欣、陆华强译，中国人民大学出版社2009年版，第10页。

② [美]X. M. 弗拉斯科纳、H. 李·赫瑟林顿：《法律职业就是谈判》，高如华译，法律出版社2005年版，第45页。

当谈判对方想通过拖延或推迟谈判来赢得谈判，或固守其立场让律师妥协时，律师就必须采取新的谈判策略。[①]

以下的案例虽然简单，但充分说明了谈判准备的重要性。[②]

简宁是某公司网站的广告文案撰稿人，她觉得自己目前的薪酬偏低。她在公司工作了5年，得到了几次提升，目前的职位是副编辑，而事实上她所做的工作与文案撰稿人(级别要更高一些)的工作是一样的。她目前的年薪是6万元人民币。她怀疑她的薪水要比与她职责相同的其他人所领到的薪水少得多，于是她决定做些调查。她上网看了一下，找了一些网站，将自己的报酬与一些工作头衔与自己差不多的人进行了一下比较。结果不出所料，与她经历相似的同行年薪大多在8—10万元之间。所以她决定找经理谈一谈。"进去的时候我有些紧张，不过我已经做了调查。"结果她不仅得到了自己期望的职位头衔，而且她的老板还在她所提议的薪酬范围内给她加薪了。简宁事后总结说："如果我没有收集任何信息、没做任何准备就和经理去谈判的话，那么我能说的也许只有'我觉得我的薪水不够高'。"

当然，谈判准备应当由律师和委托人共同进行，而不能仅依赖于律师的单独行动：律师达成的任何协议，最终都需要经过委托人的同意和授权，因此在谈判准备阶段就最好由委托人提前对律师计划中的各类谈判提议、让步等给予授权；采用不同的谈判策略会直接影响到谈判结果，因此在制定谈判策略的过程中，委托人也应当给出自己的主张或意见。很多时候，委托人比律师更清楚谈判所涉交易或争议，也更明白自己的利益是什么，而这一点有助于他在律师制定协议方案、准备论证和说服意见以及采取其他一些谈判措施时，提供有益的支持和帮助。

第一节　收集信息

在法律谈判开始前，律师需要做的工作包括识别相关事例是否适用谈判，即是否适合通过谈判来解决，通过各种方式和途径收集信息，确定谈判议题，等等。

---

① [美]罗伊·J.列维奇、布鲁斯·巴里 等：《谈判学(第4版)》，廉晓红等译，中国人民大学出版社2006年版，第28页。

② [美]利·汤普森，前引书，第10页。

一、识别适用谈判的情形

对律师而言，那些当事人双方原本不存在任何法律关系，想通过谈判达成某种交易的案件，谈判无疑是唯一的选择；但如果所涉及的是关于争议解决的案件，那么他首先需要确定的是，这一案件是否适合通过谈判来解决？虽然说现实中大部分的争议是通过和解解决的，但这并不是说所有的争议都适合谈判。为求双方都能接受的结果，谈判要求争议中的每一方都积极参与，因此这取决于双方是否愿意就他们之间的争议通过谈判而不是其他方式加以解决。

适合谈判的情形主要包括：①

1. 交易。即基于双方愿意和对方做生意的自愿决定。比如，委托人希望以较低的价格购买房屋的交易；房东要求增加租金而委托人认为租金太高；经销商提出以更为合理的价格销售货物等。当然还包括一些双方希望通过谈判和解的大型商业纠纷。

2. 争议。一方认为他有针对对方的可执行的法律权利，如果谈判失败他将诉诸仲裁或诉讼的民商事纠纷，其中包括家庭纠纷如监护、抚养、赡养；劳动纠纷，双方之间存在着合同关系，但同时也涉及法律责任；希望通过谈判和解的商业纠纷；一些轻微的事故如交通事故赔偿等。通常，如果争议具备以下条件，则可适用谈判：(1)案件事实简单。(2)被告明显可确定。(3)预期的损害适度。(4)责任清楚。

尽管对争议案件，谈判、仲裁或诉讼都是可以选择的解决途径，但通过谈判解决纠纷的有利之处在于避免诉讼的成本、拖延和不可预测性，而且和解更有可能满足双方的需求，尤其是对那些希望在和解后继续商业合作关系的当事人而言。但如果你的委托人强烈要求诉诸法庭，或者案件事实非常复杂，因果关系推导或举证存在困难，且法律规定不甚清楚时，谈判就并不一定是最佳选择了。

二、收集各方信息

（一）委托人信息的收集

收集委托人信息的途径，主要通过会见并询问委托人、进行事实调查等。在会见并询问委托人获取相关信息时，针对不同的事由，谈判律师所要采取的具体方法也会有所差别：

如果委托人希望你参与的是交易型谈判，那么你需要了解的大部分信息都是关于当前状况的，你所要做的就是让委托人告诉你他认为你所应当了解、知晓的所有事实，如目前个人或公司的状况，他为什么想要和对方进行交易，他希望获得什么样的结果

① [英]戴安娜·特赖布：《法律谈判之道》，高如华译，法律出版社 2006 年版，第 26—27 页。

等；在这之后，再向委托人询问具体问题，以获得你所需要的其他信息。

如果这是一起争议案件，那么律师的信息收集就要分三步走：[①]首先，要求委托人陈述他所能记得的一切案件事实。因为这些事实都是已经发生过的事情，所以在委托人陈述之前，你应当要求他再现纠纷发生时的情景，描述他记得的一切事情，暂时不要考虑这些事实或细节是否与案件密切相关。如果委托人无法对所发生的事情进行完整连贯的叙述，那么你可以要求委托人按照其他秩序，如按事情的主次、他的印象深刻程度等，来讲述整个事件。在委托人进行陈述时，律师应当进行记录，并列出接下来需要和委托人讨论、确认的问题。委托人陈述之后，便是律师的提问时间。在这个阶段，作为律师，你所要做的是了解整个事件的发展脉络，并确认各个具体细节，如每一件事情发生的确切时间、地点，所涉及的人有哪些，现场当时是一个什么状况，身体受伤部位在哪里，等等。在这个过程中，律师所要做的便是通过提问弥补委托人陈述中遗漏、缺失的信息，明确模糊的信息。最后，律师要根据自己的理解重述事件经过中的重要部分，以便委托人纠正、补充信息。

不管是交易型谈判还是争议解决型谈判，会见并询问委托人，都是律师获得委托人信息的最主要途径。此外，在许多争议解决型谈判中，律师还需要通过一些必要的事实调查，来确认、补充委托人所提供的信息：如在人身伤害赔偿纠纷中，律师可以对事故发生经过、责任的划分、委托人的伤情、工资收入等问题进行一些必要的调查、取证；在离婚纠纷谈判中，律师可以对委托人的家庭财产状况、导致双方感情不和的原因等进行调查。

在较为全面、详细地掌握委托人信息的基础上，律师才能较为准确地评估委托人的利益、权利，探知委托人真实的谈判目标，选择相应的谈判策略，并依据相关的事实、法律，在谈判开始前及谈判进行过程中根据情势的变化，为委托人提供相应的法律意见；同时，对委托人及所涉交易、案件的信息收集得越全面、详实，律师在谈判中提出的意见和论点就越有说服力。

（二）谈判对方信息的收集

对谈判对方信息的收集涉及两个方面：一是对方当事人的信息，包括对方当事人的名声、为人处世的方式，企业的运营情况，与此次交易、纠纷有关的事实信息等；二是对方谈判律师的信息。

在谈判开始之前，对对方当事人信息的收集，可以通过以下几个途径进行：一是通过电话与对方直接联系，或安排非正式的会面，来了解对方当事人，并获取一些与谈判事项有关的信息，包括对方的立场、利益、观点和建议等。二是通过熟悉对方当事人的第三人如邻居、同事、商业合作伙伴或者其他熟人，了解对方的名声、性格，了解与交

---

① [美]斯蒂芬·克里格、理查德·诺伊曼：《律师执业基本技能：会见客户、咨询服务、谈判、有说服力的事实分析》，中伦金通律师事务所译，法律出版社 2006 年版，第 104 页。

易、纠纷相关的信息。如果对方是一家企业，可以通过它的客户、供应商、股东或者雇员等进行了解。如果该人或企业曾经涉及过诉讼案件，还可以通过该案件的对方当事人或者律师了解情况。三是通过网络信息查询。当前的社会是一个信息社会，关于某一当事人或公司的背景、政府记录、调查记录等，很多都能在互联网或专门的数据库中查到。不过对于通过网络资源所获取的信息，律师需要辨别所获信息的完整性和准确性，而且要尽可能寻求全面且有深度的资料信息和数据。

除对方当事人外，对方谈判律师或其他谈判者的行事方式、谈判风格等，同样会影响到谈判的进展和结果，因此有必要花时间和精力来了解对方谈判者的性格、行为以及他的工作履历，这已被证明非常有用。[①] 对对方谈判者的了解，同样可以通过电话、邮件，与其进行初步交流的方法；还可以通过询问与其打过交道的律师、与其在同一律所的同事、他在业界的口碑等，来获知该律师的相关信息；还可以调查他先前的诉讼案件，曾涉足的各项事务，对方曾做成的交易、未做成的交易等。这些信息会在谈判的某一特定阶段发挥作用。当然，需要提醒的是，当你进行询问和调查的时候，不要只依赖某一方面的信息，这样才能确保你没有被误导。如果你刚好与该律师曾有过工作上的交集，那自然是再好不过了：你可以通过分析他在以往的谈判或诉讼中的表现，来分析、判断他的行事风格，预测他在未来谈判中可能采取的谈判策略，以及他的心理特征和需求。

（三）第三方或其他信息的收集

谈判很多时候还会涉及第三方或者其他一些信息：如果你的委托人想要进行的是一项交易谈判，如货物买卖、房屋租赁等，那么你就需要搜集同类交易对象的交易价格、交易惯例等。因为谈判双方都希望任何交易是公平、合理的，而同类标准或“客观”标准可以用来确立公平或合理的概念。了解与对方当事人类似的第三方信息，他们可能是你委托人潜在的合作伙伴，也可能是你在确定最佳替代方案时的衡量标准。如果你接受的是解决争议的委托，那么你不仅要了解纠纷产生的前因后果，还要搜集相关的法律法规，仲裁机构、法院等对类似争议的处理意见和结果等。

三、初步确定谈判议题

确定谈判议题，就是明确谈判中将要讨论的问题。有些谈判可能仅仅涉及一个简单的问题，如关于某件物品的价格，不管是街角拐弯处那家服装店里的衣服，还是旧货市场的一张咖啡桌或一台二手空调，大多仅涉及单一的谈判议题。但另有些谈判则要复杂得多，如收购一家公司就可能包含一系列的问题：收购价格，财产的转移，管理人

---

① [美]杰勒德·尼伦伯格、亨利·卡莱罗：《谈判的艺术》，陈琛、许皓皓译，新世界出版社2012年版，第107页。

员和工人的留用、转岗或解聘，新公司总部的选址，等等。

谈判中所涉及的议题数量以及谈判双方之间的关系，往往决定了谈判者决定采用的谈判策略。[①] 单一议题的谈判通常采用竞争型或合作型的谈判策略，因为所谈的问题就是价格、赔偿数额或其他一些利益分配等；涉及多个议题的谈判通常采用解决问题型策略，因为谈判各方可以通过相互妥协让步，提出能够实现互惠的一揽子解决方案。当然，单一议题的谈判也可能会复杂化，因为谈判所涉及的问题可能会随着谈判的推进而增加。如在房屋租赁谈判中，双方一开始可能以为租赁价格是唯一的问题，但其实，租金的支付方式、家具家电的配置、房屋的维修、是否允许转租等，这些问题同样重要。

在确定了谈判所涉议题之后，谈判者接下来便要决定这些议题的优先性及相互之间的联系：[②](1)哪些议题是主要的，哪些是次要的，并确定哪一议题会向哪个方向发展。事先确定议题的优先次序，明确委托人的各项利益，谈判者就不会被谈判中的各种信息、对方的谈判技巧所干扰。如果谈判者不知道议题的优先次序，就可能会在对方强烈要求的问题上做出让步，而不会根据自己的优先次序做出让步。(2)确定谈判议题是相互联系的还是独立的。如果所涉议题是相互独立的，增加或减少一些问题就比较容易；如果它们是相互联系的，其中一个问题的解决将会涉及其他问题的，那么不管是让步还是提议，都要进行综合考量。

第二节　评估各方的利益、权利和权力

任何一项交易或争议的出现，都是以利益、权利和权力为背景的。谈判的前提是各方的利益存在差异，同时，各方的权利和权力又会影响到谈判的结果。因此，在法律谈判准备阶段，律师的重要工作之一，就是对谈判各方的利益、权利和权力进行评估。

一、评估各方的利益

在很多时候，当事人或谈判者往往会执着于自己的立场：谈判各方站在自己的立场上，为自己争辩，最后做出一定的妥协，找到双方都能接受的折中办法。但实质上，谈判的根本问题不在于双方在立场上的冲突，而在于双方在需求、愿望、想法乃至恐惧方面的不同，也即利益的不同或冲突。

---

① [美]罗伊·J.列维奇、戴维·M.桑德斯、布鲁斯·巴里：《商务谈判(原书第5版)》，程德俊译，机械工业出版社2012年版，第80页。

② 同上注，第81—82页。

有这样一个例子：[1]

有两个人在图书馆吵架，一个要把窗户打开，另一个要把窗户关上。他们俩为了窗户应该开多大争执不休，是露条缝、半开还是打开3/4？没有一种方案能让两人都满意。这时，图书管理员走了过来，她问其中一人为什么要开窗户，那人回答说："为了呼吸新鲜空气。"她又问另一个人为什么要关窗户，那人说怕有穿堂风。管理员想了一下，把隔壁房间的一扇窗户打开了，这样既有了新鲜空气，又避免了穿堂风。

在这个例子中，表面上看起来两个人的问题在于他们的立场发生了冲突，一个要开窗，一个要关窗。如果管理员只注重他们的立场，她可能就无法找到解决问题的办法，但是她注意到了双方的真正利益，一个是呼吸新鲜空气，一个是避免穿堂风，因而最终很好地解决了问题。

利益驱动人的行为，它是立场争执背后的动机：立场是委托人已做的决定，而利益是导致委托人做出这一决定的原因。两者并不相同。1978埃及和以色列在戴维营草签的《埃以和平协定》再一次表明，就双方的利益而不是各自的立场进行谈判，是十分有益的：[2]

自1967年的战争之后，以色列一直占领着埃及的西奈半岛，1978年谈判之初，双方的立场互不相容：以色列坚持要占有西奈的部分地区，埃及则强烈要求以色列归还西奈的全部土地。结果人们一次次地划分界限，把西奈分给埃及和以色列，但埃及不接受这种安协，而以色列也拒不接受回到1967年以前的状态。但实际上，双方立场背后的利益，并非不可调和：以色列想要的是安全，他们不想让埃及部队驻扎在西奈，随时可能入侵以色列；而对埃及来说，他们的利益在于主权，西奈半岛自法老时代起就一直是埃及的领土，在被希腊人、罗马人、土耳其人、法国人和英国人统治了几个世纪后，埃及才完全获得国家主权，现在当然不会轻易向任何国家割让领土。在将关注点从立场转向利益之后，埃及和以色列最终达成了一项协议：将西奈半岛大片区域划为非军事区，埃及的国旗可以在西奈半岛随处飘扬，但埃及部队不得靠近以色列。这样，埃及拥有了西奈半岛的全部主权，而以色列的安全也得到了保证。

---

① [美]罗杰·费希尔、威廉·尤里、布鲁斯·巴顿：《谈判力》，王燕、罗昕译，中信出版社2012年版，第39页。

② 同上注，第40—41页。

评估各方的利益，首先要对各方的利益进行确定，优先考虑你委托人的利益，并以你所可能收集到的信息为基础，预测对方当事人的利益、优先考虑事项等。

（一）利益的类型

利益是需求、欲望、担心、恐惧及对特定一方的预期。通常，利益可以分为以下几类：①

1.经济方面的利益。这不仅包括交易或争议短期内对当事一方在金钱上的影响，还包括对他长期的财务收入及规划的影响。

2.履行方面的利益。尤其是在一些交易型谈判中，当事人对协议的履行包括履行的时间、履行方式的关注，并不比合同价格或补偿金额来得少。比如，在一起分期付款交易中，卖方对合同的安全、买方不履行合同时的补救措施的考虑，并不亚于他对买方付款时间的关注；又如，在一起人身伤害赔偿谈判中，若能尽快获得赔偿以便支付拖欠的医疗费用，受害人可能会接受相对较少的赔偿金额。

3.心理需求。心理需求包括对情感的牵挂、对被认可的需求、对公平性、对尊严的需求等。在一些交易和争议中，当事一方或者各方可能都存在情感上的牵挂：子女监护纠纷中的夫妻，都会认为对方是不合格的父母；在赡养纠纷中，负有赡养义务的子女间，可能都会认为对方没有尽到足够的义务；在人身伤害赔偿纠纷中，双方可能都会认为，对方应当对伤害的发生承担主要责任；而一栋房屋的主人，可能因为这个房子承载了很多故事，他对这个房子花了很多的心思，而对搬离这个家犹豫不决，且对房屋的售价寄予很高期望。当事人的这些情感有些可能并不理性，但它们却实实在在影响着谈判。实际上，在一些解决争议的谈判中，一方的主要利益并不是要获得经济上的赔偿或其他救济，而在于获得承认、肯定或让对方认错、道歉。

4.名声上的利益。名声方面的利益包括当事人在业界或商界的名声，在工作或社交圈子或者家庭中的名声，或对可能因此树立一个不好的先例或带来反面宣传效果的担心等。有些当事人会担心交易或争议结果有损他们的名声，影响他在公司的口碑，甚至影响他的升职；某个公司可能会担心争议一旦提交诉讼，会给公司的公众形象和口碑带来负面影响等。

5.关系方面的利益。包括商业合作关系、雇佣关系、邻里关系甚至家庭关系等。很多交易和解决争议的谈判涉及固定的当事方：如采购者经常到某个销售者那里采购；抚养纠纷中的父母为了孩子可能还会经常见面、联系；劳动者在和单位就劳资纠纷进行谈判后，还要继续在该单位工作；学生和学校就某一争议达成协议后，还会继续在该校上学；等等。在这些情形中，尽管各方之间的关系在某种层面上来说是对立的，但

---

① [美]斯蒂芬·克里格、理查德·诺伊曼，前引书，第324—326页。

在另一层面上来说，这种关系需要合作。

6. 自由的利益。这种利益不仅包括免受牢狱之苦的自由，也包括履行的自由、从事特定职业的自由以及与家人团聚的自由。如刑事自诉案件中的被告，总想避免被监禁等。

7. 人类的基本需求。包括安全、富裕、归属感、尊重感及对生活的驾驭。这些需求不限于个人。团体、企业、政府机构及国家，在某种程度上都有着这些利益，因此这种利益不应该被忽视。

(二)确定各方的利益

1. 委托人的利益。衡量一项谈判协议是否成功，取决于它在多大程度上满足委托人的利益。因此，对于律师来说，必须在谈判前准确地弄清并确定委托人的利益。但是确定委托人的利益并不是一件容易的事情，当律师询问委托人他想从此次交易或争议中获得什么时，委托人可能会告知你他的“底线”或“立场”：很多时候立场可能是具体明确的，而它背后的利益却可能不那么明显，不易捉摸，甚至是相互矛盾的。

在了解、确认委托人利益的时候，要提出开放式的问题而非封闭式或诱导性问题，通过“为什么”“怎么样”之类的问话，了解你的委托人想要什么样的结果，并弄清楚这个结果为何那么重要。如果委托人仅仅只是模糊地界定了他的需求和利益，那么不妨根据上述的利益类型，缩小你的询问范围以确定委托人的利益；或者问一些类似情况下其他人所关心的问题，来弄清委托人的需求和担心。不过在询问过程中，有些时候委托人可能并不情愿说出他的担心，尤其是心理上的：比如在一起争夺孩子监护权的纠纷中，父母一方可能会觉得自己没有足够的精力和时间照顾孩子，因而不愿意争夺得过于激烈。在这种情形下，积极地倾听将会对你有所帮助。只有客观而非武断地对事情做出评判，委托人才会完全地信任你，这样你才能获得他对其利益的全面描述。①

需要指出的是，委托人的利益在谈判过程中可能会不断改变：有些委托人也许并没有做好接受或达成交易的准备，有些则不清楚他们到底需要什么样的结果，还有些在谈判过程中面临一些具体选择时，可能会改变甚至放弃先前对案件的看法。这个时候，律师需要做的就是和委托人进行具体的磋商，弄清他改变想法的原因，明确他真正想要的结果，然后告诉他应该做些什么。

此外，在确定委托人利益的时候，注意不要将利益范围限定得过于狭窄。很多时候，律师会将关注点集中在金钱或其他可以量化的利益因素上，但如前所述，法律谈判中的委托人利益，不仅包括经济利益，而且有心理的和各类社会关系的利益。如对委托人而言，谈判达成协议，可以减少他的焦虑和担心，包括需要寻找其他潜在的合作者或者需要诉讼等。因此，在确定委托人利益的时候，律师应当综合考虑委托人各方面

---

① [美]斯蒂芬·克里格、理查德·诺伊曼，前引书，第326—328页。

的利益，而不是将注意力都集中在金钱等特定利益上。

2. 对方当事人的利益。要想完全理解谈判的内容，作为谈判者的律师还需要明确对方的利益。确定对方的利益和确定己方委托人的利益同样重要。虽然有时候，对方会很清楚很直接地表明他的需求和利益，但更多时候，对方不一定会这么做；有时候，谈判对方自己可能也没考虑清楚他的需求或利益是什么。谈判者了解和确定对方利益的一个最基本的方法，是站在对方的角度换位思考，分析对方的立场，问自己对方"为什么"会这么做；[①]你也可以直接询问对方，但询问的时候要说明，你是为了理解对方的需求、希望、担心或愿望，而不是让对方为他的立场辩护。此外，你也可以跟对方讨论他的潜在利益，或者向对方提议并告诉对方，你认为你的提议能帮助他实现想要的利益，然后仔细听取对方的回答。

当然，通过与对方及其谈判律师的交流并不是确定其利益的唯一途径。你的委托人或许可以根据个人经验推断出对方的利益和关注点：在一些涉及商业和公司交易的谈判中，当事人都是一些固定的参与者，因此各方都对对方的利益了如指掌。另外，作为谈判律师，你也可以从与对方当事人打过交道的其他律师或第三方手里获得一些额外信息，来考查对方的潜在利益和需求。

(三)分清利益的先后顺序

评估各方利益的最后一步就是对委托人及对方当事人各种利益的重要性进行排序。在很多情况下，对委托人和对方当事人的利益进行全面、综合的评估，会涉及许许多多的利益，其中有些利益之间还会有冲突：如在进行一项合伙生意的谈判时，委托人也许既希望掌握对生意的控制权，但又不想在生意上花过多的时间；又如，在就人身伤害赔偿进行谈判时，委托人一方面想一次性获得全部的医药费及后续治疗费，但同时又担心后续治疗费无法确定，希望在后续费用超过赔偿金额时，对方还能继续给予赔偿。

为获得一个对各方利益的充分评估，律师需要和委托人商讨以确定在这场交易或争议中，对他而言最重要的两三项利益，然后试着推测对方可能优先考虑的利益。需要注意的是，不管是委托人还是对方当事人，他们的利益随着谈判的进行，有可能会发生改变。这个时候，律师所要做的就是，对各方的利益及先后顺序进行重新评估。在明确了各方利益的先后顺序之后，就可以确定某种解决问题的途径或方法是否能解决实际问题(见表 2-1)。

---

① [美]罗杰·费希尔、威廉·尤里、布鲁斯·巴顿，前引书，第 43 页。

表 2-1 各方利益评估表①

利益的种类	委托人的利益	对方当事人的利益
1.经济 2.履行 3.自由 4.心理 5.名声 6.关系 7.人类基本需求		
最重要的利益 1.________ 2.________ 3.________		

二、评估各方的权利

在法律谈判中，利益是驱动各方采取相关行为的动力，但同时，权利也是影响谈判的一个重要因素，尤其对解决争议的谈判而言，它们通常被认为是在“法律的阴影”下进行的。因此在谈判准备过程中，不能忽略各方的法律权利而只谈利益。权利通常是由法律或合同所赋予的，还有一些是为社会所接受的行为标准，如利益互惠、先例、平等和在一个组织中的资历。

在解决争议的谈判中，对各方权利的评估要求谈判者预测一旦案件被提交诉讼，法庭可能做出的判决。评估涉及各方在法律和现实立场中的优势和劣势：一方律师首先应罗列出所有可能获得救济的诉求，每一诉求所依据的事实、理由；接着，律师需要确定其所提交的证据能否证明、支持这些事实；最后律师要确定，一旦上述证据、事实被法庭所确认，依照法律委托人有可能获得的救济。而另一方律师则要考虑对方提出的主张是否基于对法律的准确理解；接着，梳理已有的证据来确定对方所提出的事实是否有足够的证据支撑；最后，律师还要考虑是否能提出相应的抗辩来否定或反驳对方的主张，己方的证据能否在一定程度上支持抗辩理由。

对权利的评估在交易型的谈判中同样必要。当然，在交易型谈判中，律师所要评估的不是法庭可能做出的判决，而是调整该项交易的法律规定或者一般的商业实践或惯例。律师可以事先寻找一些关于类似交易的协议样本，并和委托人进行沟通，对此类交易的商业习惯如产品的定价、市场表现、质量控制标准等进行调查研究。尽管这些协议样本和商业习惯并不如法律上的权利那样具有强制力，但是在商业交易中，对

① [美]斯蒂芬·克里格、理查德·诺伊曼，前引书，第 328 页。

方或许认为，这些样本或习惯已经构成他们的非正式“权利”。①

经验不足的律师由于害怕谈判失败，常常会在还没有获得关键的信息之前就过早地和对方达成了协议。事实上，律师只有确认了对相关事实做出评估所必需的信息后，才能制定谈判策略。如在交易谈判中，谈判者需要了解本行业的惯例、双方以往交往的信息、涉及的相关产品和服务的技术信息等；而在解决争议的谈判中，则需要先厘清事情的来龙去脉，然后列举出支持委托人主张所不可或缺的证人、文件和事实。

权利问题在法律谈判中并非一成不变，它们往往会因情况的不同而有所变化，有时可能还要适用相互矛盾的标准，如一个能干的职员可能希望公司完全按照工作效率的标准来加薪，而公司有可能更看重资历。同时，权利也随着各方的法律策略，发生变化：律师可以在谈判前或谈判进行中，改变各方的某些法律关系，如提出反诉、要求法庭制裁不合理的行为等，来增加己方的砝码。因此，就权利问题达成协议，规定谁该得到什么样的权利，通常并不容易。

在对委托人及对方当事人的权利进行评估的时候，可以参照表 2-2、表 2-3。②

表 2-2　评估各方的权利——解决争议的谈判

对索赔的分析	原告	被告
法律依据 抗辩 优势 劣势 事实依据 优势 劣势		
达成协议所需要的额外信息 哪一方可能占据优势 如何改变双方的权利关系		

表 2-3　评估各方的权利——交易谈判

权利	委托人的权利	对方的权利
法律法规的要求 常见的交易习惯		
达成协议所需要的其他信息 这些权利对交易有什么影响 如何改变法律关系		

① ［美］斯蒂芬・克里格、理查德・诺伊曼，前引书，第 331 页。

② 同上注，第 330—331 页。

三、评估各方的权力

权力，是强迫他人去做他本来不会去做的事情的能力。运用权力，一般意味着使对方遭受或威胁他们将遭受经济、名誉或其他损失。① 评估各方权利，指的是“检验法律或其他客观标准如何影响各方实力的消长”；而评估各方权力，则是指通过研究非法律的、强制性因素以达到同样的效果。虽然，实力上的不同并不一定能左右谈判的结果，但它仍然能在谈判过程中发挥巨大作用。所以，在法律谈判的准备阶段，谈判者应认真评估权力的不平衡对谈判带来的影响。

（一）权力的种类

在法律谈判中，权力主要来源于经济、社会、心理、政治以及专业知识等因素。

1.经济权力。经济权力指的是一方利用其经济上的优势和资源进行交易或争夺利益的能力。如一家大型企业在与一个小家族企业进行收购谈判时，大企业可以利用其雄厚的资金优势，聘请更好的律师、会计师和税务师等；在劳资合同谈判中，用人单位有权力在法律允许的范围内，设定许多工作条件、限制性规定。在很多情况下，谈判各方权力的不平衡会左右谈判进程及结果。

当然，这种经济权力也并不是绝对的。有些时候，掌握有更多经济优势的谈判一方的权力也会因各种情形而受到限制。如大型企业目前可能正受累于一桩垄断或其他不道德交易诉讼案，因而无暇在这项收购谈判中投入更多的资金和人员。而在劳资合同谈判中，劳动者虽然在经济地位上处于弱势，但是他所拥有的专业技能可能会使他在谈判中占有优势：公司可能正投入大量资金进行某一项目，而专业人员的稀缺性和不可替代性，使得公司不得不做出更多让步，给出更多优惠条件以留住劳动者。

2.社会权力。在某些交易和争议所处的社会环境中，谈判方可以运用特定群体的权力，包括地理的、行业的、宗教的或类似群体，来对谈判施加压力。如来自同一地方的商人、企业组成的商会，或专门从事某一类商品供销的行业协会，可能会给与商会或行业协会成员进行的交易谈判施加压力；民间环保组织或协会，可能会在因环境污染而导致的人身、财产损害赔偿谈判中，向污染企业施加影响；劳动者权益保护组织，同样可能在劳动者和雇佣者的集体合同谈判中，施加压力以促成协议的达成。此外，当事方之间社会地位的差别也可能在谈判过程中造成力量的不平衡。如政府机构工作人员，有时候可能因其身份或职位，可以对谈判施加更多影响，而普通老百姓则不然；公司高管，较之普通打工者或低收入人群，可能会有更多的社会关系和权力可以运用。

3.心理权力。谈判各方都有一定的心理需求，渴望、担心、愤怒或其他情绪。有时候谈判一方或各方会在谈判中运用心理力量，试图利用这些需求。如在关于抚养费纠

① ［美］利·汤普森，前引书，第84页。

纷的谈判中，父母一方可能会威胁说，如果对方每月或每年不支付一定金额的抚养费，那么就不让对方探视孩子，并且在孩子面前说对方的坏话；又如在一起赔偿纠纷谈判中，一方可能会威胁说，如果对方不支付相应的赔偿金额的话，那么他就要去对方公司反映情况，或者要去对方单位或家里静坐等；在房东与租户的谈判中，房东可能会威胁要把租户锁在门外，或者切断公共设施服务等。尽管很多时候，谈判一方威胁要做的事情并没有法律上的依据，但这样的威胁还是会给对方带来一些心理上的影响。交易谈判也如此，谈判者会通过心理战术获得谈判优势。

4.政治权力。政治权力是影响官员、决策者或者观点制造者的能力。[①] 在一些民众关注度比较高，或所涉人数众多的群体性纠纷谈判中，谈判者往往会努力获得政府部门、主要媒体的支持来影响谈判。如在涉及众多业主的房屋质量纠纷谈判中，业主会通过联系当地政府部门、公共媒体，给开发商施加压力，要求其维修、赔偿或采取其他补救措施；而开发商也会和相关部门进行沟通，以获得相应的支持。对任何一方来说，这些行动或采取类似行动的威胁，都有可能影响谈判。

5.专业知识。在有些谈判中，谈判一方对交易或争议所涉事项拥有更多的专业知识，这些知识能够导致权力的不平衡。如在一起医疗纠纷谈判中，较之病人及其家属，医院或医生因为有着专业的医学知识，而在谈判中拥有更多优势；一位没有计算机知识背景的买家去购买相关的软件程序，即使他恶补了相关知识，卖方也可能仍有优势，因为卖方对产品有更多的了解。对律师而言，这种情况也经常会出现：一位刚从法学院毕业的新手律师，与一位经验丰富、以处理知识产权纠纷见长的律师就某一商标侵权纠纷进行谈判，后者就该纠纷发表的一些意见、对法庭就该案件可能做出的裁决的预测等，会给前者造成很大的压力。即使该新手律师已经研究过这方面的法律，也和其他律师沟通过，但是他还是会因为缺少经验，缺乏处理这类纠纷所需的更多专业知识而没有安全感，容易受对方观点和意见的影响。

(二)权力关系的转移

尽管各类权力会对谈判产生重大影响，但谈判方之间的权力关系并非是静止的。谈判各方都能在谈判开始或谈判过程中采取适当步骤来改变权力平衡。这些改变能有效影响谈判进程。在谈判准备阶段，作为谈判者的律师应该先确认这些变化的可能性。

1.利用谈判方现有的资源改变权力平衡。如果谈判一方在一些特定领域拥有更多的资源，那么另一方也应当尽力增强其在相同领域的权力，或发展其他领域的权力。如经济实力雄厚的污染企业在利用经济和社会权力对受害者施压影响时，受害者可以通过媒体力量来影响公众舆论、影响政府官员，从而改善谈判双方之间权力

---

① [美]斯蒂芬·克里格、理查德·诺伊曼，前引书，第 334 页。

不平等的状况。

2.利用权利影响权力平衡。在解决争议的谈判中,如果各方之间的权力不平衡,较弱的一方可以依据法律上的权利,寻求援助,以求得谈判场上的平等。如在劳动合同纠纷中,作为受雇者的劳动者在谈判中显然处于弱势,但他可以通过相关的劳动法律法规以及仲裁、诉讼等救济方法来改变与用人单位之间的力量不平衡。

3. 减少自身处于劣势的观念。[①] 有些时候,权力的不平等更多是观念上的,而非实际存在。如在抚养费纠纷谈判中父母一方的威胁、在人身或财产损害赔偿纠纷谈判中受害人一方的威胁等,很多时候并没有任何法律上的依据,且威胁一方也仅仅是说说而已,并不会采取实际的行动,但是,这样的威胁仍然会导致另一方产生心理上的压力和负担。同样,如果谈判对方是一位经验丰富的老律师,而你是一个刚毕业的新手律师,那么即使对方对某些问题的解读、对法院处理此类案件的方法理解完全错误,你也可能被他所威慑,不敢轻易怀疑他的说法。[②]

缓解这种情形的办法是,不要认为自己处于劣势。如果是你的委托人因为受到威胁而产生担心或恐惧,那么作为谈判者的律师,应当依据相关的法律、就实际存在的风险为他提供咨询,当然也不要故意淡化实际存在的危机。你要根据专业知识、你以及你的同行在处理类似案件中的经验,列出各种权、责、利与弊,供委托人进行选择和决定。如果是你自己作为一个新手律师,遭遇到有经验的老牌律师的压力,你唯一能做的就是在谈判之前做好各方面的准备工作来支持你的观点:查阅相关的法律法规,分析类似的判例,向其他律师进行咨询等。

4.运用信息加强权力。在另外一些谈判中,对方一开始可能因为获得了更多的信息而具有更多权力,那么律师能做的就是通过详细询问、进行深入的事实调查等,获得尽可能多的信息,使得谈判的筹码能趋于平衡;如果双方获得的信息同样多,那么还可以通过对所获信息的分析、解读等,尽可能利用这些信息获得对己方有利的谈判地位。即使你是一个刚出道的新律师,如果你对谈判所涉交易、争议的案件事实有了全面掌握,毫无疑问,在很大程度上可以弥补你由于经验少而带来的信心不足,以及减少与经验丰富的律师对抗过程中的力量差异。

在评估各方的权力对谈判可能带来的影响时,可参考表 2-4。[③]

---

① 在模拟教学过程中,作者发现,在双方谈判实力相当、各自都存在一定的权利和权力的模拟谈判事例中,以谈判者身份进行模拟演练的学生大多会认为自己的委托人处于不利或劣势地位。但实际上,事实并非如此,只不过他们并未处于完全或绝对的优势地位而已;而且,基于这种己方处于劣势或不利地位的认知,谈判者对谈判目标或谈判结果的预测相对都比较消极。因此,减少自身处于劣势的观念,对谈判者来说非常重要。

② [美]斯蒂芬·克里格、理查德·诺伊曼,前引书,第 336 页。

③ 同上注,第 332 页。

表 2-4 各方权力的评估

权力的种类	委托人的权力	对方当事人的权力
经济 社会 心理 政治 专业知识		
这些权力关系对谈判的影响如何？ 如何改变权力关系？		

第三节 制定谈判方案

一、确定最佳替代方案

(一)最佳替代方案

最佳替代方案(Best Alternative to a Negotiated Agreement,缩写“BATNA”)的概念是由美国谈判专家罗杰·费希尔(Roger Fisher)和威廉·尤里(William Ury)提出的,它是指谈判一方在未能达成协议的情况下,所倾向于采取的行动。最佳替代方案是一种可行的选择方案,它是在无须他人同意的情况下,你可以做出的采取符合你自身利益的最佳行为。如果你正与上司就升职或加薪问题进行谈判,那么你的最佳替代方案可能就是在其他公司谋得一份职位;如果你正在与售货员谈判,那么你的最佳替代方案可能就是直接找商店经理协商,或者协商不成就换一家店;如果一国正在与另一国就不公平贸易进行谈判,则该国的最佳替代方案可能就是将争议提交给有管辖权的国际法庭。①

最佳替代方案看起来简单,但在实践中,很多谈判者并不一定了解它。在一些交易谈判中,被问及他们的最佳替代方案时,许多谈判者总是“滔滔不绝地谈论自己应该得到多少。他们总是不愿意承认什么才是他们真正的最佳替代方案,他们总是异想天开,不切实际地盲目乐观”②。但最佳替代方案并非由谈判者的主观愿望所决定,而是取决于客观现实。

① William Ury, *Getting Past No: Negotiating Your Way from Confrontation to Cooperation*, Bantam Books (1993), pp21—22.

② [美]利·汤普森,前引书,第 12 页。

1. 底线与最佳替代方案。通过谈判促成交易或者解决争议，是当事人进行谈判的主要目的。因此很多时候，谈判进程一旦启动，委托人和谈判律师往往会受缚于这一目的：他会担心这桩生意不能成交，因为他已经为此投入了时间和资金成本；他会担心达不成协议，那就意味着纷争还要持续下去。这种情况下，对委托人和律师而言最大的危险就是，他们会为了协议而过度妥协，最终签署一份对委托人不利的、本该拒绝的协议。

为了避免此类结果，当事人或谈判者会事先设定好一个能接受的最坏结果——“底线”。如果你是买方，底线就是你愿意支付的最高价格；如果你是卖方，底线则是你能够接受的最低价格。同样，对侵权人而言，底线就是你愿意承担的最高赔偿金额；对受害人而言，底线就是你能够接受的最低赔偿额度。确定底线，可以使谈判者抵抗压力和一时的诱惑，避免做出让自己后悔的决定。但同时，底线也可能意味着高昂的代价：[①]底线限制了谈判者在谈判中的应变能力，底线意味着，这是一个不能改变的立场，由于事先已经做了决定，所以不管对方说什么，你都不可能突破底线；底线也限制了谈判者的想象力，无法激励你创造一个恰到好处的解决方案，以对双方都更有利的方式调和利益分歧。几乎所有谈判都不止一个变量，比如作为出租人，你可以将房子以每月 2000 元的价格出租，条件是房租一年一付，所有家具和家电都由承租人自己购买；对你来说，这也许比每月 2500 元的租金但房租一月一付、你需配备所有家具家电等，更为有利。此外，底线容易定得过高，而过高的底线往往会导致谈判破裂；反之，底线也可能定得过低，而过低的底线会使当事人失去许多本该得到的利益。

最佳替代方案是衡量一切拟订协议的标准，它能阻止谈判者接受对己方来说十分不利的协议，又不至于拒绝不该拒绝的协议。如果协议条款优于最佳替代方案，谈判者就应该接受，但如果协议条款比最佳替代方案差，谈判者就应该拒绝接受。最佳替代方案决定了谈判者准备何时离开谈判桌，退出谈判。因此，在谈判准备阶段，谈判者首先要确定的是最佳替代方案，然后再来设定自己能接受的底线或保留点。过早地设定底线，一方面会削弱谈判成果的潜在可能；另一方面，容易使人产生先入为主的观念，进而忽视那些在谈判过程中可能达成的解决方案。

2. 缺乏最佳替代方案的风险。如果谈判者在谈判之前没有明确自己的最佳替代方案，也即没有认真考虑谈判失败后的措施，那么他就等于是在进行毫无目的的谈判。[②] 缺乏最佳替代方案的谈判者往往过于乐观，认为自己还有许多别的选择，比如可以买其他人要出售的房子，还有其他买主会对你的二手车感兴趣，可以找到其他的工作，找到其他维修工，等等。但实际上，你无法确定你可能找到的下一位卖家就一定能给出更低的价格，你也无法确定其他工作就一定比现在公司给你的条件要优厚，或

---

① [美]罗杰・费希尔、威廉・尤里、布鲁斯・巴顿，前引书，第 98—99 页。

② 同上注，第 100 页。

者别的维修工就一定比眼前的这位要价低且维修水平高。

人们常犯的错误是，从心理上倾向于从总量上来看替代方案。谈判者可能会说，如果无法就薪水达成协议，那么还可以去另一家公司，或者换个城市，或者先不工作而是复习准备司法考试、公务员考试，或者再回学校念书，等等。或许，这些替代方案综合起来看，可能会比这一份具体的工作要更有吸引力，但问题在于，你不能同时拥有所有的选择，如果达不成协议，你只能从中选择一个替代方案。很多时候，缺乏最佳替代方案的最大风险在于谈判者太想达成协议而接受对自己非常不利的协议。因为没有任何替代方案，谈判者会对谈判破裂可能产生的后果感到过于悲观。

谈判者若想进行明智、理性的谈判，想知道何时该进、何时该退，那么首先就该确定最佳替代方案。在谈判之前就应该考虑好，如果这交易不成功，如果争议不能通过谈判解决，接下来该做什么、怎么做。对于谈判者而言，这是极其重要的。谈判是否能达成协议，很大程度上取决于最佳替代方案对你的吸引力。

（二）确定委托人的最佳替代方案

人们通常会认为，谈判实力是由财产、身体状况、朋友、政治力量等决定的。事实上，谈判双方的相对实力取决于各方能在多大程度上承受谈判破裂的后果：你的最佳替代方案越理想，你的谈判实力就越强。确定谈判策略的第一步，就是为委托人确定一个最佳替代方案。但是，好的替代方案并不会摆在那里等着你去拿，而是必须自己去寻找，去评估，去完善。最佳替代方案的确定通常需要三个步骤：第一，提出如果不能达成协议，己方所能采取的措施；第二，完善其中最有希望的想法，并把他们转化成具体的替代方案；第三，选择看上去最好的替代方案。①

为了确定委托人的最佳替代方案，律师和委托人首先应当对谈判各方的利益、权利和权力进行评估。通过评估，律师可以提出除与谈判对方达成协议之外的一种或几种替代方案：通过利益评估，可以考虑委托人追求自身利益所能采取的方案，并且无须顾及与对方的关系。而后进行权利评估，可以确定委托人通过行政机关或在仲裁庭、法庭上得以主张的权利。比如，如果对方不继续履行合同，那么根据当前的事实和证据，你可以在仲裁庭或法庭上提出哪些主张？如要求对方继续履行合同，请求损害赔偿，解除合同，等等。接着，通过权力评估，考虑能够运用权力迫使对方满足委托人利益的可能方案。

假设委托人无法和公司达成升职或加薪的协议，那么你的委托人还有其他什么选择：辞职？去其他公司应聘？自己创业？或者给自己放假半年，暂时不考虑工作？抑或重新回到学校学习？或者其他选择？又比如，如果委托人想出售现有住房以换购一套新房，如果对方的出价低于他的最低报价，委托人还有哪些选择：是选择不卖了，自

① [美]罗杰·费希尔、威廉·尤里、布鲁斯·巴顿，前引书，第103页。

己继续居住，还是考虑把房子租出去，房租所得用来还新房的贷款？或者选择另一买家进行谈判？在谈判开始之前，律师应该设计尽可能多的替代方案。需要强调的是，这些替代方案必须是切实可行的，即是现实的，而不是委托人或谈判者随意想出来的。因此，替代方案的确定同样必须经过调查、评估。

在确定了各种可能的替代方案之后，律师和委托人接下来要做的便是对这些替代方案进行评估，并最终确定一到两个最佳替代方案：在这一过程中，首先应该把第一步中确定的各种替代方案进行排序，排序的标准是他们对委托人的吸引力；其次，设想实施各个替代方案之后的结果，分析各个替代方案的优势与不足。在选择、评估最佳替代方案的时候，应当考虑：[①]第一，这一替代方案是否符合了客户所认定的最优先利益；第二，最佳替代方案中，谈判各方在法律和事实上的优势和劣势；第三，谈判各方权力之间是否不平衡或不对等。经过上述步骤，确定最有价值或者说能在最大限度上满足委托人利益的、切实可行的方案，作为最佳替代方案。

最佳替代方案的确定，不仅可以帮助律师和委托人决定在某些情形下谈判是否还有继续的必要，而且它还为衡量各种解决方案设定了一个标准：如果委托人的各项条件都有利于最佳替代方案的实现，那么他就有可能拒绝那些不能充分实现他大多数利益的提议；反之，如果虽然存在最佳替代方案，但该方案的实现对委托人而言存在相当的难度或者说没有那么大的价值，那么他极有可能接受对方的提议。最佳替代方案越理想，谈判者就越有能力让协议对己方有利。对可能的谈判失败做好充分的准备，能够增强谈判者的谈判信心：知道自己下一步的措施，中止谈判就容易得多。谈判者越是不担心谈判破裂，就越有能力捍卫己方的利益，并有力地陈述相应的理由和依据。

不过，最佳替代方案一旦确定，并不意味着它就是固定、不变的了。最佳替代方案并不是被动的，它是动态的，因此律师不要认为只要确定了最佳替代方案，就万事大吉了。相反，最佳替代方案是可以不断得到改善的。在涉及存在多个潜在合作方的交易谈判中，尤其如此。

是否该把己方的最佳替代方案透露给对方，取决于谈判者对对方想法的分析：如果己方的最佳替代方案非常有吸引力，让对方知道这一点，对你来说是有利的；如果对方认为你没有好的替代方案，而事实上你有，你当然应该让对方知道。因此，如果己方的最佳替代方案非常有利，比对方所提出的条件都要强，那么“你要谨慎地让对方了解到在谈判中你处于强势地位”[②]。但是，如果己方的最佳替代方案并没有那么有吸引力或者并没有对方想象得那么好，那么向对方透露只会削弱而不是增强自己的实力。

---

① [美]斯蒂芬·克里格、理查德·诺伊曼，前引书，第 341 页。

② [美]理查德·吕克：《谈判》，冯华译，机械工业出版社 2005 年版，第 24 页。

（三）考虑对方的最佳替代方案

在确定了委托人的最佳替代方案后，律师所要做的就是，预测对方的最佳替代方案，这或许是律师在谈判中所最需要获取的重要信息。但是很多时候，谈判对方不会轻易地将最佳替代方案透露给你，因此，你唯一能做的就是在收集相关信息的基础上，通过对对方的利益、权利和权力的评估，来预测对方的最佳替代方案。与确定委托人的最佳替代方案的步骤相同，律师首先应换位思考，站在对方当事人的角度，列举、分析一旦谈判破裂，对方可能采取的各种措施和方案；然后，比较这些可能的方案对对方当事人而言的优和劣、利和弊；最后，在这些可能的方案中确定一至两个最佳替代方案。同样，在预测对方的最佳替代方案的时候，要注重其实际可行性，并且有客观真实的信息、法律依据等作为评估标准，切忌抬高或压低对方的最佳替代方案的价值。

对对方的最佳替代方案了解得越多，谈判者对谈判的准备就越充分：掌握了对方的替代方案，谈判者就能实事求是地估计自己对谈判的期望；如果对方对谈判破裂后的选择过于乐观，高估他们自己的最佳替代方案，那么谈判者就需要设法降低对方的期望值；如果谈判者对对方的最佳替代方案预测有偏差，那么就需要及时进行重新评估，同时调整自己的期望值。

对方的最佳替代方案也许比你想到的任何公正解决办法对他们更有利：①比如说你的委托人是一个小区的业主，他们担心附近在建的工厂可能会排放有毒有害的废气，于是提出抗议并想通过谈判要求工厂搬迁。而厂方的最佳替代方案是，不理睬你们的抗议和协商意愿，或者你们说你们的，他只管把工厂建起来。要让对方重视你们的利益和建议，你可能只能通过诉讼来阻止他们的建设行为。因此，如果对方认为他们的最佳替代方案无可挑剔，觉得没必要就事实进行谈判，那么你作为谈判律师，就要想办法削弱、改变他们的最佳替代方案。

当然，最佳替代方案不是万能的。在谈判中，“当所有的天平都倒向对方，没有一种谈判策略能保证谈判成功。没有一本园艺书能教你怎样在沙漠中种睡莲，如何在沼泽中种仙人掌。如果你走进一家古董店，看中一套乔治四世时代的银质茶具，价值数千美元，而你的口袋里只有 100 美元，就不要指望任何巧妙的谈判能够消除这一差距。任何谈判都有难以改变的现实”②。但是，拥有一个准备充分且切实可行的最佳替代方案，能帮助你更好地进行谈判：“通过制定和完善己方的最佳替代方案，你可以把你自己的资源转化为谈判实力，运用你的知识、时间、财产、朋友、关系以及智慧，设计出一套不受对方同意与否影响的最佳解决方案。你越是能够轻松愉快地离开谈判桌，就越能左右谈判的结果。”③

---

① ［美］罗杰・费希尔、威廉・尤里、布鲁斯・巴顿，前引书，第 105 页。

② 同上注，第 97 页。

③ 同上注，第 106 页。

二、确定谈判目标

谈判目标是指谈判者力求通过谈判实现的期望值，是谈判者根据各种客观情况，经讨论、预测、判断后所确定的，它决定着谈判的方向。谈判者在谈判准备阶段，需要确定的关键问题之一，就是谈判目标。

(一)谈判目标

谈判目标可分为多个层次：最高目标、可接受目标和最低目标。

1. 最高目标。最高目标也即理想目标，是委托人期望达成的目标，对委托人而言是最有利的。比如，在人身伤害赔偿谈判中，责任方希望能以5万元的赔偿了解纠纷，而受害人则希望能获得10万元的赔偿金，而这希望达到的，便是各自的最高目标。在谈判中，最高目标是谈判者想要努力达到的目标，但并非必须达成。很多时候，委托人的最高目标通常较难实现，因此在必要的时候，谈判者会放弃这一目标。当然，最高目标并非意味着它是委托人和谈判者随意想出来、完全脱离谈判实际情况的，它同样是在综合事实、法律的基础上，进行分析考量确定的。需要指出的是，最高目标并不等同于初始报价，尽管初始报价通常是围绕可能取得的最佳结果来确定的。

2. 最低目标。最低目标即委托人所能接受的最低利益要求，是达成协议的最低期望值，也即保留条件或底线。底线是谈判者必须达到的谈判目标，没有退让的余地，也是谈判者离开谈判桌的界点。若和解方案突破底线，意味着谈判者应停止谈判而不是继续谈判，任何超出底线的解决方案都是不可接受的。底线的确定同样不是随意的，它通常源于己方的最佳替代方案。

3. 可接受目标。可接受目标是经过综合平衡，能满足委托人部分需求、实现其利益的目标，介于最高目标和最低目标之间。可接受目标具有一定弹性，是经过努力可以实现的目标，对谈判双方都有较强的驱动力。可接受目标的实现，意味着谈判的成功。如在人身伤害赔偿纠纷中，就赔偿金额而言，受害人的可接受谈判目标可如图2-1所示。

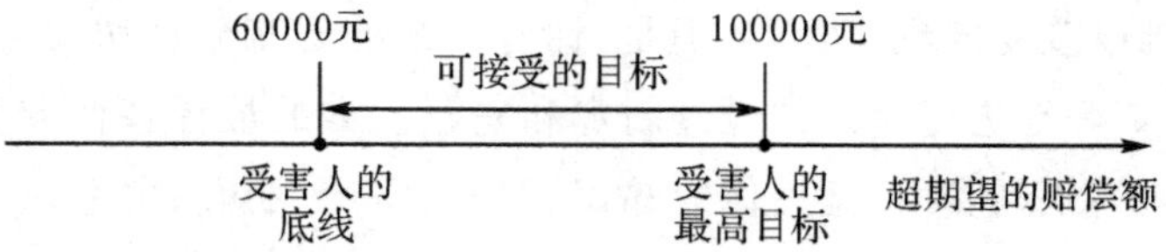

图 2-1　人身伤害赔偿纠纷中受害人可接受赔偿金额

(二)谈判目标的确定

在法律谈判中，谈判目标需要由谈判律师和委托人一起协商确定。律师可以问委托人“如果谈判中的一切都如你所愿，你希望谈判的最终结果是什么？”“如果谈判不那么顺利，能令你比较满意的结果是什么？""如果谈判中的一切都对我们不利，你希望得到的最差结果是什么？"或者"你认为既公平又合理的解决方案是什么？"等问题，以获得委托人对谈判目标的初步意向。谈判目标可以被设置为一个大概的范围，也可以是某些可接受的结果构成的一系列目标。

1. 谈判目标是具体的、有难度但是可达成的，并且是可以验证的。谈判的最高目标和底线应当都是具体的，而两者之间的范围也就是可接受的目标。就赔偿金额进行的谈判，谈判者事先应确定一个具体的数额，如最高目标为 10 万元，保留价格是 6 万元。其次，谈判目标是有一定难度但是可以实现的：谈判目标确定了谈判者可以努力的方向，它是一个需要谈判者通过各种谈判策略和技巧尽力去争取，但同时又在可实现范围内的合作或和解方案，而非谈判者的愿望。愿望是一种想象，是对某件事情可能发生所抱有的希望，而目标是可以通过实际行动来实现的。最后，谈判目标是否达到，是能够被验证的：如果谈判目标是具体、定量的，不管是薪水或赔偿金额或交易价格，在谈判成功后，都是可以得到验证的；但如果谈判者的目标是宽泛、主观的，比如，"我应得的薪水""公平、合理的赔偿金额"等，那么要验证是否达到谈判目标就很困难。

2. 谈判目标的确定，需要谈判者积极考虑己方的目标。有些时候，谈判者可能将太多的注意力集中在对方身上，如对方如何表现、对方可能的要求是什么、可能与对方达成的交易是什么等。如果谈判者将太多的注意力放在对方身上而忽视己方，就有可能会以如何应对对方为基础来制定自己的谈判目标，而这样的方式往往会限制、弱化可能达到的目标。相反，从己方的角度出发，主动设置谈判目标，会使谈判者在接受对方提议方面更加灵活，从而取得双方都满意的结果。①

3. 谈判目标的确定，要适度考虑到对方的利益和目标。谈判目标的确定，首先应该立足于双方存在可以协商、沟通的可能性。如果任何一方提出的条件、意见，完全置对方利益于不顾，那么谈判很难继续。有些谈判者会有一种误解，就是只有牺牲对方的利益，才能实现自己的目标。但是，在谈判中若只考虑己方的目标，而不考虑对方的利益和目标，那么你的谈判目标显然是不现实、不合理的，最终的结果只能是要么谈判无法成功，要么双方无法维持长期的合作关系。

与此有关联的一个要点就是对对方谈判目标的预测，尤其是对对方最低目标即底线的预测，对谈判者而言非常重要。法律谈判实质上就是通过讨价还价，在己方的底线和对方的底线区间内达成协议。还是以人身伤害赔偿纠纷为例，如果受害人的底线即他所能接受的最低赔偿额为 6 万元，责任方的底线即他所愿意支付的最高赔偿额为 8 万元，那么双方可能达成协议的空间就是赔偿额在 6 万元至 8 万元之间。（见图 2-2）

---

① ［美］罗伊 · J. 列维奇、戴维 · M. 桑德斯、布鲁斯 · 巴里：《商务谈判（原书第 5 版）》，程德俊译，机械工业出版社 2012 年版，第 84 页。

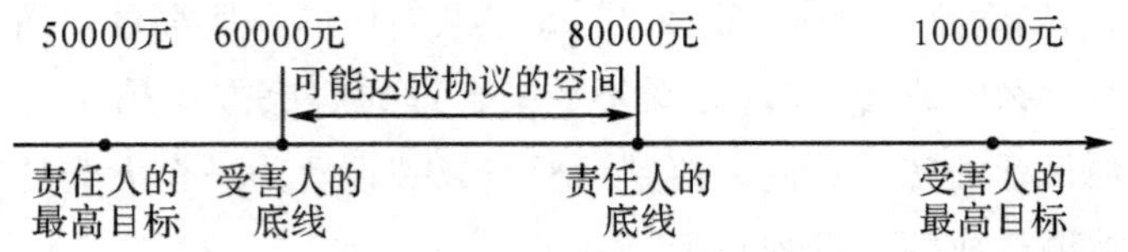

图 2-2　人身伤害赔偿纠纷中双方对赔偿款额的底线和目标

4. 谈判目标的确定，需要考虑如何整体地解决某些问题和实现某些目标。在很多法律谈判中，谈判所涉及的不仅仅是单个议题：比如在租赁合同谈判中，除了租金之外，还涉及出租物业的装修、维修，车位的提供、转租，合同的终止，违约金等多个议题，因此谈判者必须考虑就这多个议题取得满意结果的最佳方式。为了能够有效地解决一揽子问题，谈判者需要理解议题的定义、议题的优先次序以及谈判组合，并进行折中或平衡。

在谈判中，有些问题是委托人必须得到的、使谈判有意义的要点也即交易点。一般而言，谈判者是不愿意对交易点进行妥协的。还有些是对实现目标很重要，但是对于委托人而言并非必需的问题，也即所谓的次要点。为了获得交易点，谈判者可以对次要点做出妥协。谈判中还有些问题或事项，被称为贸易点，它对委托人而言可能没有太大的价值，但对对方而言可能是非常有价值的事项。贸易点通常是谈判者用来做出让步或用来交换对方愿意放弃的次要点或交易点。[①] 比如，卖家在出售房子的时候，对地下车库的车位仍有 10 个月的使用权，由于租赁费很可能无法退回，因此车位使用权对卖家来说很可能毫无价值；但对于买家来说，地下车位的使用权可能十分重要。同样，对于房子内尚有七八成新的家具和电器，卖家如果将这些家具电器交到旧货市场处理的话，所获无几；但对于买家而言，这些家具和电器可以为其省下大笔的购置费用，价值不小。

三、确定谈判策略

确定了谈判目标之后，谈判者所要做的便是确定谈判策略，即你是选择采用竞争型、合作型还是解决问题型的谈判策略？尽管一个有经验的谈判律师，不会在谈判前就确定，在谈判中只采取竞争型或只采用解决问题型的谈判策略，但这并不意味着他不需要在谈判准备阶段来考虑、确定己方在未来的谈判中所要采取的谈判策略。谈判结果或协议的内容在很大程度上也取决于谈判者所采取的谈判策略，而谈判者对谈判策略的准备是否充分，又直接影响到谈判策略在谈判过程中的实施或执行效果。若谈判者在谈判开始之后才视情况选择谈判策略，那么这注定是一场失败的谈判。

关于谈判策略，我们在第一章中就已经讨论过：在竞争型谈判策略下，谈判者基于

① ［美］X. M. 弗拉斯科纳、H. 李 · 赫瑟林顿，前引书，第 54 页。

各自的立场进行讨价还价，更多地着眼于如何从固定的、有限的资源中分享到可能多的利益。相对应地，他的谈判策略是对抗性的，如不轻易透露信息，不做或很少做让步，喜欢争辩，经常用夸张、威胁的方法等，其目的在于给谈判对方造成紧张或压力，减损对方对其谈判优势、实力和地位的信心，降低其对谈判结果的期望，进而诱使对方接受所获利益要比预期少得多的协议。在合作型谈判策略下，谈判者希望与对方建立起良好的协作关系，并在此基础上达成协议，因此他的谈判策略通常包括：共享信息，首先做出让步并解释让步或所提建议的理由，进行公平、合理的辩论和说服，依双方认同或客观、公平的标准提出建议等。解决问题型谈判策略，则意味着谈判者跳离立场之争，通过整合各方资源以扩大委托人潜在的共同利益，并最终达成满足各方利益的和解方案或促成交易，其基本策略就是把人与事分开，关注利益而非立场，为双方的共同利益找出多种选择方案，谈判结果以客观标准为结果，等等。

(一)选择谈判策略

选择何种谈判策略，在很大程度上取决于委托人给予谈判者的授权、争议的性质、委托人的利益、谈判实力、最佳替代方案、与对方的关系等。尽管许多解决问题型谈判的倡导者都宣称几乎所有的交易和争端都不是零和游戏(zero-sum game)，并劝说谈判者在大部分谈判中采用此种方法，但一个不能忽略的事实是，只有委托人才有决定接受或拒绝一个提议的最终权限。所以，即使在某一法律谈判中，采用解决问题型的谈判策略也是解决纠纷的最理想途径，如在关于孩子的监护纠纷谈判中，共同监护是解决纠纷最有效、合理的方案，但是如果你的委托人坚持独自抚养，那么在谈判中采用解决问题型的谈判策略可能就不能满足他的利益。尽管谈判律师可以向委托人提供相应的法律意见，并告诫他若采取最佳替代方案，通过诉讼程序来解决该纠纷中他可能遭遇的风险，但是委托人拥有最终的决定权。

在选择谈判策略时，谈判者应当考虑以下因素：①

1.交易或争议的单一性与综合性。当谈判所涉的交易或争议属于综合性而非单一议题时，为获得“共赢”结果，解决问题型的谈判策略能够发挥更好的作用，最大限度满足双方的需求或利益。如关于共同投资建立合营企业的谈判，双方存在着许多的共同利益，采取解决问题型的谈判策略显然是可行的，而且是最佳的。因为如果各方不能建立一个互利的关系，合资必然走向失败。但当谈判所涉的仅是某个单一问题时，比如路边服装店那件很酷的T恤的价格，谈判者似乎只能在竞争型或合作型的谈判策略中进行选择。在选择谈判策略时，可以通过对双方利益的评估，来确定其中是否存在双方均能接受的可行方案。

2.“一次性”谈判与长期关系的维持。如果维持与对方之间的良好关系，对委托人

① [美]斯蒂芬·克里格、理查德·诺伊曼，前引书，第343—344页。

来说有着重要意义，那么解决问题型的谈判策略当是谈判者的最佳选择，因为强硬的竞争型谈判策略显然会对双方之间的关系有一定的破坏。因此，在各方需要继续维持相互关系的背景下进行的谈判，如劳动者和用人单位之间、承租人和出租人之间、合伙人之间、想要进行长期合作的买卖双方之间的谈判，谈判者会更倾向于采取具有协作性质的解决问题型或合作型的谈判策略。此类谈判策略有利于建立并促进或维持他们之间的合作关系，而竞争型的谈判策略有可能会对各方关系产生负面影响。"即便你赢得了一场战斗，但你输了整个战争。在这过程中，你可能破坏了与对方之间的关系。在未来当他们处于强势地位时，他们可能会采取某种方式违背诺言或进行报复。"①反之，若谈判属于"一次性"的，委托人与对方很少或几乎没有联系，而且未来也不太可能存在联系，那么对谈判者而言，维持双方之间的关系显然不是主要问题，而是要更多地考虑如何在此次谈判中为委托人争取最大利益。当然，这并不是说在一次性谈判中，谈判者不可能或者没必要采用解决问题型的谈判策略，只是说在选择谈判策略时，不必考虑委托人和对方当事人之间的良好关系问题。

其实对谈判律师而言，在选择谈判策略时，除了要考虑委托人和对方之间的关系之外，同样要考虑你和对方谈判者之间的关系。因为"尽管谈判的参与方会随着时间的推移而发生变化，但谈判者的名声会先于他们本人传到谈判中。因为大多数人都是在社会网络的背景下进行谈判的，大多数谈判本质上都是属于长期性的，因为名声信息会在他们的社会网络中流传散布"②。因此从这个意义上来看，任何一次谈判对于作为谈判者的律师而言，都不能算是"一次性"谈判。

3.心理需求和名声利益的考虑。在有些谈判中，如果委托人认为他们的心理需求和名声利益，如他们想要的公平感、尊严，在业界、在单位、在邻里的声誉，他们想尽快了解纠纷让生活恢复平静等，对他们来说特别重要，那么这些因素就会影响到谈判者的谈判策略。为了能尽快解决纠纷、避免过长的诉讼程序，谈判者很可能会选择合作型或解决问题型的谈判策略，积极促成协议的达成；因对方当事人的行为致其声誉受到影响的委托人，可能会要求谈判者采取竞争型的谈判策略，在对方公开道歉、恢复名誉等问题上不愿意做任何让步。

4.最佳替代方案。委托人的最佳替代方案越好，那么己方的谈判力就越强，因为即使中止目前的谈判，委托人的需求和利益仍旧可以通过其他途径得到很好的满足。因此，最佳替代方案方案会对谈判策略产生重大影响：最佳替代方案越强，谈判者采取强势的竞争型谈判策略的可能性就越大，尤其在仅涉及利益分割的单一议题的谈判中；反之，如果最佳替代方案较弱，那么谈判者就会更倾向于采取合作型或者解决问题型的谈判策略，因为若采取竞争型的谈判策略，则谈判破裂后委托人可以退让的余地太少。

---

① William Ury，supra note，p132.

② [美]利·汤普森，前引书，第23页。

5. 明确的裁决或协议的重要性。在一些解决争议的谈判中，一方或者双方可能就某一个特定的问题需要一个明确责任的裁决或协议。在一些特定的民事权利纠纷、环境保护或其他涉及公共利益的谈判中，委托人为了保护其利益，有强烈的意愿获得一个明确保护其权利的裁决或是确认对方负有某种责任的协议。在此种情形下，虽然采取解决问题型的方法也可以有效解决争端，但委托人和谈判者可能更愿意在谈判中采取竞争型的谈判策略以取得最大的利益，即让对方主动承认错误。在有关知识产权纠纷的谈判中，也常常如此：委托人想要的可能就是明确表明他对某项专利或版权拥有权利、对方行为属于侵权的裁决或协议。

当然，在分析、衡量上述因素的时候，谈判者应当注意：首先，这些因素仅是为谈判策略的选择提供了一个指引，而不是一个机械的规则。在实际的法律谈判中，上述各类因素带来的影响可能是相互矛盾的。比如，在这一次的法律谈判中，委托人的最佳替代方案非常好，其谈判实力远超于对方，但同时由于双方有着长期合作的可能，委托人又需要与对方保持良好的关系，在这种情形下，合作型或解决问题型的谈判策略可能更合适。因为对委托人而言更优先的利益，是维持与对方互惠互利的合作关系，而不是在这一次的交易或争议中获得利益最大化。其次，在每一次法律谈判中，谈判者并非只能运用一种谈判策略；相反，在谈判的每一个阶段，针对每一项谈判议题，谈判者都有三种选择：竞争型、合作型或解决问题型的谈判策略。很多时候，在整体上采取解决问题型的谈判策略，但在一些特定事项上采用竞争型或合作型策略的事例，在谈判场上实属常见。最后，谈判者在谈判准备阶段所选择的谈判策略，仅是你根据谈判前所收集的各类信息，在评估各方的利益、权利、权力的基础上，综合考量各种因素而决定的，但这不等于你就得固守计划中的谈判策略。如果在谈判中你发现最初选择的谈判策略在谈判中无法得到有效实施，或者根本不起作用，那么谈判者就得准备好根据对方的谈判行为和策略调整你的谈判策略。比如，在房屋租赁谈判中，你原本计划的是采取合作型的谈判策略，但对方表现得非常强硬，不管是在租金还是支付方式等问题上不做任何让步，那么你显然得适时调整你的谈判策略，因为你的多次让步根本得不到对方的回应，你的合作只会导致委托人的利益进一步受损，谈判对方说不定还会将你的合作当成你的软弱。

（二）制定计划

1. 竞争型或合作型的谈判计划。不管是针对交易或争议的整体还是针对其中的某一特定问题，谈判者若选择竞争型谈判策略，其目标就在于在这一问题上为委托人争取最大利益和最小损失。为达到这个目标，谈判者通常会专注于与对方的讨价还价，会基于不同的理由进行争辩、威胁、警告，试图说服对方，甚至导致谈判陷入僵局或破裂。若谈判者选择合作型谈判策略，为了促成协议的达成，为委托人争取一个公平、合理的结果，谈判者会试图调和双方的利益冲突，提出温和的报价，首先进行让步等。

不管是竞争型还是合作型的谈判策略，他们的目的都是在固定的资源或利益中进行讨价还价，为委托人争取利益。如同你路过街角的一家服装店，看到一件心仪的T恤，希望以尽可能低或合适的价格买下。于是：

消费者：请问，这件T恤多少钱？

店员：这是刚进来的新款，你喜欢的话，给打个9折，180元吧。

消费者：这么贵？不就是一件纯棉的T恤嘛？180元？太贵了，60元还差不多。

店员：60元？你这价还得也太过分了。这是当季最流行的款式，你看，样式多时尚，颜色也好看，别家不可能有这么有品的T恤。新款我们通常是不打折的，我看你是个学生的份上，才给你9折优惠的。

消费者：不可能，这个都是上一季的款了，淘宝上这个样式的T恤不要太多哦，也就五六十元一件，我主要是看你们这里可以试穿，所以才进来看看的。这样吧，我再加点，80元怎么样？

店员：不行的，我要是这个价格卖给你，中间的差价我得自己贴了，否则我们老板会把我炒鱿鱼的。看你也是真心喜欢这件T恤，这样吧，我能给你的最优折扣就是贵宾折扣了，8折160元，你拿去，再低的价格，我真的没办法卖给你。

……

你和店家讨价还价的结果，要么因双方的分歧太大而无法达成协议，要么一方做出重大让步，要么双方均做出相应让步，然后促成买卖。这样的讨价还价，不管是店家还是作为买家的你，都不需要花太多的时间和精力去进行准备。但是在法律谈判中，所涉的问题可能就不像买一件T恤那么简单了。一旦作为谈判者的你选择了竞争型或合作型的谈判策略，你就需要和委托人进行协商，制定一个具体的实施计划。计划应当确定几个关键的问题：(1)开价：是否首先开价，如何开价，开价多少。(2)底线：如何确定己方的底线，己方的底线是什么，底线是否具有合理性。(3)目标：如何设定谈判目标，最高目标是什么，目标是否具有可行性和合理性。(4)让步：是否首先让步，如何进行让步，让步的幅度是多少。

以一起人身伤害赔偿谈判为例，受害人提出了一次性支付15万元的赔偿主张，而责任人仅愿意承担5万元的赔偿额。你与对方律师会晤并考虑了案件具体事实后，准备了以下谈判策略。(图2-3，图2-4)①

① 图2-3，图2-4参考[美]斯蒂芬·克里格、理查德·诺伊曼，前引书，第347页。本书作者在此基础上做了些调整。

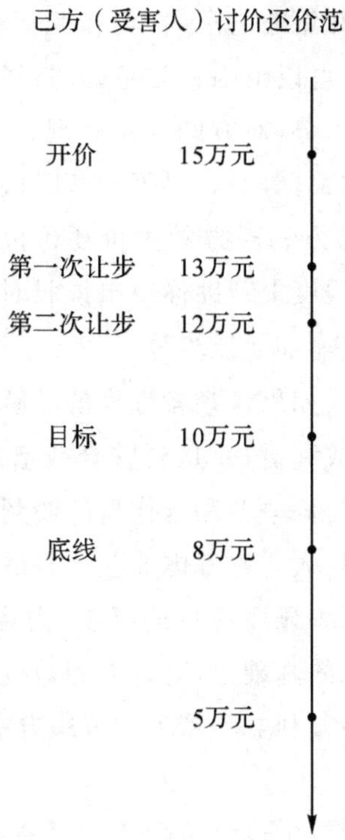

图 2-3　乙方(受害人)讨价还价范围

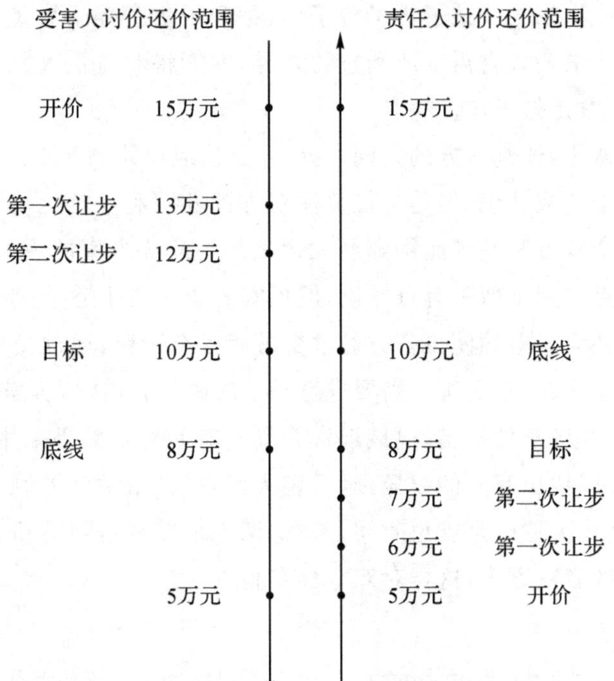

图 2-4　双方讨价还价范围

在确定了己方的谈判立场和策略之后，作为谈判律师，你尚需预测对方可能采取的立场。这种预测是以分析、考量以下因素为基础的：案件事实和相关的法律法规，双方在利益、权利等方面的优势、劣势，对方的经济状况，纠纷可能对他带来的工作或生活上的影响，对方的最佳替代方案，等等。尽管很多时候，你的这种预测不可能完全准确，但这个过程能够提供你对己方和对方的讨价还价范围之间的关联有个大致的预测；而且，这种预测还能在一定程度上帮助你得出说服对方让步的理由，如何迫使对方让步以及明确自己该在何时让步、如何让步等。

2. 解决问题型的谈判计划。如果谈判者选择的是解决问题型的谈判策略，那么其目标就不再是简单地分割资源或利益，而是要整合或增加双方的可得资源，以更好地达成双方均认可的解决方案。与竞争型和合作型的谈判策略不同，解决问题型的谈判策略不是专注于使客户的利益最大化并考虑那些明显的局部性选择，而是尽量拓宽选择范围，以便超越分配利益中那些显而易见的事项，去寻求解决方案。采取解决问题型的谈判策略，需要在收集信息的基础上，对各方利益进行识别，确定这些利益的优先次序，进而确定几种可能兼顾各方利益和需求的解决方案。在寻找、拟定这些方案时，需要注意以下几点：

（1）考量双方的差异。一则两个孩子争橙子的寓言，很好地说明了考量双方差异的重要性：邻居给了两个孩子一个橙子，两个孩子便讨论如何分这个橙子，两人吵来吵去，最终达成了一致，两人平分这个橙子。结果，第一个孩子拿到半个橙子后，吃了橙子肉，把橙子皮扔了；第二个孩子扔了橙子肉，把橙子皮磨碎了烤蛋糕吃。显然，如果这两个孩子能先弄清楚各自需求或利益的差异，就能将利益最大化：一个孩子拿走橙子肉，另一个孩子拿走橙子皮。

人们通常会认为，谈判双方的共同之处，才是达成协议的基础。不可否认，寻求共同利益显然有助于达成共识，但是与仅关注双方的共同利益相比，关注双方的利益差异或许是制定一个双方利益都能得到最大化满足的解决方案的更好的基础。差异能够创造价值的观点看起来似乎有点悖论，但现实的情况往往是，是差异而非共同点，更能帮助各方达成共识。差异使得各方通过交易而各有所获，通过交易创造价值。① 比如在人身伤害赔偿纠纷中，受害人需要进行长期的康复和治疗，所需费用较大；而对于责任人来说，他的经济条件不错，但最近资金周转有问题。如果采用解决问题型的方法，那么谈判者可以找出双方的差异：对受害人而言，他最关注的利益是赔偿金额，而对责任人来说，他最关注的是支付时间。对这两方的差异进行分析，就可以制定一个分期付款的框架性解决方案，这样对双方都有利。

---

① Robert H. Mnookin, Scott Peppet, Andrew S. Tulumello: *Beyond Winning: Negotiating to Create Value in Deals and Disputes*, The Belknap Press of Harvard University Press (2000), p14.

(2)寻求双方的共同利益。谈判中的双方虽然有着许多的利益冲突,但这并不意味着他们之间只有冲突没有共同利益。其实在很多谈判中,双方有着许多共同的非对抗性的利益;也就是说,一方有所得并不必然代表着对方有所失:比如在一起离婚或争夺孩子监护权的纠纷中,父母双方在许多问题上都是针锋相对的,但是有一点,他们都希望孩子能快乐地生活。创造一个能满足共同利益的解决方案,对谈判双方都有利;而且,强调双方的共同利益,可以使谈判变得愉快和顺利。

(3)关注扩张现有资源的方法。在寻找解决方案的时候,谈判者可以抛开双方现有的资源,寻找是否存在创造其他资源的可能,也即是否存在把利益总量这块“蛋糕”做大的可能。因为很多冲突都是因资源短缺引起的,在现有分配条件下,双方不可能同时满足利益或达到目标,如果能扩展现有资源,那么双方都可以实现自己的目标,谈判成为零和游戏的可能性也大大减少。

在制定解决问题型的谈判计划过程中,律师需要和你的委托人进行深入沟通,你可以要求委托人帮助你寻求其他的解决方案;为了寻找尽可能多的解决方案,你也可以安排一次集体讨论,与一些同事或同行交流想法,集思广益,听听他们的意见和主张,并在此基础上对一些有希望、可能的方案进行改进。

谈判专家斯蒂芬·克里格和理查德·诺伊曼通过一个真实的案例,展示了如何有效地制定一个解决问题型的谈判计划。

背景资料:①

卡西尼女士是一名护士,在W市的非裔美国人聚居区设立了一个“艾滋病人之家”。由于曾经在大城市的医院里当过护士,她对这类病人产生了浓厚兴趣。她从当地业主处租得房屋,并根据入住病人的数量从州社会服务部获得补贴。卡西尼之所以选择该地区,主要是因为租金较低,而且许多病人从小就是在这里长大。一般情况下,总会有六到八名病人同时住在“艾滋病人之家”,由一名护士和多名医护服务人员常年值守。病人们分担家务活,同吃同住并在闲暇之余一起参加社会活动。

“艾滋病人之家”的邻居们则对它的存在十分反感。他们觉得这个城市将病人之家这样的机构都集中在了他们居住的社区(在卡西尼创办的”艾滋病人之家”附近还有一个“肌肉萎缩病人之家”)。事实上,由于他们都是非裔美国人,因此他们觉得受到了歧视;而且他们在其他一些方面也不被重视:社区学校是全市最差的,提供的服务也不符合标准,居民的投诉大多也得不到政府重视。邻居们担心自己的孩子会和卡西尼“艾滋病人之家”的病人接触,担心造访“艾滋病人之家”的人会阻塞街道,也担心由于入住病人过多而不能

① [美]斯蒂芬·克里格、理查德·诺伊曼,前引书,第350—352页。

忍受夜间的噪音。

邻居们向当地的政要投诉抗议，意见随后传到市政官员那里。市政府在对此事的调查过程中发现，许多环卫工人也十分担心在处理“艾滋病人之家”的垃圾时被感染病毒。迫于当地政客的压力，也为了给这些投诉一个交代，市政府对卡西尼违反城市规划（因为在她设立“艾滋病人之家”的社区只允许设立单亲家庭之家）提起了两项轻罪名指控。如果罪名成立，卡西尼将面临每项指控6个月的监禁和1000美元的罚款。

卡西尼向一所法学院的咨询处求助，他们答应做她的代理。咨询处的学生调查了相关的事实和法律，决定向美国住房和城市发展部投诉市政府，因为市政府的行为实际上构成了对病人之家这类机构所接纳的残疾人的歧视，违反了联邦《公平居住法》。

就该问题，学生们准备与市政府律师[①]进行谈判。他们会见了卡西尼并询问了她在本案中的利益。卡西尼表达了为了艾滋病人而愿意继续营运“艾滋病人之家”的意愿，希望用不当方式对待她的市政府和邻居们向她道歉；她担心可能面临牢狱之灾以及刑事犯罪记录；同时还希望对病人的信息进行保密。虽然一开始她强烈主张将该案件带入庭审程序，但最后她还是放声大哭，希望这个案子赶快结束。

经过问责，市政府律师告知咨询处的学生，政府有义务强制执行规划法令，也应当保护市民和环卫人员免受感染。市政府律师私下大倒苦水，承认自己承受着当地政客要求尽快开审此案的压力。律师承认市政府对于美国住房和城市发展部的调查十分重视，也承认先前的判例对市政府十分不利。学生们由此得知，市政府对于邻居们有关歧视非裔美国人的投诉也同样重视。

在识别了各方的利益后，学生们和卡西尼一起分析这些利益的权重。他们认定对卡西尼而言，她主要关心：(1)不要被定罪。(2)继续为艾滋病人营运“艾滋病人之家”。(3)恢复内心平静。对于市政府，学生们推测其主要利益为：(1)市民及环卫工人的安全。(2)规避风险（避免从邻居们和美国住房和城市发展部获得不利回应）。最后，学生们决定判断一下邻居们的利益，虽然他们不是该案中的当事方，但是由于他们对市政府施加了压力，并且卡西尼还要继续和他们有来往。学生们推测邻居们的利益包括他们区域的安全和噪音状况，并希望市政府官员更重视他们所在的社区。

---

① 政府律师(government attorney)，是在刑事案件中代表政府提起控诉的检察官。

基于对各方主要利益的分析，学生们决定在辩诉交易①中采取解决问题式方法：卡西尼想要谋求内心平静并希望与邻居们搞好关系，而市政府的想法则相反。这其中也许存在一种整合各方利益的解决方案。

学生们在列出各种利益后得出了几种可能的选择，包括一些比较显而易见的选择，即卡西尼被判有罪、市政府撤诉以及美国住房和城市发展部发布管制命令。一种可能的选择，就是市政府帮助卡西尼为"艾滋病人之家"找到一个新地方，那里可能没有那么多病人之家这样的机构。这样就可以使卡西尼的刑事案件得以了结且不再与现在的邻居们接触，从而获得内心的平静。市政府也可以从政治压力中全身而退，但新址附近的居民也可能提出新的问题，环卫工人的担心也不能解除。

第二种可能就是对邻居和环卫工人进行教育，告诉他们艾滋病的传染性并不强，并应当在"艾滋病人之家"和邻居间培养合作关系，以避免安全和噪音问题。这个选择使得卡西尼得以在原址继续营运"艾滋病人之家"。该方案在某种程度上满足了邻居们关注的问题，而且如果邻居们对此满意，市政府的主要利益也就同时得到了满足。

最后一种选择是，增加该区域的市政服务(垃圾清运、道路维修和警察巡逻)。如果邻居们切实感到"艾滋病人之家"的存在给他们带来了实际上的好处，他们就不会那么在意这些机构的存在。

虽然，并没有哪一种选择是完美的。比如，市政府可能否决卡西尼的搬迁选择或者不愿意花钱提供更多的社区服务；即便经过教育，邻居们还是对艾滋病人心有余悸。但是，这种计划程序并不是要得出一个绝对的可以接受的解决方案，而是向对方敞开大门，以使双方能够继续探讨并找到双方都能接受的方案。正如竞争型或合作型的谈判方法试图猜透对方的反应并为双方将来讨价还价奠定基础，解决问题型的方式则试图猜测对方的利益所在，并以此为将来解决方案的探索奠定基础。

---

① 辩诉交易(plea bargaining)源于美国，是指在法院开庭审理之前，作为控诉方的检察官和代表被告人的辩护律师进行协商，以检察官撤销指控、降格指控或要求法官从轻判处刑罚为条件，来换取被告人的有罪辩护，进而双方达成均可接受的协议。通俗地说，辩诉交易就是检察官与被告人之间进行的一种"认罪讨价还价"行为。第二次世界大战后，由于种种社会原因，美国社会的犯罪率居高不下。为了以有限的人力、物力解决日益增多的案件，一些大城市的检察官开始用协议和交易的方式，换取被告人的"认罪答辩"。由于这种结案方式迅捷而灵活，所以在美国联邦和各州法院得到广泛采用。虽然有关辩诉交易制度的反对意见也不少，但目前，联邦和各州90%的案件是以辩诉交易结案的。资料来源：百度百科，http://baike.baidu.com/view/6980.html。

四、获得委托人的授权

作为谈判者的律师，在进行谈判之前应当先获得委托人的授权：因为不管是交易还是解决争议的谈判，只有委托人才拥有接受或拒绝一项交易或和解协议的最终决定权。当然，委托人给谈判者的授权可以随着谈判的进行而改变：在谈判准备阶段，对方的谈判目标、最佳替代方案、可能的谈判策略等，都是你在所知晓的有限的信息上进行预测的结果，但随着谈判的进行，你获取了新的信息，可能需要调整谈判目标、谈判策略，或者委托人要求你重新评估对谈判事项的意见。这个时候，委托人可能会变更他最初给予律师的授权。

根据谈判者在谈判中的权限不同，委托人的授权可以分为以下几种：①

1. 无限制的授权，即委托人赋予谈判者以完全的决定权，只要其最终全部同意。

2. 有限授权，即委托人赋予谈判者对部分事项或对处于一定范围内的交易或和解方案享有决定权，但对另外一些事项，或者对内容超出一定范围的协议，决定权仍属于委托人。

3. 没有授权，即谈判者仅有参与谈判、进行讨论协商的权限，没有权利对谈判所涉事项或者谈判的最终结果做出接受与否的决定。

给予谈判者什么样的谈判权限，影响到谈判准备、对谈判结果的展望以及谈判进程：研究表明，如果谈判者被赋予有限授权，他们通常会严格遵守委托人的要求。因此在谈判中，他们通常会比获得委托人无限授权的谈判者更为积极和强硬，而无限授权的谈判者会相对温和些。但是，如果委托人给予谈判者的是在一个非常宽泛的、显然可以实现的范围内达成协议的决定权，那么结果就会明显不同：在这些案件中，委托人赋予谈判者的虽然是有限授权，但这个有限授权的范围非常宽泛，从某种程度上，反而缓解了谈判者为委托人尽可能地争取最大利益的压力，他只要在这个范围内达成协议即可，而这个范围又是一个显然可以实现的目标，结果，谈判者的表现就会少了些竞争性。②

给谈判者以宽泛、无限制的授权，会使谈判者更可能采取解决问题型或合作型的谈判策略和技巧，在考虑对方的提议或报价时更具灵活性，进而寻找出解决问题、实现委托人利益的和解方案。但给予谈判者以无限授权也会产生问题：由于谈判者对谈判中的事项具有完全的决定权，他就不需要在谈判的不同阶段为获得授权而向委托人反馈信息，委托人在很大程度上将失去对谈判者谈判行为的控制；获得无限授权的谈判

---

① 也有学者将谈判权限分为更多层次：无限授权、特定授权、替代授权、一定授权、无授权。参见戴安娜・特赖布，前引书，第 31 页。

② Donald G. Gifford, *Legal Negotiation: Theory and Applications*, West Group (1989), p70.

者,在激烈的谈判中容易改变立场。[①]

尽管获得有限授权的谈判者,在谈判过程中不如获得无限授权的谈判者那么灵活,但这不意味着有限授权对谈判者来说就是不利的,相反,很多谈判律师认为有限授权更加合理。有限授权作为一种强硬的、竞争型的谈判策略,在以委托人为中心、为委托人争取最大利益方面有着自己的优势:赋予谈判者以有限授权,可以促使委托人在谈判前仔细评估各方利益及谈判情势;在谈判进行过程中,若谈判者需要获得更多授权,他就会根据当前的谈判情势向委托人进行汇报,这样能保证委托人和谈判者在谈判过程中不断进行磋商,使得委托人能够更好地知晓并更直接地参与到谈判中,对谈判者在谈判中的行为有着更多的控制;获得有限授权的谈判者,在应对对方谈判者提出的报价、要求或提议时,可以告诉对方,委托人并没有授权他接受这样的条件或协议,而不需要面对谈判权限的虚假陈述是否涉及谈判伦理这样的问题。谈判者否认他有这样的权限,是对他不能做出这样那样的让步,或者即使做出让步但让步只能限于一定范围内的一种合理解释。人身损害赔偿纠纷中的律师常用这种谈判技巧,当对方提出进一步的赔偿要求时,谈判者可以以"我有权答应的最高赔偿额是×××,超过这个数额,我无权做出承诺,需要征询我委托人的意见"为由,进行应对。

给谈判者以无限制或有限制的授权,或者不赋予其任何决定权限,属于谈判策略的内容,要根据不同的谈判情势决定之:在这一次的法律谈判中,有限授权是最适合的,对委托人而言也是最有利的,但是在下一次的法律谈判中,或许授予谈判者以无限制权限,才是最佳的。

第四节 谈判人员、议事顺序、谈判时间与地点的确定

一、谈判人员的确定

谈判人员的组成对于法律谈判有着重要意义:需要多少人参加谈判,什么人适合做主谈,什么人做辅助谈判者,什么人适合做信息、文件处理工作等,都是谈判开始前需要考虑的问题。选择个人谈判还是团队谈判,应根据具体的谈判情势而定。谈判环境、谈判条件、谈判策略以及谈判成本等,都是需要考虑的因素。对那些案情简单的谈判,接受委托的律师只身参与谈判或许已足够;而对于那些大型的交易谈判或案情复杂的争议谈判,组建谈判团队显然更为合适。而且,个人谈判和团队谈判,各有优缺。

谈判者的心理因素通常会对谈判产生重要影响,而当谈判一方的人员数量远远多

---

① [美]斯蒂芬·克里格、理查德·诺伊曼,前引书,第338页。

于对方的时候，他们很容易产生心理优势；反之，当一个谈判者面对对方多个谈判人员时，他一般会不由自主地感到压力。谈判人数多的一方通常能够控制谈判的局面：团队谈判各司其职、分工合作，除了可以全面、细致地了解、分析问题外，还可以避免某一谈判者因为劳累而出错；在部分谈判成员与对方交涉的时候，团队中的另一些谈判成员可以观察谈判对手的肢体动作或其他非言辞信息，以获得更多的信息；团队谈判有利于集思广益，通过头脑风暴、集体讨论等方式，想出多种解决方案并进行评估。当然，个人谈判也有一些优势：个人谈判虽然有时会显得势单力薄，但可以避免对方针对较弱的谈判成员提问的情形发生，同时也少了协调管理谈判成员的麻烦；谈判团队中一些谈判经验和能力相对较弱的成员，更容易在谈判中透露一些不该透露的信息或做出一些让步，而一个有经验的谈判者可以通过观察对方谈判团队中谈判能力相对较弱的成员来获取一些信息。①

如果选择团队谈判，那么对于谈判团队成员间的具体分工和职责，应在谈判之前加以明确。首先，确定谈判团队的负责人和主谈人。谈判负责人是谈判团队的领导者，也是谈判的组织者、决策者，他承担着推进谈判、实现谈判目标的责任。主谈人，是己方谈判目标和谈判策略的具体组织和实施者，他既是谈判中的主要发言者，也是与对方进行交涉的主要人员。谈判负责人和主谈人可以是同一个人，也可以由不同的人担任。其次，谈判团队的各个成员之间既要有明确的分工，又要有紧密的合作和补充：谈判负责人负责整个谈判团队的活动、谈判进程、人员分工，组织谈判方案的策划和准备，协助主谈人实施谈判策略；谈判负责人即使不是主谈人，也可以发言和表达意见，补充、澄清或纠正主谈人的观点和建议，回答对方问题或反驳对方观点等。主谈人应服从谈判负责人的领导和安排，在谈判中充分发挥自己的谈判才能，切实履行主谈人的职责，具体负责实施和执行谈判方案；其他谈判人员，如专门负责提问的、负责陈述己方观点并回答对方问题的、负责观察谈判对方及判断谈判情势变化的辅助谈判者、记录者等，都要分工明确、沟通顺畅有效，以确保谈判的顺利进行。

还有一点，对于谈判中委托人是否出席谈判，也要视情况而定。有些委托人希望出席谈判，以便更好地知晓、了解谈判进程，且有些时候委托人出席谈判确实也有利于谈判的推进，尤其是在一些解决问题型谈判中，因为他们更清楚自己的真实需求和利益。但更多时候，除非委托人本身就是习惯于为自己争取利益的有经验的谈判者，且委托人和谈判律师之间已经就谈判方案进行过深入的交流、讨论，否则，让委托人出席谈判就是一步险棋，尤其是在竞争型谈判中：②委托人针对对方的提议或问题而做出的一些言辞或非言辞的回应，可能会让对方较为准确地推断出委托人的底线；许多委托人可能会因为不能识别对方谈判者所采取的虚张声势或威胁、恐吓的谈判策略，而

① Donald G. Gifford, supra note, p80.

② 同上注，p82。

过早或过快地对谈判失去信心；而谈判律师在谈判中常用的以“让步换让步”的做法，有时候会被委托人误读为是对他的“不忠”。而且，若委托人情绪比较容易受外界影响，或委托人和对方当事人之间存在一些情感或情绪上的对立，委托人出席谈判不仅无益于谈判的推进甚至会恶化谈判情势。

二、议事顺序的安排

议事顺序即谈判所涉事项的讨论或协商次序。大多数的法律谈判都会涉及多个事项或议题，如损害赔偿涉及责任的确定、赔偿的金额、支付方式等；物业租赁谈判涉及租金及支付、出租物业的装修、维修、违约责任、争议的解决等，因此在谈判开始之前，有必要就这些议题的讨论次序做一安排。在安排议事顺序时，谈判者首先要考虑这样的顺序是否有利于谈判策略的实施；同时，议事顺序也在一定程度上反映了谈判各方的关注点或优先利益所在。通常，议事顺序的安排有三种模式：①先次要议题，后重要议题。②核心议题优先。③几个议题同步进行。

如果委托人想与对方建立合作关系，那么可以考虑先讨论一些简单的、不太容易引起分歧的问题，因为双方比较容易就这些问题达成一致，并在此基础上建立起良好的协作关系和谈判氛围，而良好的合作关系又能够有效地促进双方在一些分歧较大的重要问题上的协商一致。不过，这种议事顺序可能导致对主要问题谈判的延迟。一般而言，那些双方分歧较小、议题的重要性相对较弱或者不含任何感情因素或某种象征意义的议题，属于不太容易引起争议的议题。但这也并非绝对，因为有些时候在就谈判所涉的各项议题都进行过初步讨价还价之前，很难确定哪些议题较容易解决哪些议题的协商难度较大。①

谈判者也可以考虑从讨论一两个核心问题入手，以便评估达成交易或解决争议的可能性，然后再考虑其他一些次要问题。因为一旦在一些核心或主要问题上达成一致，双方通常不会因为一些次要问题而使先前的努力付诸东流。比如，在损害赔偿谈判中，若双方能就赔偿金额达成协议，那么其他的分歧就相对容易解决。在一些双方之前并没有合作关系的交易谈判中，常常会采取这种议事顺序：谈判者会认为，如果他们无法在一些核心问题上达成一致，那么先就细节问题或一些次要问题进行谈判，无疑是浪费时间。但这种议事顺序的风险在于，双方可能很快就会陷入谈判僵局，而且因双方在主要问题上的分歧较大而产生的不满或愤怒情绪，会延续并影响到后续一些次要问题的谈判。

当然，你也可以将几个议题同时铺开，由于很多时候谈判双方的优先利益或主要关注点并不相同，所以同时讨论几个议题使得双方可以针对不同的议题做出让步，进

① Donald G. Gifford, supra note, p76.

而促成协议的达成。将几个议题同时铺开的议事方式，尤其适合解决问题型的谈判，它可以促进双方提出多个可供选择的解决方案：谈判一方提出一项涉及多个议题的一揽子解决方案，对方可以通过修改或调整该解决方案，来提出自己的主张和意见，也可以提出一份不同的、新的一揽子协议。当然，即使在竞争型谈判策略下，同时就多个议题展开讨论的方式，也可以导致双方相互捧场或在交易中做出让步。①

需要注意的是，你所拟定或安排的议事顺序，仅是你的提议，并不能确保对方谈判者就一定接受你的议事顺序。因此，你要准备向对方解释你所选择的议事顺序的优点，以及它如何能使双方尽快达成解决方案。你也可以通过向对方提交一份协议草案，建议对方就这个草案提出修改意见，来实现对议事顺序的控制。在此种情形下，对方若要想改变议事顺序，就会有一定心理压力，他首先得解释改变或调整草案所确定的议事顺序的合理性。②

三、谈判时间的确定

谈判通常都有一定的时限，在谈判开始前，谈判者需要确定何时开始谈判、何时结束谈判。谈判时限有时候是由一方或双方自行设定的，比如一方提议或双方约定下月初开始谈判、月底前结束谈判，或一方提出其报价将于两周后失效；有时候是根据具体情况决定的，如委托人 3 个月后要出国学习，或委托人与第三方的合同将于 1 个月后失效；有时候是基于第三方的要求，如仲裁庭将于下个月 15 日开庭等。若谈判者自行设定或外部因素决定了谈判结束的最后期限，那么通常，谈判者会在最后期限到来之前做出让步，以促成协议的达成。比如，若谈判者是从另一个城市过来进行谈判的，而他的返程航班起飞时间是本周五晚上 7 点钟，那么这种最后期限引起的心理压力，会促使他在谈判结束前做出实质性的让步，以促成协议，或者至少会有效地推进谈判进程。

谈判是否越早进行越好？不一定。首先，谈判者需要足够的时间搜集信息，分析和评估各方的利益与权利、优势与劣势，需要时间去准备一份详细的谈判方案；其次，随着时间的推移，也可能会出现一些对己方有利的外部因素，如法院最近就一起类似争议做出判决，而判决结果显然对你的委托人较为有利等。而且，很多法律谈判的实践表明，在谈判最后期限来临之前，各方的报价和提议，往往并不能很客观地反映其真实的意愿和想法，而是带有很大的试探性。当然，拖延谈判也是有风险的：你的谈判准备时间越多，也意味着谈判对方的准备工作也越充分；最后期限即将到来的心理压力，不仅会影响到对方，同样也会影响到你自己。

---

① [美]斯蒂芬·克里格、理查德·诺伊曼，前引书，第 355 页。

② Donald G. Gifford，supra note, p76.

除了谈判的开始时间、最后期限会对谈判产生影响外，谈判者的“生物钟”有时也可能会有影响：在一天之中，有些人在某一时间段如早上8、9点钟，其心理或生理处于最佳状态；而另一些人则在另一些时段如下午4、5点，思维最清楚、工作效率最高。因此在确定谈判时间时，这或许也会成为谈判者考虑的因素之一。

四、谈判地点的确定

采取什么样的谈判方式：电话谈判还是面谈？在哪里进行面谈：在你的办公室还是对方办公室？或者委托人的家里、公司？或者一个“中立”的地点？这些都是在谈判准备阶段需要确定的问题。

对于是选择电话谈判还是面对面的谈判，不仅受谈判事项、案情复杂程度影响，也在一定程度上取决于谈判者做事、交流的习惯和谈判风格。一般来说，如果整个谈判较为简单，或者这场谈判所涉的几个议题都较为简单，那么电话谈判并无不妥；但如果所涉议题非常复杂，或者你想和对方共同协商探讨解决方案，那么电话谈判就不太合适了。此外，如果谈判者认为电话谈判更能发挥他的谈判水平，那么选择电话谈判无疑对其更为有利。

在电话谈判中，谈判者可以迅速切入主题，可以更直接地讨价还价而少了面谈时所比较在意的面子问题；谈判者可以更轻松地掌控谈判进程，因为一旦一方不愿意再持续对话，那么挂电话即可。但是，在电话谈判中，谈判者之间的交流并不如面谈来得直接，因而对对方言语中所表达的信息和意思，更容易误读；而且谈判者无法像面谈那样，通过观察、分析对方的一些神情、肢体动作等，获得更多的信息。

如果选择的是面对面的谈判，那么又该如何确定谈判地点呢？谈判者若在自己的办公室进行谈判，熟悉的环境通常会让你有足够的信心，更放松、更舒适地参与到谈判中去；你可以随时获得你需要的资源，如与谈判相关的文件、材料以及必要的人力支援；而且，在己方熟悉的环境进行谈判，在谈判场面的掌控上有着一定的优势。但这并不意味着，己方办公室就是完美的谈判地点：正因为是在自己的办公室，所以受外部环境影响的可能性也就多一些，比如谈判过程中偶尔会有其他事务或其他人员的干扰，且无法采取离开谈判地点等方式来叫停谈判。

前往谈判对方的办公室进行谈判，同样有利有弊：首先，前往对方办公室进行谈判，本身就表示了谈判者愿意合作的意向；尽管远离自己的办公室，使得你在资料更新、寻求他人支援方面处于劣势，但是这同时使得你能够集中精力、不受其他事务干扰或打断，能完整地贯彻原定计划；而且你可以以未随身携带为由，拒绝向对方提供相关资料；相反，你可以要求对方提供一些文件资料；还有，你可以很容易地结束谈判——随时离开这个谈判地点就可以。但不利之处是：在对方办公室进行谈判，或多或少都会对谈判者产生一些心理上的压力，这种压力对新手律师而言更甚，因为很可能他本来就对谈判事项、谈判进程以及和一个经验老到的谈判律师进行交锋缺少信心。对谈判者来说,应对陌生环境所带来的不利影响的原则就是:当与谈判无关的外在因素让你感到不舒服的话,不要轻易在谈判事项上做出让步。①

谈判地点对谈判会有影响,但也不能过于夸大或强调它的影响:很难想象,一个常规的法律谈判会因为谈判地点而功亏一篑。如果双方谈判者都对谈判地点非常在意的话,那么他们可以选择一个中立的地点,如第三方的公司或其他场所作为谈判地点。

第五节　模拟练习

交通事故赔偿纠纷

一、模拟事例

(一)基本信息

三个月前,在本市中山路与解放路的十字路口发生一起交通事故,一辆大众越野车与一辆电瓶车发生碰撞,骑电瓶车的行人受伤。伤者叫王强,在路口的交通信号灯尚是红灯时,提前越过停车标识线进入路口。大众越野车司机叫李想,当汽车行驶到十字路口的时候,交通信号灯刚由绿灯变为黄灯,李想并未停车,而是赶在黄灯变红灯之前驶入路口并打算快速通过,结果与提前进入路口的王强发生碰撞,致王强倒地受伤。事故发生后,王强被120急救车送往医院。经检查,王强头部因受撞击造成轻度脑震荡,右大腿和右手臂骨折,两个手臂、腿部有大面积的软组织受伤。电瓶车被撞坏,车后座上载的一台宏基笔记本电脑损坏。大众越野车前保险杠损坏,引擎盖变形,右前车头凹进,右前大灯损坏,油漆剥落严重。交警出具的交通事故责任认定书认定:李想违反交通规则,未按交通信号灯指示行车,且未注意避让行人,对本次事故承担主要责任;王强没有遵守交通信号灯指示,提前进入路口,对此次事故承担次要责任。

王强是某快递公司员工,从事这个工作已有三年多。公司给员工的工资为基本工资1500元/月,外加依员工收送快递件数而定的提成;事故前三个月,王强工资单上的金额分别为4680元、5060元、4450元。王强的妻子在某家政公司做钟点工,儿子刚满一周岁,由岳父岳母前来王强住处帮着照顾。王强的手术状况良好,住院三周后出院。医生建议王强须回家卧床休息一个月后方可下床活动,三个月后基本可以正常行走,但不能干重活,也不能进行剧烈运动;如果骨头愈合情况良好的话,一年后可以拆除钢

① Donald G. Giffor, supra note, p79.

板；如果恢复不好的话，也可能留下后遗症或造成残疾。住院期间，王强共花费包括手术费在内的各类医疗费用 4.5 万元，全部由李想垫付。出车祸这段时间，因为妻子要上班、照顾孩子，王强由其从老家赶过来的母亲在照顾。事故中损坏的那台宏基笔记本电脑是快递物品，已由快递公司向客户赔偿 4200 元。

李想是一家通讯公司的部门经理，那天中午，因为女儿生病在家休息，家里只有母亲照看，李想的妻子在一家私立中学上班，离家比较远，所以打电话让李想回去看一下女儿的病情是否有好转。事故发生时，李想正在回公司的路上。事故所涉的大众越野车是一辆新车，刚买了半个月，挂的是临时牌照，尚未到车管所正式上牌；提车当天，李想就购买了车辆保险。事故当天，车辆被拖到了 4S 店，两周后取回，共花去修理费 25 600元。在这期间，李想向朋友借了一辆车，用以上下班。事故发生后，李想向保险公司报了案，但事后保险公司以事故发生时，该临时牌照已过期，被保险车辆未悬挂有效车牌为由，拒绝赔偿。

(二)保密信息

1. 王强的保密信息。（略）

2. 李想的保密信息。（略）

（双方的保密信息由教师在模拟演练前另行提供）

二、模拟练习方案

(一)分组

学生 2 人为一个谈判小组，分别扮演各自的律师；也可以 4 人为一组，2 人扮演委托人，另 2 人扮演律师。

(二)模拟练习步骤及要求

1. 阅读谈判材料：

(1)模拟事例的基本信息。

(2)己方委托人的保密信息。

2. 进行谈判准备工作：

(1)收集相关信息。

(2)评估各方的利益、权利等。

(3)制定谈判方案。

3. 进行模拟谈判，时间控制在 30～50 分钟。

三、反馈与评价[①]

(一)法律谈判的准备

1. 在谈判开始之前,你需要收集、调查哪些信息?如何收集、调查?请详细说明。

2. 请列出需要谈判的事项。

3. 请列出己方可用的文件材料、证据等。

4. 请评估你委托人的优势与劣势。[②]

5. 请评估对方委托人的优势与劣势。

6. 请确定并解释己方的最佳替代方案。

7. 预测对方的最佳替代方案,并解释你的理由。

8. 请确定己方的谈判目标。

9. 请解释己方准备采取的谈判策略。

10. 请拟定一份谈判方案。

(二)模拟练习自我评估:谈判准备

1. 在谈判中,你是否坚持了计划的谈判策略?如果是,你的谈判策略是否达到你所希望的效果?如果否,请解释是什么原因使你改变了谈判策略。

2. 对方采取的是什么谈判策略?这些谈判策略是否对你产生了影响?请解释。

---

① (一)的问题要求学生在法律谈判的准备阶段填写;(二)的问题要求学生在完成谈判的模拟演练结束之后填写。

② 可参照本章第二节中有关利益、权利、权力的评估表。

3. 你是否实现了计划的谈判目标？如果否，原因是什么？

4. 你认为在这次谈判中，你在法律和事实两个方面的准备是否充分？如果是，请列举一二；如果否，请说明哪些方面还可以进一步改进？

5. 你认为在这次谈判中，对方在法律和事实两个方面的准备是否充分？如果是，请列举一二；如果否，你认为对方在哪些方面有欠缺？

6. 如果你可以就该谈判事项重新进行一次谈判准备，你会在哪几个方面进行调整？理由是什么？

第三章 法律谈判开局与初次报价

俗话说，良好的开始是成功的一半。谈判开局会对谈判进程、谈判结果产生重要影响。“第一印象”的效应，不仅出现在人们的生活中，同样也存在于法律谈判中：良好的谈判开局能推动谈判的顺利进行，为谈判成功奠定基础；糟糕的谈判开局很可能使谈判陷入僵局，或使谈判者处于非常被动、不利的地位。而谈判的初次报价，有些会出现在开局之初，也有些会在双方进行了一定的信息交换之后；且不同的谈判策略下，谈判者初次报价的方式也会有所不同。

第一节 法律谈判开局

谈判议题的不同、谈判者的不同，意味着没有一次法律谈判的开局会是相同的；而基于法律谈判的多样性，对“谈判开局”做一个清晰的界定，似乎也并非易事。[①] 但通常认为，法律谈判开局至少应着力于以下几个目标：一是与对方建立良好的关系；二是获取信息；三是界定谈判参数。

一、与对方建立良好、信任的关系

尽管在大众的印象中，有律师介入的交易、争议等，如同一场没有硝烟的战争，充斥着要求、争论、威胁、最后通牒等，但在真实的法律谈判中，这种场景其实很少见。首先，只有少数律师能够掌控得住此类情形下的谈判优势；其次，更为重要的一点是，这种方式除了疏远对方当事人和谈判者、促使他们寻求替代方案外，再无其他作用可言。[②] 不可否认，这种从谈判一开始就展现出来的咄咄逼人的气势，在某些情况下可能确实会产生效果，但在大多数情况下，它对谈判的推进并无益处。大多数谈判是建

---

① Donald G. Gifford, *Legal Negotiation: Theory and Applications*, West Group (1989), p73.

② [美]X. M. 弗拉斯科纳、H. 李 · 赫瑟林顿：《法律职业就是谈判》，高如华译，法律出版社2005年版，第66—67页。

立在着重于妥协和合作解决冲突的基础上。因此与谈判对方建立良好、信任、健康的关系，对谈判的成功非常重要。

可能会有人问，如果谈判者在谈判中采取竞争型的谈判策略，是否还有必要与对方建立良好的关系？答案是：当然。采取竞争型的谈判策略，并不意味着谈判者必须将自己和对方置于完全"敌对"或对抗的状态。尽管，谈判者所采取的谈判策略在一定程度上会影响到谈判双方的关系：如采取竞争型策略的谈判者很可能会因为报价极端、很少让步、经常否定对方意见等，使双方的关系变得不太和谐或愉快，甚至使谈判陷入僵局；而采取合作型或解决问题型谈判策略的谈判者，他们的关系显然要融洽、友好许多。但谈判双方间的关系并不完全等同或取决于谈判策略。不管是什么样的谈判，也不管采取什么样的谈判策略，对谈判者而言，之所以会坐到谈判桌前，是因为对方能够提供满足委托人需求的事项；同时为了给委托人争取尽可能多或者说至少是公平、合理的利益，谈判中的竞争同样不可避免。因此，即使在竞争型谈判策略下，谈判双方仍需通过合作才能促成协议。而谈判者之间良好的信任关系，显然有益于谈判者实施其既定的谈判策略：基于双方间的这种信任，谈判者通常会更乐于与对方合作，也更乐于通过交流而促成协议。优秀的谈判律师往往能够在与对方保持良好关系的同时，最大限度地实现委托人的利益。

在法律谈判开始之初，为营造良好的谈判气氛，建立相互信任、和谐的关系，谈判者应注意以下几点：

1. 心平气和，坦诚相见。无论谈判双方的身份、地位、观点和要求有何不同，也不论双方之前是否有成见，一旦进入谈判，就意味着双方共同选择了协商与合作的方式来解决问题。这就要求谈判者抛弃偏见，全心全意地致力于谈判，而不是以对抗心理开始谈判。[①]

2. 通过寒暄，营造融洽的谈判氛围。谈判气氛是谈判者之间的相互态度，它会影响到谈判者的心理、情绪和感觉，进而影响谈判进程。积极、合作的谈判气氛，会促进谈判朝协商一致的方向发展，而对立、紧张的谈判气氛，往往会使谈判陷入僵持、对抗的境地，使得谈判双方很难通过协商解决问题。谈判气氛的形成，大多取决于谈判开局阶段短暂的交流：谈判者初次见面时的话语、表情、眼神等，都在向对方传递着信息，同时也被对方接收、回应着。因此，在谈判开局阶段，谈判者可以通过并不涉及谈判议题的寒暄，向对方传递积极、友好的立场和态度，营造融洽的谈判氛围，以推进谈判的顺利进行。

3. 从双方有共识或分歧较少的议题入手。双方分歧明显的议题，不仅会影响到谈判氛围，而且会阻碍谈判的顺利进行。因此尽管这些有分歧的议题不可回避，但在谈判开局阶段，不管是为营造一个良好的谈判氛围还是为培养双方的信任关系考虑，从

---

① 周庆林：《谈判口才训练与实用技巧》，海潮出版社 2013 年版，第 61 页。

双方有共识或分歧较少的议题入手，显然更为合适。若首先谈及分歧较大的议题，相左的意见和争论很容易使双方对立起来，而这种对立的"第一印象"一旦形成，容易影响到后续的协商。反之，如果一开始讨论的是一些有共识或分歧较少的议题，那么双方就更有可能建立起友好、信任的关系，而这种信任关系对那些分歧较大的议题的解决，有着积极的作用。

当然，这种良好、信任的关系并不是建立在一方的过度妥协和退让基础上的。如果谈判一方为求得一项协议而在开局阶段表现得过于迁就或退让，其换来的往往是对方更具竞争性的要求，而不是相互合作、信任的关系。过度的退让和妥协，常常会被视作没有自信、软弱的表现。因此谈判者在开局阶段不应为了协议或谈判成功而过度退让。这不仅会损害到委托人的利益，也会影响到谈判者在业界的名声。良好的谈判关系是建立在相互尊重、信任和谅解基础上的，谈判者在表示己方的友好、合作的同时，也要坚守住自己的原则和目标，做到不卑不亢，循势而进。

二、获取信息

获取信息是法律谈判开局的一个重要功能。在报价之前，谈判者都会披露一些有关己方委托人的需求和期望的信息，同时希望了解或获悉对方当事人的相关信息。换句话说，信息的披露与获取，一般都会发生在初次报价之前。除此之外，谈判者还可以通过谈判开局阶段的交锋，了解对方谈判者的谈判风格和能力，以便在接下来的谈判中进行更好的应对和调整。

（一）观察、了解对方谈判者

尽管在谈判准备之初，为确定谈判时间、地点或了解相关信息等，谈判者之间可能已经有过初步的接触和交流，但这些交流大多是通过电话、文件等方式进行的，而谈判的开局很可能是谈判双方第一次进行面对面的交流。因此，除了给对方留下良好的第一印象外，谈判者更需要通过开局阶段的寒暄、交流，来观察、了解谈判对方的特点、能力和谈判风格。谈判者在谈判之初的语言表达、肢体动作、神情等，不仅能反映出他的谈判经验和技巧，还体现了他的素质和谈判风格：一个不善于寒暄或者对对方的寒暄不能应付自如或者见面之初就直接切入"正题"的谈判者，大多是谈判新手；经验丰富的谈判者，为了谋求双方的合作，在谈判之初通常会讨论些一般性的问题，或倾向于探求双方的优势和劣势而不是急着提出自己的要求和主张；一个在谈判之初就滔滔不绝、列出各种理由进行争辩的谈判者，通常会显得比较强势。此外，谈判者还要注意对方的说话方式：如果对方的说话语气很正式，那么，你的讲话就不能太随意，否则对方很可能认为你不够严肃；如果对方的说话语气较为随意，那么你也可以用一种轻松的谈话方式，这样让对方感觉更舒服。

当然，也有一些谈判者在此次谈判之前，相互间已有过交锋甚至相当熟悉。在这种情况下，谈判者所需要做的是，基于自己与对方打交道的过往经验，结合对方在谈判之初的表现，预测并判断其在未来谈判中的真实意图和行为；但同时，谈判者要注意并避免自己陷入被预测的境地，因为一旦自己的谈判方式模式化、具有完全的可预测性，那么它将给谈判者和委托人带来非常不利的后果。有位律师在人身损害赔偿案件中的标准处理模式，就是要求他实际希望解决问题的金额的3倍，他因此被称为“三倍”律师，只要该律师第一次提出赔偿要求，那些熟悉他的人就知道在这起案件中他所能接受的最低和解金额。①

（二）获取信息

不管是交易型谈判还是解决争议型谈判，信息都是谈判者取得谈判胜利的关键，因此谈判者的一项重要任务就是尽可能多地从对方口中获取信息。那么如何在谈判开局阶段获取信息呢？

1. 提问。最简单和有效的办法就是提问：“你的委托人想要什么？”“这个最终由谁决定？”“你们什么时候能给出一个结果？”等。对于这些问题，绝大多数谈判者通常会给予简单的回答，哪怕这样做也许会对他们不利。② 谈判并不是谈判者对案件发表武断见解的时机，尽管很多新手律师会这么做。因此在谈判之初，不要过多地发表意见，而应多提问，因为“发表观点导致反驳，但提问题却获得回答”。③ 多提一些简单而宽泛的问题，因为宽泛的问题给了回答者更大的空间，以决定讨论主题的范围，同时促进信息的搜集。

2. 邀请对方提出要求。对方提出的主张和要求中，往往反映了他们的利益、立场，谈判者可以从这些要求中推断出对方最关心的利益、权利的依据和来源，甚至是对方的优势和劣势所在；若谈判对方在谈判之初提出了合同草案和其他一些列出初步要求的文件，那么通过对这些草案和文件的分析，也可以获得对方有关谈判立场、最重要利益等方面的信息。

3. 向对手披露部分信息。在法律谈判中，信息的交流并非单向的，谈判者在寻求从对方处获取、确认相关信息的同时，要基于互惠，向对方披露部分信息，否则很可能会导致谈判一开局就陷入僵局。采取合作或解决问题型谈判策略的谈判者，在谈判之初通常会主动披露一些信息，这样不仅有利于培养友好、信任的关系，而且也有利于对方了解你的立场和利益，为下一步提出报价或解决方案的合理性评估打下基础。即便是采取竞争型谈判策略的谈判者，适度地披露信息也是必要的，一来这是使得谈判能够顺利进行下去的条件，因为谈判本来就是在信息交换的基础上，为达成一致而协商

---

① ［美］X. M. 弗拉斯科纳、H. 李・赫瑟林顿，前引书，第68页。

② 同上注，第65页。

③ ［美］斯蒂芬・克里格、理查德・诺伊曼：《律师执业基本技能：会见客户、咨询服务、谈判、有说服力的事实分析》，中伦金通律师事务所译，法律出版社2006年版，第384页。

的过程；二来也有利于进一步获取对方的信息。当然，谈判者要学会识别哪些信息可以在开局阶段进行披露，哪些信息更适合在后续的磋商阶段披露，以及哪些信息需要保密。通常，己方对谈判议题所持的立场、主要观点、能够体现己方谈判优势的相关信息都可以在开局阶段予以披露。

三、界定谈判参数

任何开局措施都具有一个重要功能，就是确定特定谈判的参数，也即通过谈判开局确定一些重要问题，如时间、目标、外部制约或有关和解金额等的谈判区间。尽管对于谈判律师而言，对谈判中的价格、金额、时间等重要问题的评估或预测工作，通常需要在谈判准备阶段完成，但是，即使律师的准备工作做得再充分，那也仅仅是律师在所获信息的基础上做出的预测，除非进入正式谈判，否则你不可能完全了解对方在这些问题上的立场。

确定谈判参数一个最常用的办法，就是邀请对方提出要约或开价。初次报价具有确定谈判最高限额或最低限度的功效。比如说，买方律师要求对方披露卖方可能接受的数额，如果卖方提出的最初报价为 80 万元，那么这 80 万元的报价就成了最高限额。对买方而言，他需要支付的最高限额应该要低于这个价格，这个报价也会使大多数人相信，通过谈判最终的成交价格可以降低。同理，如果受害方律师要求责任方给出他愿意支付的赔偿金，那么这个金额往往也就成为最低赔偿限额，对受害方而言，他所能获得的赔偿通常要高于这个金额。

基于初次报价所具有的锚定谈判价格区间的功效，有些谈判律师可能会开出一个不甚合理甚至极端的价格，但这样的初次报价很多时候不仅会被认为不现实、不合理，而且也会使对方认为你的谈判诚意不够；对方可能会在谈判时间有限或有其他替代性方案的情形下，选择结束或放弃谈判。因此，不管是邀请对方还是由己方做出初次报价，都存在着一定的利弊和风险。是否以及如何进行初次报价，本章第二节将做进一步分析。

四、谈判开局的常见错误

1. 泄密。谈判开局是双方的第一次正式交锋，不管在此之前，谈判双方是否有过联系、沟通，但有一点是肯定的，即他们所掌握的与对方相关的信息是有限的，尤其是关于对方对此次谈判的立场、期望、目标等。尽管谈判者事先进行过预测与评估，但仍需通过谈判开局阶段的信息获取来加以确认。为获得尽可能多的信息，使得己方在接下来的磋商过程中拥有更多的优势和决定权，谈判者会采取各种方式和途径。相应地，泄密也就可能成为谈判者在开局阶段较容易犯的错误。

获取和披露信息，是谈判开局的重要功能，也是谈判顺利进行的基础，因此并非所有的信息披露都属于泄密。所谓的泄密，主要指的是谈判者不恰当地披露了对委托人而言较为重要的、可能影响谈判进程或谈判结果的信息，如己方的重要利益、谈判目标、己方的劣势和在将来的协议履行中存在的障碍等。较为常见的泄密原因有：一是谈判者未进行充分的谈判准备。若谈判准备不充分，谈判者未能充分评估己方的谈判优势、劣势、谈判目标、替代方案等，在谈判开局阶段无法准确判断哪些信息可以披露、哪些信息应该保留，泄密也就不奇怪了。二是谈判者披露的信息过多。言多必失，若谈判者在开局阶段说得过多，那么在传递给对方的大量信息中，总会有些不当披露的信息，或能让对方从这些信息中推导出其所需要的、可能会影响谈判进程和结果的信息。

2. 没有核实重要信息，或者未获得足够的信息就采取行动。在谈判准备阶段，谈判者往往会通过询问、调查等方式，收集与对方当事人及谈判事项、对方谈判者相关的信息。而这些信息大多是通过间接渠道获得的，其真实性和准确性有待于确认。因此在谈判开局阶段，谈判者对其中的一些重要信息，需要通过有技巧的提问，向对方进行核实，而不能简单地依赖谈判开始前的预测和判断。未核实重要的信息，或未获得足够的信息就贸然行动、轻易报价或回价，往往会使自己陷入不利的境地。

3. 和对方进行争辩。在谈判开始之初，谈判者为了展现、确定己方的优势，强调自己观点的合理性，往往会同对方进行争辩，甚至在尚未完全理解对方意思之前，就随意地加以否定。对律师而言，这种情形尤为常见，因为他们通常都是一些竞争型的谈判者，在谈判一开始，就会有进行争论、威胁的倾向，继而步步升级，最终将谈判带入混乱之中。[①]

其实，谈判者在谈判之初的表现往往可以为整个谈判奠定基调。从谈判者的言谈举止中，对方很快就可以判断出你是有意达成一个双赢的解决方案，还是要尽全力为己方争取到最大利益。因此在谈判开始时，谈判者在表达自己意见、反驳对方观点和意见的时候，一定要十分小心，即使你完全不同意对方的说法，也不要立刻反驳。因为反驳通常只会强化对方的立场；所以你最好先表示理解或同意，然后再通过一定的方式来表述己方的意见。反之，你争辩、反对得越厉害，对方就会越坚持、越捍卫他的立场，结果很可能使得谈判无法再继续下去。

第二节　初次报价

何时做出初次报价？是否该首先提出报价？初次报价是否越极端越好？对这些

---

① ［美］罗杰·道森：《优势谈判》，刘祥亚译，重庆出版社 2013 年版，第 24 页。

问题，谈判者有着各自不同的立场。有些谈判者喜欢开门见山，寒暄之后即提出报价，有些谈判者习惯于将初次报价延至最后一刻；有些谈判者喜欢首先提出报价，而有些谈判者习惯于邀请对方首先报价；有些谈判者常常会开出极高或极低的报价，有些谈判者则倾向于适中的报价。是否以及如何进行初次报价，还取决于争议或交易的复杂程度、谈判者的谈判策略等，但毫无疑问，对法律谈判而言，初次报价至关重要。

一、何时做出初次报价

在法律谈判实践中，对于做出初次报价的"合适"时间，律师们的意见和做法并不统一。有些谈判本身就是基于一方的初次报价启动的：如涉及人身伤害赔偿纠纷的谈判，很多是从受害方律师首次提出赔偿金额之际开始的。而在许多交易型谈判中，谈判者首先做的就是通过开局之初的沟通，收集或确认尽可能多的信息，于是初次报价的时间被一再推后。但这并不是说在解决争议的谈判中应尽早做出初次报价，或者在交易谈判中应尽量拖延初次报价。初次报价的"适当"时机，取决于谈判议题的性质、谈判者对相关事实和信息掌握程度、对双方的利益与权利的评估等。如果谈判者对报价所涉信息有着充分的了解和掌握，对双方的优势和劣势做过确定的评估，那么即使是纯粹的交易型谈判，谈判开始之初就提出初次报价也并无不妥。谈判者需要注意的是，在无法确定最终可能达成的协议范围时，或在未了解和确认相关信息、对各方的利益和权利未进行充分评估前，别贸然提出报价。

二、是否首先报价

与何时做出初次报价相关的一个问题是："该由谁首先提出报价？"有些律师喜欢首先报价，因为那样或多或少会让他们有掌控谈判局面、先发制人的感觉；还有许多律师会拖延初次报价，等着对方先开口，因为他们感觉先于对方做出报价是己方处于弱势的表现。尽管在有些法律谈判中，通行的做法是由某一方首先提出报价，如在人身伤害赔偿谈判中，一般都是由受害人首先提出赔偿条件。但在许多其他的法律谈判中，并没有该由这方或那方首先报价的惯例；而且实践也表明，谁先报价与谈判的最终结果没有必然的联系。

首先报价的一个优点在于，你能够推测出对方的反应并相应地调整谈判策略。如果谈判对方对你报价的反应是"你这个报价高是高了点，但我们还是可以谈的"或"你这条件有点不合理，我们再商量商量"等，那通常表明你的报价在对方可以接受的范围内，至少也是比较接近对方期望的；如果对方在收到你的初次报价后，还以一个非常极端的回价，或者对你的报价反应强烈，有些甚至因此提出中止谈判或者取消既定的谈判议程，那么说明你的报价可能已经超出他的预期，需要进行调整。当然在第二种情形下，谈判者除了对对方的各种反应要有心理准备外，还要学会识别对方所表现出来的反应的真伪，因为有些时候那些极端的回价和愤怒的反应只不过是对方的谈判策略而已，目的就在于给你施压，或借此确认你初次报价的虚实。

首先报价的另一优势在于，如果你的初次报价足够可信且具有说服力，那么你的报价可能会成为下一步双方讨价还价的基础。如前所述，初次报价具有锚定价格区间的作用，但前提是该项报价的提出是经过深思熟虑、具有可信度的。如果你的报价只是随意提出、没有相应事实和理由予以支持，那么它所带来的后果，要么是对方因此认为你对谈判事项或相关信息并不了解、对报价没有确定的把握，因而罔顾你的报价，要么是对方认为你缺乏谈判诚意，进而以极端或不合理的价格进行回应甚至中止谈判。不管出现哪一种结果，毫无疑问，你的初次报价都无法起到锚定谈判参数的作用。当然，在实践中并不排除在有些法律谈判中，即使你的初次报价非常合理，但依然会被忽视或质疑：在这些谈判中，律师们已习惯于以极端的报价和回价开始谈判，然后进行拉锯式的讨价还价，最终或达到平衡或致谈判破裂，如有关人身伤害赔偿的谈判。①

但首先报价的风险在于，如果你不清楚谈判标的的价值，无法预测最终可能达成协议的区间范围时，首先报价可能会给你的委托人带来不利的后果：你的初次报价可能因为过分保守而导致委托人无法获得更大的利益，也可能因为报价与实际价值或对方的预期差距太大而被对方利用，导致不甚公平合理的协议。在这种情形下，邀请或鼓励对方首先报价不失为一个好方法。爱迪生与黄金和股票电报公司关于证券报价机的谈判就是一个很好的例证：②公司总裁问爱迪生，他的这一发明值多少钱？爱迪生希望能卖5 000美元，但若只有3 000美元也能接受。他当时有点紧张，认为这一数目太大，不敢轻易首先报价，于是他问总裁："如果请您出价，您会给我多少钱？""你觉得40 000美元怎么样？"这一报价让爱迪生欣喜若狂。最终他获得了远高于他期望的40 000美元。

总而言之，首先报价有利有弊。有时候，首先报价对你的委托人而言是有好处的，但有时候也可能是帮倒忙。如果你对谈判事项、各方的优势和劣势、可能达成协议的范围等有着确定的把握，那么首先报价很可能会为你赢得谈判的主动，掌控谈判的节奏。但如果你无法确定谈判标的价值、可能的协议区间时，最好鼓励对方首先出价，或者继续与对方沟通以获得尽可能多的信息。在法律谈判中还可能出现这样的情形，即己方尚未获得初次报价所需的足够信息，但又面临首先提出报价的压力，如双方都不愿意首先报价或对方显然占足了优势，此时一个极端且明显不合理的报价，与一个看似合理但又无法确定其是否可能对当事人带来不利影响的报价相较，前者显然要强一些。

---

① Donald G. Gifford, supra note, p98.

② 同上注，p97。

三、如何进行初次报价

虽然谁先做出初次报价与谈判结果没有必然联系，但研究结果也表明，一个有力且具有可信度的初次报价与做出该报价的谈判一方获得更好的结果之间的确存在关联性。[①] 因此，如何做出、评估初次报价非常重要。谈判者所采取的谈判策略不同，其进行初次报价的方式也有所不同。

（一）竞争型的初次报价

依竞争型的谈判策略，每一位谈判者都希望从有限的资源中为自己的委托人获得尽可能多的利益，因此谈判双方往往处于一种对抗的关系。就初次报价，他们通常所采取的策略是，要么不主动提出报价，要么提出较为极端的报价并尽可能降低对方对谈判结果的期望，从而为己方委托人争取最大利益；有些谈判者会提出许多要求包括一些虚假要求，甚至附加开始谈判的条件等。当然，在竞争型的谈判模式下，初次报价的可信度同样取决于报价的确定性和正当性。

1. 提出开始谈判的条件。有些时候，谈判者会先提出一些条件或要求，作为其参与或开始谈判的条件；如果该项要求得不到满足，则意味着谈判无法进行。如在损害赔偿纠纷谈判中，谈判一方可能会提出，决定其是否愿意坐下来谈判的前提是，对方承认对本次事件负主要责任；在租赁合同纠纷谈判中，出租方或提出开始谈判的条件是，承租方承诺租金不得低于原合同中的约定。当然，这类条件或要求通常只是报价的一部分而非全部。

将某项条件或要求作为谈判开始的前提的优势在于：首先，如果对方为了能开始或继续谈判而接受这一要求，那么至少就该事项，提出条件方不需要做出任何让步就已赢得胜利；其次，一旦对方同意这一要求，那么在谈判开始之初，条件提出方已取得一定的心理优势；最后，如果谈判者不看好谈判的最终结果或更倾向于采取其他争议解决方式，但又觉得有必要和对方说明他的想法，那么提出一个对方不可能接受的要求作为谈判的基础，也是一种平和的拒绝谈判的方法。当然，任何事情都有其两面性：如果这类前置条件遭遇对方拒绝，有可能导致谈判尚未正式开始就破裂；就谈判开始设置条件有强迫之嫌，没有给对方回旋的余地，显得过于强势，有时会导致谈判所需的信任关系缺失；如果提出的要求或条件在对方的要求或压力下被迫调整或撤回，不仅会拖延谈判进程，而且还导致降低报价方的可信度。

2. 开出较为极端的报价。极端报价是远超谈判目标和预期的报价。采取竞争型谈判策略的谈判者如果首先报价，往往会开出较为极端的初次报价。极端的初次报价很多时候会遭遇谈判对方的对抗，甚至一开始就使谈判陷入僵局，但这并不意味着极

---

① ［美］斯蒂芬·克里格、理查德·诺伊曼，前引书，第368页。

端报价是不可取的。一个远高于预期但并非完全不合实际的初次报价有它的价值和作用：[①]一是极端的初次报价，有时候能够影响或降低谈判对手对可能达成的协议范围的期望或预测。在谈判开始之初，由于对最终可能达成的合作或和解的条件和范围的不确定，一个虽然极端但具有一定可信度的初次报价能够起到锚定最后协议范围区间的作用。极端的初次报价其实隐含着一种威胁：如果谈判不以此报价为基础，那么就没有和解或协议可言。尽管从理论上说，一位事先对谈判议题及可能的合作或和解协议范围进行过充分评估的谈判者，不会受对方提出的极端报价影响；但现实情况却是，许多谈判者承认他们在谈判对方提出初次报价后，会调整或修改他们原本计划的报价条件。二是极端报价的另一个作用，是向谈判对方表明，自己并不是一个轻易就能对付的律师，而是一位强劲的谈判对手。一个极端的初次报价，不仅表明了报价者最初的强硬立场，同时还透露着这样的信息，他不会轻易做出让步。对谈判对方而言，这意味着只有经过漫长、艰苦且有成效的磋商，才有可能实现他的谈判目标。三是在谈判者对谈判议题了解不足或获取信息不充分的情形下，极端的初次报价还能避免犯低估委托人利益的错误。无论哪一方首先报价，若其报价远高于预期，那么就可以在一定程度上避免一个对其不利的协议。而且，一个近乎极端但却又有可信度的初次报价，让谈判者有机会从谈判对方处获得更多的信息，有时候甚至于能因此推测出对方的底线：如果对方对你的极端报价没有表现出特别的异议，而是回应说“尽管你这个开价有点高(低)，但也并非完全不合理”，那就意味着你很可能为你的委托人赢得远高于预期的收益。因此，一个极端的初次报价不仅可以让谈判者在谈判初期保护好己方的底线，不被对方识破或推算出，而且可以通过对方对初次报价的回应，获得一些有利信息。四是极端的报价给了谈判者更多的谈判空间，并借此获得对方的相应让步。初次报价与谈判目标的差距越大，意味着谈判者的让步空间、在后续磋商阶段的主动权、自由度也越大；他有更多地以让步换让步的机会，因此实现谈判目标的可能性就越大。

但是，与极端的初次报价同行的，还有它的风险：一是由于报价远超预期或合理范围，谈判对方可能认为你的报价太过分，没有任何可信度，进而完全忽视你的报价，这就意味着你的这一报价技巧根本就没发挥作用。更有甚者，极端的报价还有可能导致谈判力的转移，如果对方有足够的谈判实力不回应你的报价，而是迫使你重新报价，那么这第二次报价就相当于是一次让步：在对方尚未回价之前就做出让步，显然对己方不利。所以，谈判者在开出一个极端的报价之前，不仅要确认该报价具有一定可信度，而且要对己方和对方的谈判实力有一个充分的评估。二是一个极端的初次报价可能引起报复性的回价。过于强势或对抗的初次报价，可能导致谈判对手采取同样强硬的谈判策略：或以同样极端的回价进行回应，或在接下来的谈判中采取各类对抗性手段，隐藏或提供虚假信息甚至采取威胁手段，等等。三是极端的初次报价有可能使谈判陷

① Donald G. Gifford, supra note, pp100—101.

入僵局：若初次报价完全超出对方预期，可能会让对方觉得谈判律师不可理喻，导致对方不愿意和你这样的律师继续谈判；或者对方可能会觉得律师没有诚意，继续谈判毫无意义，从而使谈判陷入僵局甚至导致对方离开谈判桌，终止谈判。四是极端的初次报价有时候会让对方认为你有欺骗、忽悠之嫌，不是一个诚实可信的合作者或善意的争议解决者，进而对谈判双方的关系、谈判氛围、谈判者的个人评价带来负面影响；另外，一个极端的初次报价有时候还会被认为谈判者经验不足，或者对谈判事项准备不足而导致的。

3.附带着虚假要求的报价。或许是为了增加讨价还价的砝码、掩饰委托人的真实意图，有些谈判者会在初次报价中包含一些委托人其实并不在意的要求或条件，目的在于在之后的谈判中，将放弃这些要求视为己方做出的让步，以换取对方在一些己方真正感兴趣的问题上的让步。如果谈判者能让对方相信，这些所谓的要求或条件对报价方来说是重要的、放弃它们意味着着重大的让步或牺牲，那么他就有可能赢得委托人真正在意的利益。

但此种谈判策略也有可能"引火烧身"：如果对方做出让步"成全"你的这些要求，同时要求你在其他事项上做出让步做为回应时，不管他是真心还是有意"将错就错"，情况就会变得比较棘手。而一旦对方识破这只不过是你的谈判策略，是"烟幕弹"而非真实的需求时，那么你作为谈判者的可信度就会受到影响，对方很自然会怀疑你在接下来的谈判中提出的各项要求、做出的各类陈述的真实性。因此，如果谈判者经常采用这种谈判策略的话，不仅效果会大打折扣，他自身的声誉也会受到影响；而且，有时候这种虚假的陈述或要求，严重的话甚至会牵涉到谈判律师的职业道德问题。[①]

4.博尔韦尔式的报价。[②] 除提出较为极端的初次报价外，还有另外一种显然是竞争型的报价技巧，即"博尔韦尔式"报价：谈判者提出一项报价，并确信它是达成一项合理协议的基础，并拒绝做让步。换句话说，此类报价与先提出一项较为极端的报价然后再做让步的方法不同：采取博尔韦尔式报价的谈判者一旦提出报价，便拒绝做出任何让步或调整，他采取的是"要么接受要么走人"策略，也即我们通常所说的"一口价"。

博尔韦尔式的报价通常会被报价方自诩为"公平、合理、最终"的报价。这类报价有它的优势：减少来来回回的讨价还价所带来的无休止的争论、拖延和人力物力的浪费。在一些小案件中，采用博尔韦尔式的报价方式从经济角度考虑是非常不错的；而且，此种报价方式增加了报价方的谈判力，因为它让谈判对方相信，他不可能通过争

① 关于法律谈判中的伦理道德问题，详见本书第七章。

② 博尔韦尔式报价是以美国通用电气前副总裁莱米尔·博尔韦尔名字命名的，他曾经于20世纪50年代的劳资谈判中使用这种谈判策略。当面临工人罢工事件时，博尔韦尔在与国际电工工会谈判时声称，公司已经充分评估了工人们的要求，并且在谈判桌上提出了公司确定的"首次、公平、确定、最终"(first, fair, firm, final)的报价，并拒绝做出让步。

论、威胁或其他的谈判方式，获得比这更好的结果。① 但是，博尔韦尔式的报价也有风险：首先，它容易使谈判陷入僵局。大多数谈判者都预期谈判双方会在各自的最初报价基础上，通过让步达成妥协；如若其中一方不愿进行任何让步，谈判就容易陷入僵局，尤其是在谈判者并非当事人而是委托律师的情形下：如果报价方拒绝做任何让步或妥协，对方谈判者就无法向他的委托人展示他是通过讨价还价才最终获得交易或和解方案的，那么谈判者之间的关系很可能会受到影响，对方谈判者没有其他办法，只能将这种不良情绪发泄到报价方这里。其次，这种一口价的可信度也会遭到怀疑。除非对方相信，你的这个报价是确定的、公平的，否则，这种出价方式就会失败。如果谈判者采取“一口价”的报价策略，那么在后续的谈判中，他必须坚持这一报价而不做任何让步，除非有令人信服的理由；否则，一旦他做出让步，那么不管是在此次谈判中，还是在未来的各项谈判中，他的“一口价”策略无法再令人相信。

因此，谈判者若想采取“一口价”的报价策略，需具备三个条件：一是你有充分的信息足以合理证明你的报价优于对方的最佳替代方案；二是你要让对方相信，你的报价优于他的最佳替代方案；三是你要让对方相信，你绝不会再做任何让步。如果你提出一口价但最终失败了，那么你必须做出让步，而这显然会损害你的可信度；或者你继续坚持初次报价拒绝让步，然后不再谈判转而寻求实现你的最佳替代方案。②

5. 报价的确定性与正当性。竞争型谈判模式下的初次报价，其效果很大程度上取决于报价的确定性和正当性。初次报价的确定性有三个层面的含义：一是初次报价有具体的条件和依据；二是谈判者不会轻易就初次报价做出让步；三是谈判者不得随意增加或提高报价条件。而谈判者对其报价正当性或合理性的阐释意在增加报价的可信度。

不管是极端的初次报价还是博尔维尔式的一口价，要使初次报价具有可信度，首先它得是一个具体的条件、具体的金额，有着具体的依据，而不是一个模糊、不确定的条件。不确定的初次报价会传递给谈判对方这样的信息：你的委托人对自己的诉求和底线并不确定，并随时准备让步。要使你的报价具有可信度，你还得给出具体的事实而不是单纯的结论。比如在一起房屋装修纠纷中，业主在提出修复、损害赔偿等多项请求时，必须确定他要求装修公司进行修复的时限、具体赔偿金额、赔偿依据等。如果谈判者不能给出一个确定的数字或条件，而是给出一个范围或者有选择空间的初次报价，那么等于告诉对方：谈判者愿意以该范围内较低的数额或条件成交。

初次报价的确定性还表现在，竞争型的谈判者一旦提出报价，通常都不太愿意进行调整。谈判者坚持其立场是为了让对方相信，他不会轻易改变最初的立场，因此为了避免谈判陷入僵局或破裂，对方需要改变他的立场。当然，谈判者立场的坚定性并

---

① Donald G. Gifford, supra note, p107.

② [美]斯蒂芬·克里格、理查德·诺伊曼，前引书，第 369 页。

不意味着初次报价是不可商量的。除了博尔韦尔式的报价，初次报价大多是具有弹性、有让步空间的。“你可以开出一个远高于预期的条件，但需要提醒的是，在开出条件之后，你一定要让对方感觉到你的条件是可以商量的。”[①]对方本来就认为你的初次报价有点极端，而你又坚持报价不让步，那么谈判很可能无法继续。

初次报价的确定性还意味着谈判者不得随意增加或提高报价。通常，在谈判过程中增加条件或要求，会被认为是违反谈判规则、缺乏诚信的表现。即使是采取竞争型谈判策略的谈判者，在提出初次报价之后一般也不会轻易增加新的要求或提高报价条件，因为这是一条高压线，触犯它的后果很可能是激怒对方，或者显得谈判者很没有经验和诚信。虽然法律并未禁止谈判中的出尔反尔行为，但这种做法显然会损害报价的可信度、破坏你和对方的信任关系。在谈判者提出报价之后，对谈判对方而言就意味着如果这一报价在其委托人所能接受的范围之内，那么就可以在此基础上进行讨价还价，努力达成对其委托人有利的协议，然后结束谈判。确定的初次报价使得谈判对方能够评估你的谈判立场，并据此决定是否可以继续进行谈判；如果你老是不断地、出人意料地增加要求、提高条件，那么对方律师就没办法进行评估。而且初次报价原本还暗含这样的意思，这个报价是你的委托人所能接受的；忽然之间你又更正说，你刚才提的这个条件，是你的委托人所无法接受的。这如何让人信服？又如何让谈判继续下去？因此，除非有新的、明显对谈判有重要影响的事实或信息出现，否则谈判者不应当提高报价的要求或条件。如果出现这种例外情形，谈判者也需要清晰并有逻辑地向对方说明你改变立场或报价的前因后果。

初次报价的可信度除了报价的确定性之外，还取决于谈判者对报价的正当性或合理性的阐释。即使是一项极端的报价，谈判者也应说明其合理性和正当性，否则这项报价就会被认为是谈判者信口开河、随意想出来的，也就不会对谈判对方产生效果。一项可信的初次报价，必须有相应的事实和理由进行支撑：比如在人身伤害赔偿纠纷谈判中，受害人的律师在提出具体的赔偿金额的同时，必须说明受害人的损伤情况、已经产生的医疗费、护理费、误工费、交通费，后续的医疗费、康复费用、伤残赔偿费、精神损害赔偿，还有支持这些费用的法律依据，等等。由相应事实和理由支撑的初次报价还有一个优势，就是一旦在谈判后期出现新的情况或信息，谈判者想要变更甚至提高其和解条件或要求时，也可以有充分的理由和依据加以说明和辩解，而不至于影响其谈判力和诚信度。

(二)合作型的初次报价

合作型的谈判通常基于双方间的信任关系，希望通过互让互利最终达成一项对双方而言都较为合理和公平的协议。因此，与竞争型的报价相较，合作型的初次报价有

---

① [美]罗杰·道森：《优势谈判》，刘祥亚译，重庆出版社2013年版，第5页。

两个特点：一是谈判者的报价相对较为适度、合理；二是谈判者通常会借助一些客观标准来说明其报价的合理性。

1. 报价条件相对适中。对采取合作型谈判策略的谈判者而言，他通常会开出一个较为适中且对其委托人有利的初次报价。尽管这一报价大多时候依然会被谈判对方认为是超预期、只能勉强接受的，但与竞争型谈判模式下的极端报价相比，其条件或要求显然要温和很多。换句话说，合作型的初次报价虽然也高于报价者预定的谈判目标，但其超过的幅度有限，通常不会表现得很极端，而是一个相对适中的数额或条件。合作型的谈判者进行初次报价时通常会考虑：一方面，报价要适度而不过分，以便向对方表明，谈判者为双方能在合作基础上进行理性的协商而努力；另一方面，报价必须包含有充分的、允许谈判者让步的空间，以免其在后续的谈判中陷入被动或棘手的境地。

说实话，很多时候竞争型的初次报价和合作型的初次报价的分界线并不那么清晰，因为它们大多都超过了谈判对方所能接受的范围，所以这个时候，另一方对报价的感受和认定可能更关键。比如在人身损害赔偿纠纷中，如果责任方认为 12—15 万元的赔偿金额比较合理的话，那么当受害方律师开出 25 万元乃至更高的赔偿要求时，这样的报价通常会被认为竞争型的报价；若受害方提出 20 万元左右的赔偿金额，则很可能会被认为比较合作的。

开出一个适中而合理的初次报价的优势在于：它有利于促进谈判双方建立起信任、合作互利的关系；减少或避免竞争型的初次报价所可能带来的不利结果，如招致报复性的回价、谈判陷入僵局、双方信任度降低等。一个合作的初次报价通常可以避免这种结果的出现：原本可以达成一个对双方都有利的合作或和解方案的谈判，因一方的初次报价过于极端或苛刻而以失败告终。有研究表明，采取竞争型报价策略的谈判律师比起他们那些报价适中的同行，更容易陷入谈判僵局；而在实践中，有近三分之二的律师会在谈判中采取合作型的谈判策略，而他们比起那些偏好竞争型谈判策略的律师，其工作成效更有可能得到委托人的认同。①

2. 报价的合理与正当性来源于客观标准。对于合作型谈判者而言，论证初次报价合理性依据的是客观的参考或评判标准。客观的评判标准旨在说明谈判者提出的初次报价的真实性，并为双方达成一个公平合理的协议确定基础。当然，这些客观的评判标准取决于谈判者的勤勉和判断：如果是关于房屋租赁的谈判，那么周边区域的类似公寓或商铺的平均租赁价格就可以作为一个客观的衡量标准；如果是人身损害赔偿纠纷的谈判，那么现行立法或司法解释所规定的赔偿范围、赔偿标准或法院对类似案件的判决，就成了一个客观的参考标准。当然，有些时候与谈判利益无涉的中立第三方给出的意见，也可以作为判断初次报价是否合理、真实的一个标准。

除了依赖于客观标准外，合作型的谈判者还会努力证明其报价的公平性和合法

---

① Donald G. Gifford, supra note, p110.

性。因此,他们通常会更多地拿交易事项或争议中的事实,或者所要适用的法律作为依据。从整体上看,合作型的谈判者大多会避免通过初次报价来威胁或贬低他们的谈判对手。

(三)解决问题型的初次报价

大部分情况下,解决问题型的初次开价,实际上就是邀请对方在谈判中共同进行解决问题式的集体讨论。要想这种邀请变得有效,应当做好以下四件事情:(1)明确表示你希望在谈判中采取解决问题型的谈判方法。(2)识别你的委托人和对方的利益。(3)列出一个或多个能体现上述利益的解决方案。(4)为共同寻求其他选择方案敞开大门。①

与竞争型和合作型的谈判策略不同,解决问题型的谈判模式很多出现在谈判中、后期。也就是说,虽然也有谈判者在谈判开始之初就采用解决问题型的谈判策略,但更多的谈判者是在竞争型或合作型的谈判策略失效或遭遇挫折之后,才会尝试着通过解决问题型的谈判方法促成合作或和解。采用这一谈判策略的谈判者要向对方表明,你希望你们之间的谈判能跳出传统的立场式谈判的局限,由双方共同努力寻求解决方案。但需要注意的是,谈判者千万不要让对方觉得你将这种方式强加于他,你只是提出建议,希望通过这种谈判方式来解决问题。有些谈判者习惯于或对抗或合作的立场式谈判模式,对于这些谈判者,简单地灌输或争辩解决问题型谈判模式的好处并没有什么太大的效果。你必须通过交流、沟通,让对方觉得这种方法实际上能比立场式谈判更能满足他们的利益。因此,采用提问、讨论、建议等方式,将双方之间的交流转化成对如何契合双方委托人真实利益和需求的考虑,而不仅仅是针对双方谈判立场的交流,是解决问题型谈判者首先需要做的。

解决问题型谈判模式下的初次报价,通常发生在谈判者之间进行较为深入的信息交换之后。信息的收集和交换过程,是向对方澄清己方委托人需求的过程,也是识别对方委托人最根本、最真实利益的过程:向对方准确、具体地阐述己方委托人的需求,一方面可以让谈判对方知晓、理解己方委托人的需求,以便对方能有效地参与到提出和评估一项能满足双方委托人需求的方案中来;另一方面,也是希望或鼓励谈判对方阐释他们的真实需求作为回应。在这一过程中,谈判者要尽量避免过早地对对方的立场、需求做出判断或下定论,这不仅会影响到双方的协作关系,而且还会伴之以来来回回的讨价还价,而这些讨价还价因其并不是以真正了解双方的利益和需求为基础,因此很少能做到契合双方各自的需求,自然收效甚微。双方通过对信息的筛选、分析,可以帮助谈判者提出既能满足对方真实需求,又对己方委托人有利的建议或方案。

在对委托人的利益、各项需求和愿望等信息进行交换、沟通之后,谈判者需要做的

① [美]斯蒂芬·克里格、理查德·诺伊曼,前引书,第 376 页。

就是寻求能够契合双方当事人最根本需求的解决方案。这个过程可以通过两种途径实现：一是由谈判一方提交一个或一系列预先拟定的方案，交另一方考虑、修改；二是双方的谈判律师，连同他们的委托人一起，共同拟定一份能最大限度满足各方利益的方案。

如果方案是由一方谈判者拟定的，那么提议者在介绍解决方案的同时，需要解释方案的合理性：方案体现了己方委托人的利益和需求，而这些利益和需求的正当性和合理性源于客观的标准，包括法律依据、行业规则、当事人原先的约定、市场的要求等。方案同时要体现提议者所理解或识别的对方当事人的利益和需求：若你想要对方认同你的利益所在，那么你应当在一开始就表示你认同对方的利益所在，这样即便你对他们利益的识别有所偏离，对方还是会对你站在他们的立场上考虑问题心怀感激。① 当然，解决方案首先应当有具体的建议，一来说明你对达成代表双方利益的解决方案进行了认真考虑；二来表示你对对方利益的认可并不是嘴上说说而已。但需要指出的是，不要在你提议的解决方案中描述过多的细节，否则对方会认为你已经认定了这个方案，你是希望你的初次开价为双方共同解决问题打开一扇门，而不是专注于某些细节问题。

如果谈判双方的选择是，大家一起共同拟定能使双方利益都最大化的解决方案作为谈判基础，那么就需要双方坐下来进行“头脑风暴”(brain storm)式的集体讨论。双方可以把各自的利益、喜好、愿望，还有对谈判事项的争议和分歧都一一列出，如在某购物中心商铺的租赁谈判中，出租方考虑的事项有每平方米的租金要保证在扣除相关成本之后尚有较高的利润回报率，大厦同类商铺租金的统一性，大楼商铺的出租率，承租人的声誉、稳定性，承租人所经营的项目要能吸引大量的顾客来购物中心，承租人不能额外要求出租人增加不必要的服务，大厦经营项目的多样性，等等；而承租方考虑的事项包括希望最初几个月租金能低一些，购物中心的面积，要有 3～10 年的租赁期，购物中心的安保工作，有足够的停车场地，所租商铺的面积至少在 1500 平方米之上，购物中心的水电供应，购物中心有丰富的管理经验和较高的管理水平，等等。双方可以就这些事项进行充分讨论，然后共同拟定出一份解决方案。如果没有一个已知的方案可以满足双方所列出的所有需求，那么很可能要对罗列的这些事项进行调整或修改。当然，谈判者也可以带着各自认为兼采双方当事人利益和愿望的建议方案开始这一共同寻求其他选择方案的过程。

不管是由谈判一方提出一个或多个方案，还是双方共同拟定一份方案，这种综合性方案的表现形式通常为：(1)搭桥式的协议。桥接双方当事人的需求，满足他们一系列根本利益。(2)滚木式协议。双方互相迁就，或者在不同的议题上以让步换让步。(3)降低代价协议。减少一方当事人为满足对方要求所做让步对其造成的不利后果。

① [美]斯蒂芬·克里格、理查德·诺伊曼，前引书，第 377 页。

(4)补偿协议。向促成协议而答应对方提出的让步要求的一方提供实质性补偿。[1]

四、如何回应初次报价

虽然说,理想的谈判是一方开出一个较为公平的报价,另一方以合作的态度做出回应,然后双方在此基础上进行磋商、让步,最终达成协议。但是,理想是美好的,现实是残酷的。很多时候,回应对方的报价,可能比首先报价更需要技巧。

1. 不要轻易接受对方的初次报价。不同的谈判策略下,会有不同的初次报价;但不管采取何种谈判策略,请记住一点,不要轻易接受对方的第一次报价。很多时候,当对方的初次报价远不如预期时,谈判者确实不会轻易接受报价;但当对方的初次报价优于他的谈判目标时,会有不少谈判者选择欣然接受。其实,不管是从委托人的利益、谈判者还是双方未来的关系而言,谈判者都不应该立刻接受对方的第一次报价。

如果对方的初次报价远超出了你的预期,比如,在人身伤害赔偿的谈判中,你初步评估你委托人能获得 10 万元左右的赔偿金额。出于意料的是在谈判开始之初,对方提出愿意向你的委托人支付 12 万元的赔偿金,以了结此事。那么问题来了,出现这种情形的原因有三种:一是你自己低估或错估了谈判情势;二是对方采取了合作型的谈判策略,同时对谈判情势的评估有点偏低,因此做出了高于你预期的、对你非常有利的报价;三是对方采取的是竞争型的谈判策略,但由于他对谈判情势的错误估算,所以给出了一个对你非常有利的报价。不管是哪种可能,立刻接受对方的报价都不是一种明智的选择:如果是你自己错估了谈判情势,那么接受对方的第一次报价会让你失去修正错误判断、为委托人争取更多利益的机会。如果你相信自己没有错判情势,因此以“这个报价很合理”或者“基于你的和解条件,我想我们很快就能达成协议”进行回应,那么对方显然会认为他没有必要再做出任何实质性的让步,因为你的回答明确无误地告诉对方,他的初次报价已经接近甚至超过了你委托人的最初预期。如果你再表现得兴奋一些,毫无疑问,对方肯定会觉得一定是哪里出了问题,他或许很快就意识到他对谈判情势的判断有误,进而收回他的报价或者在接下来的谈判中表现得很不合作。即使事实上对方并没有误判,可你立刻接受报价的反应,也还是会让对方感到有些郁闷:他会认为他本来可以做得更好。罗杰·道森就有过这样的亲身体会:他在华盛顿州伊顿维尔买了一块 100 公顷的土地,卖方的报价为 18.5 万美元,罗杰仔细分析了那块地皮之后发现,如果可以把价格砍到 15 万美元,那将是一笔非常好的生意。于是他界定了价格范围,然后请不动产代理商向对方报价 11.5 万美元。按照他当时的想法,对于这么低的报价,如果卖方肯还价,就已经是非常意外了。结果令他吃惊的是,几天之后,卖方就给他寄来了报价单表示愿意接受他的报价和交易条件。罗杰依然肯定这是

---

[1] Donald G. Gifford, supra note, p115.

一笔好买卖，因为一年之后他卖掉了其中的60公顷土地，收回了他的投资；然后又卖掉了20公顷，价格等于他当初购买100公顷土地的全部金额。但说起当初卖方接受他的11.5万美元报价时的感受，罗杰说本来他应该会想，“哇，这可真是太棒了。我不可能把价格降得更低了”，但事实是，他当时的想法是“我本来可以做得更好”。[①] 显然，这样的情绪对后续的谈判以及未来协议的履行都可能带来风险，或者至少，它让谈判者的感觉不那么好。

2. 如果对方的初次报价对你的委托人非常有利，谈判者该如何回应？首先最关键的是，你得确定你是想采取竞争型还是合作型的谈判策略。如果对方的初次报价对委托人比较有利，且委托人和你希望与对方保持良好的合作关系，或想尽快达成协议结束谈判，那么合作型的回应会更为合适。对对方报价进行合作型的回应时，应大方、明确地表达对对方的合作和善意的肯定，但同时强调双方尚需进行进一步的协商。这样的回应，一方面有利于谈判的进行和双方间良好关系的维系；另一方面也可以在很大程度上消除对方怀疑其错判情势的可能。同时，万一谈判者发现是自己错估了谈判情势，这样的回应也为己方纠正错误留下余地。

但如果谈判者意在采取竞争型的谈判策略呢？竞争型谈判策略的目的在于降低谈判对方对谈判情形的评估和期望，因此不管你实际上是否窃喜于对方提出的初次报价，你都要表现出不容置疑的反对，指出这项报价的不合理。可能有人会问，这样的回应是否有撒谎或违反律师的职业伦理之嫌？但通常认为，如果不是对案件事实本身的虚假表述或故意隐瞒，并不构成对职业道德的违反。关键是，你自己要判断，假意对一个你的委托人显然非常乐意接受的报价表现出无法接受，是否与你对职业法律人的理解相一致？如果这样的做法有利于为你的委托人赢得更多的利益，而且也不违反律师职业伦理，你是否会拒绝采取这样一些在你褪去律师身份时可能不一定认可，或者让你感觉不太舒服的做法。当然，对一个显然高于委托人预期的报价予以对抗性的回应，也有一定风险：对方可能清楚地知道这样的报价对你的委托人而言是有利的，之所以提出这样的报价，目的在于尽快达成协议、解决纠纷，或者借此与你的委托人保持良好的合作关系。而你的非合作式回应，有可能会令对方在接下来的谈判中采取不合作的立场，甚至于收回他的初次报价。

3. 如果对方的报价远低于你的谈判目标甚至底线，谈判者又该如何回应？虽然直截了当地告诉对方他的报价实在太出格、不可理喻，根本无法接受，也是一种做法，但这样的回应通常会引起对方的抗辩，进而将谈判带入互相对抗、“火药味”甚浓的氛围中。因此较为可取的方法是，你应当问对方他的这一报价的合理性或正当性：“为什么他会提出这样的条件或要求？”“是否有具体的依据？”“依据是什么？”等等。通过这样的问话，你可以将谈判推进到对有关事实或信息的讨论或沟通中，而弱化这一极端初

① [美]罗杰·道森：《优势谈判》，前引书，第15—16页。

次报价带来的影响。但有时候也可能有这样的风险，你的询问反而坐实了对方的初次报价。①

另外还有一种回应的方式，就是忽略对方的不利报价，提出一个新的报价作为回应。你的回价有两种选择：一是回以一个同样极端的报价，在两个报价之间确立一个较为公平的中间点，以作为未来谈判和协议的基础；二是提出一个公平、合理的回价。但需要提醒的是，如果谈判者选择以公平、合理的报价进行回应，最好先确定对方也是一个合作型的谈判者，否则你的这种善意和合作意愿不仅起不到应有的效果，反而会被对方所利用。所以，面对一项较为极端的报价，谈判者可以以合作、理性的方式加以回应，但一旦发现对方并不信任你的合作和善意，或并不准备采取同样的合作立场时，那么你就该当机立断停止或改变你的合作策略，直至对方改变立场。

4.如果谈判者采用的是解决问题型的谈判策略，那么他通常不会直接就谈判对方所提出的报价进行回价，而是通过探询对方报价背后的理由，将对报价的回应过程转化为讨论、收集相关信息、识别对方真实利益和需求的过程，之后提出一个能够契合双方当事人最根本需求的解决方案作为回应；或者和对方一起共同拟定一份能够体现双方最真实利益的方案。而对解决问题型谈判者最初的提议方案的最好回应，是与对方进行有效的沟通、讨论，提供和评估涉及委托人最根本、真实利益和需求的事实和信息，优化和完善能契合双方真实利益的解决方案，以期达成一项能最大限度满足双方利益的协议。

第三节　模拟练习

《牡丹亭》主演之约

一、模拟事例

(一)基本信息

今年42岁的沈静雯是S市戏剧学院教师，国家一级演员、两届戏剧梅花奖得主。沈静雯出身梨园世家，12岁即开始登台演出；工昆曲闺门旦、正旦、刀马旦，师从沈传芷、张继青、蒋玉芳等著名昆曲演员。她扮相俊美、唱腔委婉动听，曾主演《长生殿》《牡丹亭》《紫钗记》《桃花扇》等经典剧目，尤以《牡丹亭》中的杜丽娘形象为大家所熟悉，当年更是凭借该剧获得她戏剧人生中的第一个梅花奖。八年前，因身体和家庭变故双重

① Donald G. Gifford, supra note, p111.

原因，沈静雯暂别舞台，后出国休养。今年1月，沈静雯重返戏台，出演了《燕归来》《扈家庄》《游湖》等昆曲传统折子戏，反响不错。她制定了系统的复出训练计划，希望借此恢复并提升自己唱、念、做、打的功力，以重现昔日绚丽的舞台形象。

自去年12月开始，省昆曲团就开始排演昆曲《牡丹亭》，作为今年全国戏曲艺术节的重头戏之一。扮演剧中主要人物杜丽娘的是近几年声名鹊起的昆曲新星、28岁的省昆曲团演员、去年的中国戏剧梅花奖获得者之一倪丽萍。由于奶奶喜欢看戏，所以在奶奶身边长大的倪丽萍从小就是个戏迷。凭借自己的天赋和努力，她取得了不俗的成绩。她不仅深受许多中、老年昆曲迷的喜爱，还拥有不少80、90后粉丝。与沈静雯相似，倪丽萍同样工闺门旦、正旦、刀马旦。不幸的是，就在上个周末，倪丽萍遭遇车祸，导致左腿骨折。医生诊断需住院两周，出院后还需卧床静养一至两个月。显然，在今年的戏曲艺术节上看到由倪丽萍扮演的杜丽娘已无可能。

全国戏曲艺术节定于下个月初开幕，为期两个月；《牡丹亭》被安排在开幕后第一周演出，演出场次暂定为两场，后续依市场的反应决定是否加演。《牡丹亭》演出的单场门票数为660张，价格分880元、580元、280元和120元4档，其中880元档占门票总数的15%，580元占25%，280元占40%，120元档占20%。两场演出门票均已售罄。在排演《牡丹亭》的同时，省昆曲团还编排了一台新剧《寻亲记》，主创人员的水平、演员的功力和名气与《牡丹亭》的不相上下。另外，昆曲团三年前曾从各地选拔了一批有潜质的小演员进行培养，目前已经有几位年轻演员初露头角，其中就包括20岁的旦角陈欣。陈欣虽未参加过《牡丹亭》的公演，但她在剧团内部的演出中试演过杜丽娘，并且获得了包括倪丽萍在内的省昆曲团多位老师的肯定和称赞。

省昆曲团负责人在得到沈静雯复出的消息后，赴S市找到沈静雯，就邀请其出演《牡丹亭》中的杜丽娘进行合作洽谈。沈静雯委托自己的律师朋友参加了此次谈判。

(二)保密信息

1.省昆曲团的保密信息。(略)

2.沈静雯的保密信息。(略)

(双方的保密信息由教师在模拟演练前另行提供)

二、模拟练习方案

(一)分组

学生2人为一个谈判小组，分别扮演各自的律师；也可以4人为一组，2人扮演委托人，另2人扮演律师。

(二)模拟练习步骤及要求

1. 阅读谈判材料：

(1)模拟事例的基本信息。

(2)己方委托人的保密信息。

2. 进行谈判准备工作：

(1)收集相关信息。

(2)评估各方的利益、权利等。

(3)制定谈判方案。

3. 进行模拟谈判，时间控制在30至50分钟。

三、反馈与评价

(一)法律谈判的准备

1. 在谈判开始之前，你需要收集、调查哪些信息？如何收集、调查？请详细说明。

2. 请列出需要谈判的事项。

3. 请列出己方可用的文件材料、证据等。

4. 请评估你委托人的优势与劣势。

5. 请评估对方委托人的优势与劣势。

6. 请确定并解释己方的最佳替代方案。

7. 预测对方的最佳替代方案，并解释你的理由。

8. 请确定己方的谈判目标。

9. 请解释己方准备采取的谈判策略。

10. 请拟定一份谈判方案。

(二)模拟练习自我评估：谈判开局与初次开价

1. 谈判之初，你和对方进行了哪些交流？为什么？

2. 谈判之初，对方说了些什么？这些话是否对你产生影响？为什么？

3. 在初次报价之前，对方是否披露了对你委托人有利的信息？如果是，你是如何获得这一信息的？

4. 在初次报价之前，你是否披露了对对方有价值的信息？如果是，你是在何种情形下披露的？

5. 谁首先提出报价？如果是你，请解释理由？如果不是你，也请解释邀请或等待对方首先报价的理由。

6. 如果是你首先报价，报价内容是什么？请解释理由？对方如何回应你的初次报价？

7. 如果是对方首先报价，你是如何回应的？理由是什么？

8. 你认为初次报价对这次谈判的结果有否影响？请解释理由。

第四章　法律谈判进行中

开局之后，法律谈判便进入磋商阶段。在这个阶段，谈判者会试着努力实践两个目标：一是说服对方同意对己方委托人有利的条件和方案；二是评估对方可能接受的条件和方案。[①] 因此，几乎所有的磋商过程，都伴随着信息的交换、讨价还价、妥协与让步、缩小差距，直至达成一致或因利益无法协调而致谈判破裂。

第一节　信息交换

一、法律谈判中的信息交换

法律谈判是谈判者为某些事项达成合作、妥协或和解而不断讨论的过程。在这一过程中，谈判者需要探究对方所需、所想，才能促成一份双方都能接受的协议，因此谈判的过程就是一个就对方所需、所期望的是什么等信息进行交流的过程。诚然，在大多数的法律谈判中，谈判者获取信息的途径和方式很多，包括询问委托人、询问证人、进行独立调查等，但谈判双方通过面对面的交流而直接进行的信息交换，无疑是其中至关重要的一环。很多时候，信息交换始于谈判之初，特别是在一些交易型的谈判中，信息交换常常先于谈判者的初次报价；而在另一些谈判中，对于一些实质性的信息，谈判者会选择在初次报价之后才予以披露。但不管是哪一种谈判，信息交换一旦开始，通常会贯穿谈判的整个过程。

尽管所有的法律谈判都会涉及信息交换，但在不同的谈判模式下，谈判者采取的信息交换方法并不相同。换句话说，不同的谈判策略会有不同的信息收集、隐瞒和披露技巧。

---

① Donald G. Gifford, *Legal Negotiation: Theory and Applications*, West Group (1989), pp141—142.

(一)竞争型的谈判策略与信息交换

在竞争型谈判策略下,谈判者往往通过减损对方对其自身谈判实力和优势的信心,降低其对谈判结果的期望,目的在于促成己方委托人利益最大化的协议或和解方案,所以对谈判者而言,信息交换的核心目的是获取对方的底线,也即对方能接受的最低要求是什么。同时,采用竞争型谈判策略的谈判者通常认为对方也会采取同样的竞争策略,也会尽可能地打探自己的底线,因此,谈判者又会极力隐藏自己的底线。于是,信息交换似乎成了一项竞赛,有的尽是博弈。

诚然,隐藏那些可能暴露谈判者底线或影响、削弱其议价能力的信息,或者对那些可能导致对方改变、调整其谈判底线的信息避而不谈,是竞争型谈判中的常见策略;但这并不意味着,竞争型谈判没有信息交换。尽管在竞争型谈判策略下,谈判者会尽可能披露对己方有利的信息、隐瞒对己方不利的信息,但在实践中,这种有选择性的"单边"(one-sided)信息披露实施起来颇有难度:尽管谈判者可以采取各种方式,仅披露对其有利的消息而隐瞒对其不利的信息,但这种界限分明、对己方过于有利或完美的信息披露,很可能因其倾向性过于明显,引起对方有经验的谈判律师的怀疑。即使谈判者成功地实施了此类信息披露策略,如果谈判对方事后意识到这类不公平或具有明显误导性的信息披露,谈判者的诚信度也会受到严重损害;"单边"信息披露策略还可能导致对方也采取类似策略,从而使得信息交换成为一种"自说自话"、没有相互交流的游戏。此外,如果是涉及诉讼的谈判,因为广泛的事实调查、证据开示、质证等,谈判者要想完全隐瞒对己方不利的信息很困难。因此在法律谈判中,除非一方拥有绝对性的谈判优势,否则仅披露有利信息的做法,很可能无法有效推动谈判进程:其实,适度披露对己方不利的信息,不仅是一种展示己方诚意、获取对方信任的谈判技巧,也是持续与对方进行信息交流并借此获取己方所需信息的有效途径。

(二)合作型的谈判策略与信息交换

采取合作型谈判策略的谈判者通常比较信任对方,希望双方在合作的基础上通过讨论、协商,达成一项对双方而言都较为公平合理的协议。因此,与竞争型谈判不同,合作型谈判策略下的信息交换,旨在鼓励、促进谈判双方进行全面而准确的信息交换。合作型谈判者同样会通过各种途径,收集尽可能多的相关信息,但其主要目的并不是利用这些信息来减损谈判对方的信心或期望,而是基于这些信息来促成对双方而言都较为公平的协议。因此,较之竞争型谈判者,合作型谈判者更愿意披露、共享信息,即使有时候这么做有可能减少他讨价还价的砝码。谈判者之所以愿意承担这样的风险,理由有二:一是要想促成对双方而言都较为公平的结果,那么就要获得关于谈判事项的全面而准确的信息,获悉各方最为关注哪些事项、哪些利益;二是披露信息是从对方处获得更多信息的技巧和途径,有效、公平的信息交换本来就该是一方披露信息,另一方做出回应,双方就相关信息进行交易、相互交换让步。

(三)解决问题型的谈判策略与信息交换

解决问题型的谈判,或由谈判双方集体讨论以拟定初步的谈判方案,或由一方提出和解草案或提议,然后由双方共同进行评估和调整,不管哪一种模式,为创造一个着眼于共同利益、努力融合各方不同利益的和解方案,全面、准确的信息交换无疑是不可或缺的。因此,与合作型的谈判相似,解决问题型的谈判同样鼓励谈判者之间进行自由的信息交换:在提议、创设能体现、协接谈判双方利益的框架性、综合性解决方案时,他们各自的需求、谈判目标、动机等各类信息都必须得到充分的交流和沟通。唯有如此,才可能使双方潜在的共同利益得以最大化。

二、信息的收集

不管是竞争型、合作型,还是解决问题型的谈判策略,信息收集都是法律谈判中必不可少且无法替代的一个部分。

(一)需要收集的信息

对谈判者而言,不管是在谈判正式开始之前还是谈判进行过程中,他都会想获取所有可能对谈判进程、对方的谈判行为以及最终的谈判结果产生影响的信息。具体地说,谈判者需要收集的信息可以分为两大类:一类是与谈判议题直接相关的,如对方可能提出的要求、对可能的和解方案或协议的预期、无法达成协议时的替代方案等信息;另一类是虽与谈判议题或争议没有直接关系,但同样会影响谈判进程和结果的信息,如对方谈判者是否为新手律师,是否缺少处理相关议题的经验,他平时是否特别忙碌,如果谈判破裂他是否会积极应对诉讼,等等。在谈判中,谈判者除了需要努力收集、填补与谈判议题相关的信息空缺、对方对谈判情势的感知和判断等信息外,对另一类信息的收集也应当给予足够的重视。

比如在一起卖场商铺租赁谈判中,作为承租方的谈判律师,他极力想获取的是能够帮助其推断出租人的底线和谈判目标的各项信息:是否还有其他人对这一位置的商铺感兴趣?出租人与其他商铺承租人的租赁协议内容是什么?商铺的营运成本如何?商铺的续租合同签订率是多少?为什么部分承租人没有续签合同?卖场的部分商铺空置对其他商铺的生意是否存在不利影响?部分商铺空置是因为其商业前景不够理想还是因为出租人真的想找合适又合意的承租人?又如在人身伤害赔偿谈判中,作为责任方的谈判律师,他所要获取的信息包括受害人的受伤程度、已支付的医疗费用、后续尚需进行的治疗、是否有相应的保险、保险公司所支付的费用、受害人的经济状况。因为这些信息能够帮助律师推算或预估出谈判对方的目标范围以及可能进行的调整。

(二)收集信息的方式

如前所述,信息收集并非始于谈判程序的正式启动:在谈判开始之前、在双方最初的沟通联系阶段，信息收集工作往往就已经开始。律师收集信息的方式有多种，包括会见委托人、证人，查询公共记录和资料，进行事实调查等，而我们这里所说的收集信息方式，主要指的是谈判双方在进行面对面交流时所采取的方式。

1. 提问。在谈判中，收集信息最直接有效的方式就是提问。对大多数人而言，面对他人的提问，他们或多或少都会给予相应的回答。在这一点上，接受过专业训练并从事法律实践的律师们表现得尤为明显：在学生时代，他们就需要回答法学院众多喜欢提问并等着学生回答的教授们一个接一个的问题；成为律师之后，又经常遭遇来自法官、律师同行以及委托人的各类问题；因此有问必答很多时候已成为他们的一个习惯。[①] 对律师来说，当谈判对方提出问题时，不做任何解释就拒绝回答是件很困难的事；而且在实际的谈判中，很多谈判律师在拒绝回答对方提问时常常会感到不安或不自信，即便他们已经解释了拒绝回答的原因。更何况有些时候坐在谈判桌前的除了律师，还有当事人或其他与谈判相关的人员，如专家、证人等，当谈判者提出某一问题时，律师虽然并没有给予回答，但其他掌握了与这一问题相关信息的谈判参与者很可能因为经验不足或其他原因而进行了回答。所以在谈判中，有提问必有收获。

当然，提问的方式不同，如提出的问题是宽泛还是具体、是开放式还是引导式，回答者回应的方式或回答的内容也会有所不同。因此，谈判者应当根据谈判的进程，双方所采取的谈判策略，对方谈判者是否乐于交流、分享信息等因素，采取不同的提问方式。通常，宽泛、开放式的问题有利于谈判中的信息收集，因为宽泛的问题给了对方更多更大的回答空间。因此，在谈判的初始阶段，谈判者对各个方面的信息都有所需求，或者讨论的议题所涉内容比较多的时候，提出类似“你委托人的看法是什么？”“你委托人打算如何处理此事？”“为什么你委托人会提出这样的解决方案，能说说理由吗？”等宽泛、开放的问题，往往能收到较好的回应。如果对方是一个愿意分享信息的谈判者，那么宽泛的问题会让提问者获得包含有众多信息的回答，而其中至少有部分内容是与谈判有关的，是提问者事先并不知悉或者并不确定的；如果双方都是采用合作型或解决问题型的谈判策略，那么宽泛的问题能够促进双方交换、共享许多有价值的、能促进谈判的信息。有时，宽泛的问题还有助于双方建立良好融洽的合作关系，因为宽泛的问题给予了回答者选择他希望进行交流和讨论的议题或内容的权利，他会认为他的委托人的利益和需求在谈判中得到了相应公平的对待或考虑，所以会乐于进行交流与合作。当然，在谈判进程的后半段，当谈判者已经获知大部分所需信息时，宽泛问题的效果可能就不如具体而直接的问题了。

当律师想就某一具体事项或问题与对方进行交流时，或者说当对方并不是一个乐于分享信息的谈判者时，一个相对具体而明确的问题就是不二之选了。与宽泛的问题相比，具体的问题虽然限制了回答范围，在信息收集的宽度和广度上有所失，但由于所

① Donald G. Gifford, supra note, p123.

提问题针对性强，被问者很难加以回避。类似“发生事故时你委托人的车速是多少?”“你委托人为避免这一事故的发生具体采取了哪些措施?”等具体而确定的问题，通常都能得到具体的回答。在谈判后期，当律师对谈判事项和议题、对方的期望和想法等已经有了较为全面的掌握和解读之后，提出几个具体而确定的问题以填补余下并不多的信息空缺，往往收效甚好。

此外，对于提问是直截了当好还是平和婉转些好，也要视情况而定。面对明确而直接的问题，回答者较难回避，有时候反而能收到意想不到的效果。“你委托人的底线是多少?”“那么你委托人下一步准备采取什么措施进行补救?”等诸如此类直奔主题的提问，很多时候可以换来相当具体且有价值的回答，特别是对手刚好是一位谈判经验不那么老道的律师时。不过对于此类特别直接的问题，也有不少谈判者会回避或拒绝回答，或者给予一个明显不真实的回答。如果对方真的予以拒绝或回避，那么你所需要做的就是对提问方式进行技术性调整。比如，将“你委托人准备支付多少赔偿金来解决这一问题?”换成“那么你委托人认为如果去打官司，法院会判他承担多少赔偿金呢?”，如果说对前一个问题，对方很可能因为问题太过直接而拒绝回答或回以一个并不诚实的数字；相对地，就后一个不那么直接的问题，对方给出一个相对诚实答复的可能性会大一些。[①] 需要指出的是，谈判中的提问再直接也不应该演变为质问。在庭审过程中一方律师在对另一方证人进行交叉询问时常见的引导式质问，在谈判中很少见而且也不合适。当然，这并不是说引导性的问题在谈判中就不能用，关键要看你如何采取一种合作且礼貌的方式提出此类问题。

2.有效倾听。提问的目的是为获取信息，因此在提出问题之后，谈判者尚需进行有效倾听。有效倾听并不仅仅是简单地听，它是一个综合的过程，包含有多个步骤：首先，谈判者要听清对方说的话。听清对方所说的每一句话，意味着要认真、仔细地听对方说了些什么。其次，谈判者要听懂对方所表达的意思。有效倾听，不是被动、消极地听对方讲述，而是要识别对方所说的内容，注意说话者的用词、语气语调，进而准确地解读对方所表达的真实信息和意图。再次，谈判者有时还需要通过复述或重申对方的意思来确认你所接收到的信息。确认你是否正确接收了谈判对方所传送信息的最直接、有效的方式，就是复述或重申你所理解的对方在讲述中所表达的意思，然后通过对方“是”或“否”的回答获得对所接收信息的固定或调整。最后，有效倾听还意味着就对方所表达的信息或意图进行回应。听清、听懂对方的真实意思是倾听的目的，但并非唯一目的；听懂对方的意思并做出适当的回应，是有效倾听的另一目的。

毫无疑问，有效倾听是谈判者收集信息的重要方式：(1)听清对方的话，听懂对方说话的真实意思，是正确识别对方立场、利益和需求的基础。尽管在谈判开始之前，许多律师都会进行相应的信息收集工作，但这些信息有相当部分都是间接的、第二手的，

① Donald G. Gifford, supra note, p124.

尤其是对方当事人内在的真实利益需求,很多时候并不一定能通过对外围信息的分析而获得。因此,谈判过程的有效倾听就成为律师识别对方真实立场最直接有效的方式之一。(2)有效倾听有利于谈判者补充、完善相关信息,减少或避免可能的差错和误解。向对方复述、确认你所听到、所理解的内容和意思,是一个固定、完善对方所释放信息的过程,其作用有点类似于诉讼中的交叉询问,且不会引起对方的抵触和回避。同时,确认信息的过程也是一个避免错误解读对方意图的过程,毕竟在法律谈判的实践中,这种不管是有意还是无意的误解并不少见。罗杰·费希尔就认为,误解是交流中的主要问题之一,“即使谈判者坐在同一间屋子里,相互间的交流也可能像大风中的烟雾信号一样令人难以捉摸。如果谈判各方使用不同的语言,产生误解的可能性就更大了”[①]。(3)有效倾听有时候会让对方乐意披露更多信息。有效倾听要求律师要集中注意力,仔细聆听对方讲述,并进行适时的回应,如间或着问一句“如果我没有理解错的话,你的意思是不是……”,这样的表现,会让对方感受到尊重,会因为有人倾听并且听懂其意思而感到满足。这无疑有利于培养谈判者之间的信任关系,而一旦建立起信任,谈判者就会乐意与对方分享信息。

在法律谈判中,有效倾听被认为是一项有利于促进双方合作的重要沟通技巧。[②]谈判律师虽然是基于当事人的委托才介入谈判,其自身大多与谈判议题没有直接利害关系,但谈判律师是人而不是程序化的机器,他在谈判中会因为感受或情绪的变化,而采取不同的谈判行为甚至改变谈判策略。这并不是说谈判律师比较容易情绪化、不够专业,而是指谈判者在谈判中的言行举止很可能会直接影响到谈判对方的回应。通常在谈判之初,尤其是那些解决争议的谈判,双方的情势往往是对立的,谈判者之间存在不信任、害怕甚至是愤怒的情绪,这样的情绪显然不利于合作或解决问题的协商关系的确立。但经验丰富的谈判者却能通过一些积极的谈判行为和技巧,在未就实质问题做出任何让步的情况下,就能达到缓和、融洽双方关系的效果。有效倾听就属于这类积极的谈判技巧。

3.沉默。通常,沉默被认为是一种消极的交流方式。殊不知,沉默其实是一种最容易被忽视的信息收集方式。许多律师都有一种倾向,习惯于说而不善于听。这或许是因为较之“听”,“说”似乎更能表现出主动、强势与掌控感,也更能获得委托人的肯定;也或许因为律师大多将谈判与磋商界定为一个高度紧张、令人焦虑的过程,因此不管出于什么原因,任何长时间的沉默或停顿都被认为是不正常、不能接受的,反映的是自己准备不足或者应对无方。于是,大多数谈判者会通过说话来填补那些空出来的、本该以沉默应对的谈判间隔。但,不管是哪一方,只要开口说话,就存在透露信息的可

① [美]罗杰·费希尔、威廉·尤里、布鲁斯·巴顿:《谈判力》,王燕、罗昕译,中信出版社 2012 年版,第 32—33 页。

② 关于有效倾听的技巧,详见本书第一章第三节“法律谈判的沟通技巧”。

能。因此，一名有经验的、优秀的谈判律师，应当是能恰当地运用沉默这一交流技巧的人。

当对方是一个健谈的谈判者时，沉默加上你的认真聆听，是鼓励对方把故事讲全、将信息披露完整的最佳方式。若谈话者觉得是他在支撑谈话和交流，是他在掌控谈判，那么他就很容易扩大谈话的内容和范围，他会寻找更多的信息来维持谈话的继续。如果对方是一个充满情绪的谈判者，那么你的沉默和聆听，很多时候会让对方在情绪发泄之后回归到正常的谈判中来，愿意就相关问题进行信息交流而不是抵触和争吵。如果你因为所掌握的信息不全、对谈判议题的理解、对自己的报价不太确定的时候，沉默加上适时的提问，可能会让对方揭示出关于谈判的许多重要信息，从而有利于你做出判断或调整谈判策略。如果你在提问之后没有得到想要的信息，或者你不赞同谈判对方的主张或观点时，你的沉默很可能会让对方感到压力。对方谈判者会觉得，你的沉默是因为他没能完全回答你的问题，或者他没有正确判断他的立场，为了避免继续沉默或尴尬，他可能会披露更多的信息，或者调整他的立场或观点。

当然，沉默不是回避，沉默是一种不行动的策略，采取沉默的谈判者都应有自己的理由。而当谈判对方开始沉默时，谈判者要避免试图填补或改变沉默的想法或习惯；如果你确实不想让对方的沉默继续，那么最起码要保持警醒并有意识地转换话题。①

4.质疑。如果谈判者对对方披露之信息的真实性有所怀疑，或认为对方仅仅选择性地披露了部分信息时，直截了当地质疑或挑战对方提出的要求、结论或方案，有时候也是一种获取真实、全面信息的方式。面对质疑，对方通常会为了抗辩、证明己方要求或立场的正当性而不得不披露更多信息，或展示一些重要证据和资料。比如在人身伤害赔偿谈判中，一方在提出赔偿请求时，一再强调其委托人所受伤害的严重程度、高额的误工损失和后续治疗费用等，而拒绝或回避就伤残等级、事故前的工资或收入金额、医疗费用构成等事项提供具体信息时，另一方律师可以改变谈判思路，不再进行询问，而是直接挑战对方所提出的赔偿金额，并要求对方提供工资或收入明细单、病历卡和医疗费清单等各类证据资料，以证明其赔偿请求的合理性。同样，在交易型谈判中，如果一方对另一方的报价或交易方案有疑虑但却又无法通过正常提问获得具体信息时，质疑对方的报价或方案，要求对方给予详细说明并要求查看相关文件资料，有时候会让对方或出于压力或为证明其报价的正当合理性而不得不展示更多信息。

5.解读非言辞信息。谈判中的非言辞信息除了说话的语速、语调、音量，还包括语间的停顿、省略、重复、含糊其辞以及说话者的面部表情、肢体动作等。非言辞信息在交流中发挥着非常重要的作用，它们不仅会对谈判者之间信息的发送和接收产生明显影响，而且还是谈判者获取信息、判断信息真伪的途径之一。对谈判者而言，法律谈判中较为危险的情形之一是对方貌似采取合作策略但实际上执行的却是竞争策略，而你

① [英]戴安娜·特赖布：《法律谈判之道》，高如华译，法律出版社2006年版，第79页。

在误判了对方的谈判策略后以完全合作的思路做了过多的妥协和让步。观察、解读谈判过程中的非言辞信息,有时候能够帮助谈判者辨别对方是真实的合作型对手还是在温和、协作面纱掩饰下的强硬派。

人们通常认为,眼睛是最不善于欺骗的,很多时候它所表达出来的信息远比我们的言语要真实、丰富。在法律谈判中,谈判者之间的眼神交流至少有三个方面的作用:第一,谈判者的眼神会告诉对方,现在他是该说话还是聆听;第二,获得与对方谈判者相关的信息;第三,表达合作的意愿。研究表明,采取合作型谈判策略的律师,与对方谈判者的眼神交流和互动的时间要多于采取竞争型谈判策略的律师。① 因此在法律谈判中,如果某位谈判律师具备识别不同眼神或视觉动作所表示的真实意思的能力,那么他完全可以通过这一技能来解读谈判对手的眼睛所透露出来的信息。另一方面,如果谈判者有意训练他自己的视觉动作的话,他就可以在一定程度上操控自己的视觉动作,以达到误导对方的效果。比如,当对方的谈判律师直视你的眼睛时,通常意味着他想要说话了;快速眨眼很多时候是紧张的表现,紧张也许是因为缺乏经验或准备不足,或许是因为接近谈判的敏感线了;谈判对方若回避与你的眼神交流,可能是在回避也可能是因为他撒谎了;那些想从对方手里获取信息,但同时又想隐瞒己方信息的谈判者,注视对方的眼神会比较频繁且快速;谈判者若和对方的眼神交流多且平和,他的话更容易让人觉得可信;等等。当然,对眼神或视觉动作的判断和运用也要看具体情况而定。有些时候,长时间的注视可能令对方感觉不适或尴尬甚至是敌意,更何况因为性别、种族、文化背景的不同,同样一个眼神或视觉动作的含义可能大相径庭。

除却视觉动作,谈判者的面部表情和肢体动作也能反映出许多信息:如果谈判者在说话的时候,手掌向上张开手臂,通常表示他对当前的谈话持开放的立场,并乐于交换意见;若谈判者双臂紧紧交叉于胸前的动作,很多是因为他持有防卫或抗拒的心态。谈判者在磋商过程中有时会表现出焦虑、不安、抗拒、抵触的情绪,这些情绪可能源于欺骗或回避,也可能源于其他因素。当谈判者频繁地抖动腿脚或摆弄手中的笔、手表、佩饰等小物件时,他可能是在回避问题;谈判者的语音变高或语速变快,或者说错话、结巴、反复、断句的频率和次数增加,或者说一些没有实际意义的废话时,可能是因为他撒谎了;谈判者不停地清嗓子、把手放在嘴边或用手捂嘴,或者不停地重复某一字句时,则表明他有些不安或焦虑;等等。

当然,对非言辞信息的解读必须结合当时的情境,包括谈判情势、谈话所涉内容以及其他非言辞信号,而不能进行割裂式的分析和判断。另外,对非言辞信息的解读并没有想象的那么复杂,尽管很少有谈判者能够掌握解读所有各种细微的非言辞信息的能力,但对大多数人来说,他们对非言辞信息的解读具有共通性。当说话者口中所说和他的眼睛、肢体动作所表达的意思不一致的时候,大多数谈判者还是能够觉察出来

① Donald G. Gifford, supra note, p128.

的。比方说，如果谈判者在听到对方报价后的瞬间，仅表现出微微的迟疑神情或停顿，甚至还可能是微微一笑，但接着他便说对方的要求是非常令人意外或过分，完全罔顾案件事实，那么这样的说辞显然是不可信的。

三、信息的披露

在法律谈判中，信息的收集和披露都是相互的，适度的信息披露不仅有利于推进谈判，也是谈判者表达己方要求、肯定己方观点的方式之一。很难想象，谈判律师之间自始至终没有任何形式的信息交换和分享最终却能达成妥协，这样的谈判几乎不可能。因为，谈判者要么披露一些新信息，要么用一种新的逻辑或解说之道让对方信服，为什么现有的情形或事实能够支持他的要求和观点，否则对方没有任何理由忽然就改变他的初衷来迎合谈判者的方案。因此，即便是完全倾向于竞争型谈判策略的谈判者，在谈判中也会披露相关信息来说明、支持自己的报价。当然，谈判者首先要识别哪些信息应当或可以在谈判中进行披露，哪些信息不应被披露，或至少不应过早披露。

法律谈判中的信息披露或以口头表达，或以书面的方式进行着。它们有些是谈判者通过陈述己方的要求或报价披露的：为了印证自己所提要求或报价的合理性和合法性，相关事实或信息的支撑必不可少。有些是在回答谈判对方的提问时披露的：对提问方而言，提问的主要目的是获取信息，而对另一方而言，不做任何解释就拒绝回答是一件很困难的事情，更何况一而再再而三的拒绝回答也会破坏双方之间的信任关系、阻碍谈判的进行，因此一般情况下，有提问就会有信息披露。另有些信息是谈判者在与对方进行辩论或说服对方的过程中披露出来的：谈判者不管是为了力证自己观点的正确和对方观点的错误进行辩论，还是想努力影响、说服对方作某些让步或接受某些观点，都必须展示相关的事实或信息作为论证的依据或参考。

通常，采取竞争型谈判策略的律师，在信息披露上会表现得较为苛刻和吝啬。但即便如此，他依然需要将某些涉及委托人利益的、能够反映和证实委托人报价和所谓底线的信息告知对方；他可能还会表明在讨价还价过程中不轻易让步的态度以及他可能会动用的某些权力。① 当然在此种情形下，对另一方谈判律师而言，他需要识别对方所披露的这些信息的可信度。相较而言，采取合作型或解决问题型策略的谈判者，在信息披露问题上会走得更远一些，因为他们希望通过深入的信息交换，使得双方对与谈判议题所涉事实、对双方的需求和优势有一个全面而准确的认识和理解，进而促成对双方而言都较为公平合理或能使双方利益最大化的协议。这一点在解决问题型的法律谈判中表现得尤甚。在谈判初期，律师们只有在较为全面、充分地交换与各自

① [美]斯蒂芬·克里格、理查德·诺伊曼：《律师执业基本技能 会见客户、咨询服务、谈判、有说服力的事实分析》，中伦金通律师事务所译，法律出版社 2006 年版，第 354 页。

委托人利益需求相关的信息的基础上，才能寻求桥接双方委托人需求、满足他们最根本利益的解决方案；而在稍后的谈判阶段，他们还得继续交换信息，来论证他们对所涉的一个或多个方案的优劣、利弊的评价以及是否接受的立场。

但是，正是合作型或解决问题型的谈判律师更乐意披露或分享信息的倾向，使得他们被那些坚持竞争型策略的谈判对手所利用的风险增加。合作型的信息交换模式能成功运行的前提是，谈判对方会同样以合作的方式进行回应，否则一方所披露的信息就可能被另一方不当利用，甚至于削弱或影响到前者的议价能力。因此，不管是采取合作型还是解决问题型谈判策略，律师在披露或分享信息的过程中，要试着判断对方是选择较为充分、准确地分享信息，还是选择继续捂住信息甚至提供虚假信息。有些谈判者看似持合作、解决问题型的谈判策略，但实际上那只是他们的伪装而已，其目的在于蒙蔽、误导谈判对手。此外，除了通过揭开"合作面纱"识别对方谈判者的真实意图外，采用合作型或解决问题型策略的谈判律师还应谨慎筛选所要披露的信息内容、信息披露的顺序和程度。如果对方谈判者在信息披露问题上并没有遵循互惠之道，反而利用所获取信息来损抑委托人的利益时，若谈判律师所披露的信息内容是经过筛选且披露方式是渐进的，那么即便他的议价能力可能遭受减损，其程度也会是有限和可控的。

四、信息的隐瞒

有意隐瞒信息通常被解读为竞争型谈判者惯用的谈判技巧。确实，"极力谋求从对方手里获取有利信息、同时尽可能隐瞒己方委托人的真实需求、不轻易透露信息以免损害其议价能力"是典型的竞争型谈判策略；但是，这并不意味着合作型或问题解决型模式下的法律谈判就不涉及信息隐瞒。对一些关键性信息，即便是持合作立场的谈判者，也同样会选择隐瞒或延后披露，尤其当谈判对方明显只想利用这些信息来削弱谈判者的议价能力，而并非出于信息共享和互惠的目的之时。

（一）如何隐瞒信息

需要说明的是，信息的隐瞒并不是绝对的，很多时候它更接近于谈判者在不同阶段对某些信息的暂时保护而已。谈判本身就是一个交换信息的过程，任何一位有经验的谈判者都明白，除非对手没有任何谈判经验，否则期望完全由对手进行单方面的信息披露是不现实的，因为绝大多数的谈判者不会在缺少对价的前提下轻易披露那些实质性或关键性信息。因此，所谓如何隐瞒信息的技巧，仅适用于谈判的某个阶段，或在谈判对方缺少谈判技能或经验，没能用尽各种信息搜集方法时，才会有所奏效。①

1. 转移话题。即不理会对方所提问题，而是将话题转移到其他事项上。比如，对

① Donald G. Gifford, supra note, p136.

方问你委托人愿意承担的最高赔偿金额是多少时，你可以告知对方，你们对此次事故的责任认定有异议。这样你就有可能将话题或对方的注意力转移到责任的认定和归属上，而回避了至少在这个阶段或在当时情形下并不愿意涉及的赔偿金额问题。但是，如果对手是一位有经验的谈判律师，这一隐瞒信息的方法很难得逞，因为他很容易看出你在有意回避问题而继续追问，那么再次转移话题显然只会使双方的交流变得困难。

2. 答非所问。你的回答虽然和对方的问题有关，但并没有包含对方想要的信息。比如，对方问及你的委托人过去一年是否有多次交通违章记录，是否有牵涉责任的交通事故时，你可以以“我的委托人并没有因为交通违章或交通事故和他人发生过纠纷”回答。你的回答虽然涉及对方所问的交通违章、交通事故等问题，而且也是真实的信息，但并不是对所提问题的回答。但是同样地，类似的回答可能引来对方的追问或者对你的谈判诚意与协作意向的质疑。

3. 有所保留或不确定的回答。常见的做法是在回答中加上“据我了解”“就我所知”“在我的权限范围内”等限定词，把提供给对方的信息限制在特定的范围或事项中。比如，“据我所知，我的委托人并没有此类行为”“我只能告诉你，在我的权限范围内，可以承诺的最高赔偿金额是……”。这类回答所披露的信息是不完全且有可能是不准确的，对方除非通过其他途径或方式，否则较难确认该信息的真实性。

4. 延迟回答。即告诉对方，对于他的问题，现在不方便或暂时无权回答，等下次或以后某个时间再给答复。除非这个问题特别重要，否则提问者在后续的谈判有可能会忘记追问，谈判者也就无须再进行披露；但是，如果问题比较关键且提问者日后再次发问的话，回避或隐瞒该信息就会变得困难。

5. 以反问作答。即不直接回答对方的问题，而提出一个同等重要或相关的问题，以对方对该问题的回答作为己方披露信息的前提。比如，在商铺租赁合同谈判中，若承租方律师问“这个商铺的上一位租户每个月付多少租金?”这样的问题时，出租方律师可以如此回应：“如果你能先告诉我们，其他和你们有过洽谈的业主给你们的具体报价的话，我们会考虑回答你的问题”。

6. 沉默。沉默除了被用于搜集信息外，也是隐瞒信息的一种方法：如果对方所提的问题非常棘手或难以回答，也或者对方提问的方式太咄咄逼人，你也可以沉默待之。虽然法律谈判并不鼓励经常性或过多的沉默，因为一贯的沉默很可能被视为不专业、不礼貌，而且如果双方都沉默的话，也很可能使谈判陷入僵局。但是，如果要想尽可能少披露信息，少说话、多聆听无疑是方式之一。①

7. 拒绝回答并解释理由。很多时候，如果你确实需要隐瞒某些信息，那么直接拒绝回答对方的某些提问并给予相应的解释，或许是最好的方式。比如，当对方问及你

① Donald G. Gifford, supra note, p137.

的委托人愿意承担多少金额的赔偿，或委托人授予你的权限范围，或其他潜在客户给你委托人的报价等问题时，很多时候你可以坦率地告诉对方，因为这些问题或涉及商业秘密，或涉及委托人的底线，所以你无法给予回答。

不管是转移话题还是答非所问，或是延迟回答或以反问应对，上述这些技巧有时确实能帮助你隐瞒信息，但它们同时也都有自己的缺陷。许多有经验的谈判律师一眼就能看出你是真的不知道相关信息还是在玩故意隐瞒的把戏。如果他们坚持，无论是继续追问还是改变提问方式，他们可以迫使你要么做出回答要么明确拒绝。有些时候你所采取的这些技巧，不仅达不到隐瞒信息的效果，反而还会影响甚至破坏你和对方谈判者之间的友好或信任关系，尤其在对方有能力通过其他途径获得相关信息的情形下。因此在决定隐瞒信息之前，谈判者首先要确定哪些信息是应该向对方隐瞒的，不要为了隐瞒而隐瞒，也不要因为相关资料和数据有可能是“消极”或“无用”的，就予以隐瞒；①其次，要结合谈判议题、对方谈判者的情况，评估什么样的隐瞒信息方法可以适用。

(二)隐瞒信息可能涉及的职业伦理问题②

在法律谈判中，为隐瞒信息或者误导对方，谈判律师可能会采取各种技巧和方法。其中，有些是可以为谈判者所预见并接受的：比如，一般认为，律师对某一个案件或某一法律法规不表达自己的真实意见，或者做出有利于己方当事人的解释，来试图说服对方，是符合伦理道德的，因为这是律师的权利，很多时候也是律师的责任。同样，如果律师在谈判过程中就谈判所涉标的物、该类争议若提交诉讼后可能出现的裁决结果，做出不正确的评估，或者将委托人不甚关心或完全不关心的一些请求列为谈判的一部分，目的在于增加己方的谈判资本。这样的做法，我们会予以宽容，即使并不完全赞同但至少也不会被认为在道德上应被谴责的行为。

但是，另外一些情形下的隐瞒或者说谎很可能就突破道德限制，涉及律师的职业伦理问题了：首先，某些对事实的隐瞒、说谎本身就构成了对律师职业道德的违反。如美国律师协会《职业行为示范规则》第 4.1 条就规定，律师不应当：(a)就重要事实或法律，向第三人做虚假陈述，或者(b)为避免帮助委托人从事犯罪或欺诈行为需要公开某重要事实，但却并未披露该事实。中国的《律师职业道德和执业纪律规范》第 40 条规定：“律师应当恪守独立履行职责的原则，不因迎合委托人或满足委托人的不当要求，丧失客观、公正的立场，不得协助委托人实施非法的或具有欺诈性的行为。”其次，即使有些行为并不违反律师职业道德，但当律师的职业义务和社会共同道德义务相冲

---

① [美]霍华德·雷法：《谈判的艺术与科学》，宋欣、孙小霞译，北京航空学院出版社 1987 年版，第 354 页。

② 本书第七章将详细阐述法律谈判中的伦理道德问题。

突的时候，律师很多时候可能需要做一个文明的职业义务不服从者。①

第二节　磋商与让步

磋商的过程，是谈判双方在初次报价或回价的基础上，互相让步、不断缩小差距或分歧的过程。在法律谈判的磋商阶段，谈判者会运用各种谈判手段，提出不同的条件或方案，要求对方做出让步，并应对可能出现的谈判僵局等，直至谈判结束。不同的谈判策略下，谈判者进行说服、讨价还价、让步的方法和技巧大相径庭。

一、竞争型的磋商与让步

采取竞争型谈判策略的律师，会努力让他的对手相信，他会坚持他的初次报价，不会仅为了一纸协议而做出重大让步；他还会试着说服对方，只有以他的初次报价为基线而达成的协议才是对方的最佳选择，其他的替代方案最终只会被证明是失败、不可行的。通过实践这一"两面夹击"策略，他的目的只有一个，即引导或迫使对方做出更多更实质性的让步，并最终促成使己方委托人利益最大化的协议。通常，采取竞争型谈判策略的律师较容易采取以下一些谈判方法。

(一)强硬的争辩

争辩虽然并不是法律谈判的主要沟通方式，但有时确实也是说服对方做某些事情或接受某些观点的方法。人们通常认为，律师比较喜欢通过争辩的方式来力证自己的正确，说服或压制谈判对方，采取竞争型谈判策略的律师表现得尤甚。尽管基于个人谈判风格的差异，有些律师的争辩会比较激烈，而另有些律师的表述相对温和，但他们所传递的信息和立场却同样强硬，那就是：己方的主张和观点是正确、合理的，依据是充分、合法的，因此不需要妥协也不会让步；对方的要求和意见是不合理或者经不起推敲的，必须进行调整和让步，否则只会让谈判走向破裂。

当然，即便是采用竞争型谈判策略的律师，也明白若想坚守住己方的强硬立场，收获预期的辩论、说服效果，具体而有组织的观点，客观且有说服力的论据，逻辑严密的推理和论证必不可少。比如，在人身伤害赔偿谈判中，受害方律师除了就责任分担、赔偿范围、赔偿金额等问题提出主张之外，还需要抛出具体事实和相应的法律法规，并通过对事实的梳理、对规则的分析，将两者关联起来论证观点的合理性。虽然竞争型的谈判律师通常会有选择地梳理事实，有倾向地解读规则和标准，但这并不意味着他可

① [美]戴维·鲁本：《律师与正义：一个伦理学研究》，戴锐译，中国政法大学出版社 2010 年版，第 142 页。

以完全偏离客观事实和规则进行自由发挥。如果没有客观事实和论据进行支撑,没有严谨的推理和论证,仅凭推断性的结论和猜测性的争辩,再强硬的立场都可能无法获得对方的认可和接受,至多只能换来一时的虚张声势,对方完全可以置若罔闻。

法律谈判中的争辩,虽然也有展示己方优势,否定或攻击对方主张之意,但其最终目的还是为了说服与己方有着利益冲突甚至是有敌意的对方,以促使他接受你的观点和要求并做出让步,进而达成对你委托人有利的协议。法律谈判中的争辩不同于仲裁或诉讼中的辩论,后者的主要目的是为了说服与所涉事项没有利害关系的第三方,使他们相信你的观点和论据,从而做出对你有利的判断或裁决。因此,不同场景下的争辩,由于说服的对象和目标不同,且被说服者的立场、掌握的信息、衡量和判断某一观点或主张的标准、对争辩者的情感、对所涉事项的心理状态等都存在很大差异,争辩的方式、策略也应有所不同。比如,法律谈判中的争辩,会把更多的论据、分析放在论证己方主张的合理、正确性上,对对方的观点和要求可以进行适度的否定、抨击,但不宜过度,也不适合迫使对方明确示弱或认错,因为这样很可能会影响甚至恶化双方之间的关系,不利于后续的谈判进程;而庭审中的辩论,律师除了要论证己方观点的正确、合理之外,还需花费相当的时间和精力来剖析对方观点的错误或于法无据,使裁判者在充分理解、比较双方主张、论据的基础上,做出对己方有利的裁决;而与对方良好或信任关系的保持,很多时候并不是法庭辩论中考虑的重要因素。

(二)威胁与警告

威胁是指谈判者声称,如果对方不接受某项主张或要求,他将采取对对方有损害的行动。尽管威胁被一些谈判专家认为是"谈判中最具有侮辱性的战术之一",①且很可能引发反威胁并不断升级,致使谈判破裂甚至破坏双方的关系;但威胁有些时候似乎要比提出建议容易得多,只要说几句话就可以,如果奏效,也不必付诸行动。因此,威胁成为谈判中常用的一招。此外,当争辩与说服不能产生相应效果,对方也不愿意做出任何让步或接受其他解决方案时,如果你的委托人有权利或权力可以迫使对方就范,威胁也不失为一种有效的谈判策略。相对地,竞争型谈判模式下的律师,更容易采取这一谈判技巧。

在谈判中,威胁通常可以起到两个作用:②一是迫使对方让步,进而达成一项对己方委托人更有利的协议;二是表明谈判者的立场,确定某一事项或某一条件对委托人来说特别重要,律师在这一问题上不会妥协或让步。但是,威胁只有在其让人觉得可信且对对方有重大影响时,才可能发挥作用。威胁的可信度源于委托人所拥有的权利或权力,因此在做出威胁之前,谈判者首先需要评估一下委托人的权利和权力,分析威胁所可能带来的利与弊,对方可能采取的应对措施,进而确定你有实施威胁的可能性,

---

① [美]罗杰·费希尔、威廉·尤里、布鲁斯·巴顿,前引书,第134页。

② Donald G. Gifford, supra note, p143.

即你的威胁是可信的；威胁的价值还在于它的不确定性，也即你可以让威胁成为现实也可以不实践，一切取决于对方对威胁的回应；一旦这种可能性转化为确定的现实时，威胁的价值也就消失了。其次，谈判者需要确认，你的威胁一旦实施，对对方的影响是重大的；对对方利益影响不大的威胁，即使实施的可能性极大，其威慑力也是很小的。此外，威胁的可信度有时候还会受其他一些因素影响，如谈判者在以往的谈判中是否经常采用类似的威胁，这种威胁是否有实施的先例，谈判者所做的威胁是有具体的实施步骤和内容，还是泛泛的言语威胁，等等。

但是，即便你确定你的威胁是可信的、有效的，你也需要通过一种适当的方式表达出来："最令人信服的威胁肯定不是通过拍桌子或侮辱对方的方式做出的。恰恰相反，有效的威胁往往是通过巧妙地以提出建议的方式向对方展示你的客户的权利或权力，而不是出演那些戏剧性的冲突场面。真正的威胁应当让人感到不是威胁。"①谈判专家也认为，出色、有经验的谈判者通常不需要威胁，因为他们有能传达同样信息的其他方式，比如警告。威胁只有在你要求对方做某事而对方拒绝时方可采用，而警告则是告诉对方如果双方达不成一致，将会发生什么。威胁不但不解决问题，反而会带来压力，它不是帮助对方更容易做出决定，而是给对方增加难度；而警告则是告诉对方他的行为可能产生的后果，并且说明这个后果既不是基于你的意愿也不是因你施加影响所产生的。因此很多时候，警告比威胁更站得住脚，而且不怕受到对方的反威胁。② 比如在一起劳资纠纷谈判中，谈判者表示："如果我们无法在 12 月 31 日前就续签劳动合同、发放拖欠工资等问题达成协议的话，那么媒体肯定就会大篇幅地报道这一事件，并可能导致行政执法部门的介入。你们也知道，这类事件近几年一直都是社会关注的热点，尤其在临近年关的时候。到时候估计我们谁都无法预测最后的结果。"类似的警告，显然比"如果 12 月 31 日前你们不答应我们提出的条件，我们就去找媒体、找政府部门，到时候你们就等被曝光、被处罚吧"这样的威胁，要少一些敌对情绪，不仅有利于双方在谈判后继续维持关系，而且如果对方质疑谈判者是在进行威胁时，也能以"我只是提醒大家如果达不成协议可能出现的情况，而不是威胁谁"来进行回应。

(三)真假愤怒

生气或愤怒的情绪在谈判中并不少见，尤其在一些解决争议的法律谈判中。而让谈判者生气或愤怒的原因也大相径庭：有些是对方的不诚实行为或过分的要求；有些是对方丝毫不考虑你的利益，完全否定了你的观点、拒绝了你的所有努力；而还有些，则可能仅仅是一种谈判技巧。

真假愤怒，是采取竞争型策略的律师较为常用的：他可以借着愤怒批驳和否定对方的意见和主张，迫使对方让步；或吓唬一下缺乏谈判经验、心理素质不佳的新手律

① [美]斯蒂芬·克里格、理查德·诺伊曼，前引书，第 392 页。
② [美]罗杰·费希尔、威廉·尤里、布鲁斯·巴顿，前引书，第 135 页。

师，趁机要求对方接受己方提出的要求和条件；也或者，他的愤怒只是为了让对方生气或愤怒，扰乱对方的谈判策略和节奏。需要提醒的是，谈判中的生气或愤怒情绪很多时候是一把双刃剑：谈判者生气或愤怒时，很可能无法实施既定的谈判计划和策略，甚至还可能导致信息的不当披露；受愤怒情绪影响，谈判者可能会做出某些威胁，而这些威胁又很可能是即兴的，是谈判者原本不愿实施且事先未仔细衡量过的，如此，兑现这一威胁就可能会损害委托人的利益，而不实践威胁又可能降低己方的谈判能力；此外，谈判一方的坏情绪尤其是并不那么自然或合理的愤怒，有可能激起对方的坏情绪，导致对话氛围恶化、谈判陷入僵局甚至提前终止，而扰乱对方谈判策略的目的却未必实现。

因此，不管是真生气还是假愤怒，都要加以适度的控制，让它表现得更有意义。如果愤怒是一种对对方的强势、不诚信甚至恶意的回应，它能发挥一定的作用，因为至少你可以通过愤怒引起对方律师的注意；但同时，如果你的愤怒仅仅是为了表达对对方的行为或观点的不满情绪，它可能不利于维护你委托人的利益，因为愤怒情绪会导致你做出不太理性的决定。因此，即使愤怒，谈判律师也应当以克制、明确且直率的方式而不是爆发式的方式来表达自己的愤怒，一旦对方明白你所表达的信息时，你就应回归常态，因为你的目的是让对方明白你对他的做法感到不快，而不是对你自身计划失败的一种宣泄。当你觉得不能控制自己的愤怒情绪时，那么请你暂时离开谈判桌去干点别的事情，待你冷静下来且确信能控制自己的时候，再回到谈判桌前。①

（四）消极的让步

谈判就是一个磋商与让步的过程。因此，让步对谈判而言是必需的。尽管如此，持竞争型谈判策略的律师大多还是对让步表现得较为消极、被动，且让步的次数和幅度也相当有限。究其原因，律师们的顾虑主要有二：②一是让步会使谈判者原有的立场受到损害。采取竞争型策略的谈判者会认为，让步就意味着他放弃了原有的对委托人、对己方而言最有利的立场。因为让步一旦做出，通常很难收回，因此谈判者相当于丧失了以对委托人而言最有利的条件或方案达成协议的机会或可能性；而且，谈判者会认为，让步一旦做出就失去了价值，因为你再也无法以“用过”的让步为条件换取对方的让步了。二是让步会使谈判者的形象受到损害。采竞争策略的谈判者认为，让步尤其是首先做出让步，会让对方产生这样一种错觉，即谈判者是比较软弱、容易妥协的，如果对方持续施压、表现强硬的话，谈判者还会做出进一步的让步，而这样的错觉很可能会让对方采用或坚持其竞争型的谈判策略。

但是，即使是最强硬的谈判者，也清楚地知道，谈判在很多情况下是需要让步的：首先，让步是防止谈判陷入僵局所必需的。通常，不管是交易谈判还是解决争议的谈

---

① ［美］斯蒂芬·克里格、理查德·诺伊曼，前引书，第394页。

② Donald G. Gifford, supra note, p147.

判，最终的协议会在双方讨价还价的范围内达成，因此至少需要有一方做出一些让步；如果双方都不肯让步，那么谈判很可能走入死胡同甚至破裂。其次，让步可以成为说服对方做出让步的理由。谈判中的妥协、让步都是相互的，一味地要求对方让步只会让谈判停滞不前，以让步换让步，哪怕是微小的让步，也能鼓励对方做出相应的努力。再次，让步是与对方维持良好关系所必需的，尤其是关于交易的谈判。若一方在谈判中吝于让步、不断纠结于某些小问题不放，即便最后达成协议，也可能会影响到双方之间的关系。而协议能否顺利履行，还有赖于双方的合作。最后，当谈判陷入困境时，让步也是必需的，因为这是打破僵局的最好方法，除非你准备放弃谈判。此外在由第三方介入如仲裁、诉讼情形下的谈判，如果裁判者鼓励双方和解而律师拒绝做出让步导致谈判失败的话，那么你的强硬和吝于让步有可能会使你在接下来的仲裁或诉讼中处于不利地位。①

显然，问题的关键不在于要不要让步，而在于如何让步。由于让步是谈判者对自己先前报价的一种退让或修改，因此谈判者通常会解释让步的理由。比如，在人身伤害赔偿谈判中，受害方律师可能会在让步的同时说明理由，即他的委托人需要支付医疗费；而对方律师也可能以委托人工作繁忙，想尽快了解纠纷，或考虑到受害人的经济状况等作为让步的理由。给让步一个特定、具体的理由，一方面可以增加可信度，说明让步并不是毫无根据的，而是体现了委托人的利益，从而避免让对方认为谈判者之前的报价或主张是不合实际或虚假的且还有可能做出更多更大的让步；另一方面，对每一次让步都做出解释，也是谈判者对自己的一种约束，尤其是对那些年轻或谈判经验不甚丰富的律师来说，为让步找到一个可信的理由可以帮助他们抵抗“迎合”对方律师的心理压力。此外，让步的理由还可以成为谈判者评估是否该做出让步的依据，如果当时你找不到让步的理由，那么或许你应当坚持原有的主张或条件。

竞争型谈判策略下的律师，一方面会尽可能限制己方让步的幅度和频率，另一方面又要求对方多让步、让大步。他一般不太愿意首先做出让步，因为首先让步会让他觉得是在示弱，在与对方的第一回合讨价还价中就表现出妥协和退让，这通常是持强硬立场的谈判者所不愿接受的；其次，让步还意味着减少了要求对方再次让步的砝码，委托人的利益就无法坚持，尽管很多时候实际情况并非如此，而且让步所表现出来的合作姿态可能赢得对方的尊重和让步回应。采取竞争型策略的律师通常会将让步的时机推至最后一刻，因为他认为，早早地做出让步会让自己丧失谈判的主导权，并增加对方再次要求让步的可能性，但这同时也增加了谈判陷入僵局或破裂的可能性。他有时会将一些对己方并不重要的问题列入谈判，借助在这些问题上的让步要求对方做出更多让步；他还会利用“让步换让步”规则，通过并不真实的连续让步，比如将并不大的让步金额分两次或多次提出，借此要求对方的多次让步；他还可能收回让步，如果他认

① [美]斯蒂芬·克里格、理查德·诺伊曼，前引书，第373页。

为对方的让步次数或让步幅度没有达到他的期望。

较之一般谈判，法律谈判相对更为复杂，过程也更为漫长。因此不管是讨价还价还是让步，保持足够的耐心是必需的。尽管让步是必需的，但让步应循序而进，是否先做让步、如何让步都应依谈判情势而定。过早做出让步或者让步过于随意、让步幅度过大或次数过多，会削弱谈判者的谈判力，最终影响到委托人的利益和需求的满足。

二、合作型的磋商与让步

（一）温和的争辩

争辩作为说服的方式之一，并不仅仅适用于竞争型谈判策略；采取合作策略的律师，很多时候也需要通过争辩来阐明己方的立场和主张。只不过与竞争型策略下咄咄逼人、立场强硬的争辩相比，合作模式下的争辩表现得较为温和。这种温和不仅表现在语言风格上，还表现在其所阐释的内容上：合作型的谈判者通常不会在谈判之初就与对方进行争辩，且争辩的主要目的也不在于否定对方的观点、压制对方的主张，而在于为最终达成一项公平、合理的协议确立谈判基础。[①] 因此，谈判者进行争辩时所援引的通常是公认的客观标准或惯例。比如，以同类案件的判决结果、和解方案作为基础，或以同类产品或市场的平均价格为参考，又或以行业惯例、平等共享原则为依据等。

在与对方的争辩过程中，谈判者也可以通过询问对方所持主张的依据、对相关方案的合理性、公平性的理由与解释等，将双方的争辩引入到对一项公平合理的协议或和解方案的讨论中来，以便为下一步就具体事项进行的磋商定下基调。此外，合作型的谈判者在争辩过程中除展示、确认己方的优势外，也可以适度承认己方的不足或劣势，有时这样反而更能说明己方评估与推论的客观、严谨，提高己方主张或和解方案的可信度。当然，具体而明确的论点、客观且有说服力的事实与依据、逻辑严密的推理是说服对方的基础，而无论他的风格是强硬还是温和。

（二）有条件的承诺

与竞争型谈判策略下谈判者惯于通过威胁促使对方妥协和退让的做法不同，合作型的律师更倾向于以承诺换取对方的让步或和解。承诺是谈判者以明示的方式表达他愿意以对对方有利的方式行事：谈判者答应他将采取积极、合作的行动，而不是威胁所代表的消极、有害的行为。

法律谈判中的承诺通常是有条件的，也即如果对方采取了对己方委托人有利的行为，包括让步或其他行为，那么谈判者承诺己方会给对方同等或者更多的利好。比如，

---

① Donald G. Gifford, supra note, p153.

在房屋租赁谈判中，出租方承诺，如果承租人愿意一次性交齐三年房租的话，他可以将房租降低10%；同样，在抚养纠纷谈判中，孩子父亲表示，如果孩子母亲同意他每周带孩子回爷爷奶奶家过周末，他愿意接受甚至增加孩子母亲所要求的抚养费。有条件的承诺很多时候可以起到启动相互让步的"程序"：如果对方在某一事项或议题上做出让步，那么谈判者也会做出或跟进让步。这样的提议会促使对方重新审视其立场和利益，或者采取对谈判者委托人有利的其他行为。但需要指出的是，有条件的承诺意味着谈判者愿意采取的这些合作或让步，是以对方先做出让步或合作为前提的，因此谈判者的承诺仅是一种可能性，其兑现是附条件的：若对方未能满足所附条件，谈判者的承诺可以随时收回。

实践表明，承诺是一项有效的谈判技巧：谈判者更愿意采用这种有条件的承诺，而不是威胁或警告。研究显示，在谈判者做出有条件的承诺之后，对方在大多数情况下都会给出即时的让步，这在一定程度上增加了促成双方均较为满意的协议的可能；而威胁则相反，它通常会招致对方的反感并扩大双方在某些事项上的分歧，进而减少了双方达成一致的可能。[①] 此外，承诺显然比威胁更有利于培养谈判者之间的良好、信任关系。

(三)以让步换让步

在合作型的谈判者眼中，让步不仅是一种积极的磋商技巧，也是推进谈判所必需的步骤。因此，采取合作型谈判策略的律师对让步的态度大多比较积极：他们或会首先做出让步，或会在对方让步后做出积极、迅速的回应。法律谈判的实践确实也表明，首先做出让步的谈判者比那些坚持强硬立场不愿退让的谈判者，更能赢得对方的合作和回应。而相关的调查研究显示，至少有一半以上的律师属于合作型的律师，而"愿意就他们最初的立场做出让步"正是这些谈判者的共同特征。[②]

不少合作型的谈判者都乐于首先做出让步。首先让步的优势有二：一是表明谈判者的善意和合作立场，将谈判推入一个良好的氛围；二是首先让步大多能换得对方的积极回应，进而缩小双方的分歧以促成协议。但是，首先让步要想发挥作用，同样需要谈判者把握好时机，切忌过早或急于做出让步。如果你在提出初次报价或回价之后很快就做出让步的话，等于传达给对方这样一个信息：你的上一次报价或回价是不真实的，至少可信度不够。这样的感觉会让对方对你的让步产生不信任感——他可能会拒绝对你的让步做出回应，或者直接要求你再次让步。

当然，让步的次数、幅度也需要谈判者的谨慎评估和衡量：让步的次数过多，容易让对方觉得你的让步价值甚微或者没有价值；让步幅度过大或者说一次让步就作出很大妥协的话，对方很可能会再次挑战你的让步空间和底线。同时，合作型谈判者要避

---

① Donald G. Gifford, supra note, p153.

② 同上注，p152。

免单方面的连续让步:让步不仅仅是为了表达善意,更主要的是为了换取对方的相应让步。因此,“不要做出让步,除非你能因此得到回报”是让步的重要原则:[①]如果谈判者事先就能预估到自己的让步无法换取对方的让步,那么让步要谨慎并适时止步,或者将让步化整为零以减少风险;若让步做出后,对方没有给予任何回应,那么谈判者可以收回让步。此外,谈判者还要注意避免让对方识别出你的让步规律——不管是每次都相同的让步金额,还是逐步递减的让步幅度,或者折中双方上一轮的报价作为你下一次报价的做法——否则对方很容易就能预测到你的底线。对于合作型的谈判者来说,需要警惕的是你的合作策略是否成了对方利用、压制你的理由或机会。

诚然,谈判中大部分的让步会着眼于双方有直接利益冲突的核心议题,但有些时候若谈判者换种角度或方法,尝试着在双方的分歧与冲突并不完全对抗的问题上,或在一些非主要事项上做出让步或要求对方让步,往往能收到积极回应和不错的结果。如在涉及离婚和子女抚养纠纷的谈判中,获得孩子抚养权的一方若能在对方所享的探视权上做出较大让步的话,通常可以换得对方在财产分割、抚养费上的让步。又如,在房屋买卖谈判中,经过几个回合的讨价还价,双方最终僵持在差距并不明显的房屋价格上;卖方于是提议,若买方能够在报价基础上提供一定金额的捐赠用以补贴卖方的搬迁和安置费用,那么可以依买方的条件成交,最终买方接受了卖方的提议。[②]

(四)应对强硬的谈判者

合作型的谈判模式下,谈判者通常比较信任对方,也较容易改变立场做出让步,为达成协议有时甚至愿意接受单方面的损失,等等。但是,只有在谈判双方都采取合作策略时,这种谈判模式才能继续下去,并最终促成较为公平、合理的协议或和解方案。如果一方持合作立场而另一方持竞争策略的话,持合作立场的谈判者就需要适时地调整其谈判策略,适度地回应对方强硬的讨价还价技巧,否则你的合作策略很可能被对方不当利用。

1. 回应威胁。回应威胁的方式有多种,谈判者可以先评估一下威胁的可信度及其可能带来的影响,然后再选择处理方案。通常,如果你确信对方的威胁所依据的权利或权力的基础很弱,或者对方不太可能实施该威胁,又或者即使对方实施威胁对你委托人的影响也甚微,那么你可以在与对方进行简单沟通之后,继续回到谈判中来,或者直接忽略威胁。如果威胁具有相当的可信度,且一旦实施会对你的委托人产生重大影响,那么你可以在与对方探讨了威胁真实性的基础上,向对方解释你有相应的谈判力来平衡对方的威胁,并给出具体的理由和依据。如果你在评估了双方的权利和权力之

---

① [美]X. M. 弗拉斯科纳、H. 李·赫瑟林顿:《法律职业就是谈判》,高如华译,法律出版社2005年版,第120页。

② [美]斯蒂芬·B. 戈尔德堡、弗兰克·E. A. 桑德等:《纠纷解决——谈判、调解和其他机制》,蔡彦敏等译,中国政法大学出版社2004年版,第25页。

后，确认在对方实施威胁之时，你的委托人有采取报复的能力，那么你也可以提出反威胁——但是，反威胁很可能恶化双方间的关系，使谈判陷入僵局。因此，如果你想继续进行谈判而不是中止谈判或使谈判破裂的话，反威胁并不是一个很好的选择：因为谈判双方之间的交恶和争斗，对双方都没有好处。

此外，谈判者还可以通过一些方法来减少威胁所带来的压力。[①] 如要求对方重新再表述一下威胁，这可以给你和对方多一些时间进行思考，有时谈判者会发现该威胁其实很荒唐；这一方法也会给对方一些时间去思考并重新组织语言，有可能会使他的语言不那么具有威胁性。或者保持沉默、思考如何回答，这一方面表明你在认真对待他的威胁，同时也可能会使他感到不适。或者表达出对威胁的不相信或惊讶，或对威胁对谈判的继续进行所可能造成影响的忧虑，这种做法有可能使对方重新考虑他的立场并调整或放弃他的极端主张，等等。

2.应对谎言和诡计。在法律谈判中，谈判者拒绝披露己方的某些信息是正常的，因为在谈判中表现诚实并不等同于完全披露信息；而谎言和诡计，则大多是不道德的，至少是让你感到不快的。但是，当谈判者遭遇一位强硬的竞争型谈判对手时，你会发现自己有时根本无法回避这样那样的谎言和不诚实。除了让对方觉得你做了充分的谈判准备，具有很强的获得信息的能力，并在谈判中一直坦诚相待，以降低对方撒谎和使用诡计的可能性，你还需要有直接应对谎言和诡计的能力和方法。

如果你怀疑对方撒谎或采用不道德的谈判伎俩，你首先需要对它们进行确认：你可以问一个令对方觉得有必要撒谎的，但其实你已经知道答案的问题，或改变原有的提问方式，针对同一个问题进行多方位的提问，并通过对方的回答来发现其中的矛盾和虚假陈述，或者通过相机合同[②]来测试对方的诚信。当然，你也可以直接表示怀疑，或要求对方提供解释，但这样做的风险是，一旦你的判断是错误的，或者对方并非不诚实，那么你的质疑可能破坏你们之间的谈判。

在确认了对方的谎言或诡计之后，人们通常有两种反应：一是不对此做出明确的回应，希望自己的沉默能换得好的结局，同时认为基于己方的让步，对方也会适度妥协而不再得寸进尺。这种方法偶尔有效，但大多数情况下却不起作用。英国首相张伯伦

---

① [英]戴安娜·特赖布，前引书，第76—77页。

② 相机合同的英文表述为contingent contract，中文取的是“相机行事”的意译而非英文表述的字面意思。在谈判中，由于双方对未来一些不确定的事件有不同的看法，如就价格的升降走势、交货的快慢等存在不同的预判，同时由于信息的不对称、双方乐观程度的不同以及信任的缺乏，都觉得己方的判断和预测是正确的，对方是错误的，所以互不让步，导致谈判陷入僵局。这时候，相机合同就可以发挥作用，帮助有分歧的双方达成协议。相机合同将未来的实际效果与合同金额及付款方式等相挂钩，让双方都为自己的倾向性下注而不再为此争执不休。当一方提议相机合同而另一方极力反对时，很可能在一定程度上涉及隐瞒和欺骗，因此相机合同本身也是一台测谎仪，它能以非正面冲突的形式考验诚信。

1938年面对希特勒的谈判诡计所做的反应便能说明问题。① 二是以其人之道还治其人之身，如果对方撒谎，你就回以虚假信息；对方隐瞒重要信息，你还之以空头承诺；对方使用了不正当的手段，你就同样以不道德的手段进行回敬……但这并不是一种好的应对策略，因为这样做的结果只会破坏谈判，除非你已经决意使谈判走向破裂了。

因此，谈判者如果确认对方在撒谎或使用诡计之后，首先要做的是保持镇静，然后决定是否还愿意继续与对方谈判。如果你还想让谈判继续，那么你可以或直接或婉转地表达你的怀疑和判断，让对方知道你已经识破他的谎言或诡计；你还可以向他解释你为什么会觉得自己被他的话所误导或欺骗，劝阻他在接下来的谈判中采取类似手段；如果对方的谎言特别过分的话，你甚至可以要求对方道歉，或者提出具体的让步或补偿要求，②但最好不要给对方冠上"骗子"的名号，而要给对方一个不失颜面地纠正其不道德谈判行为的机会，否则谈判很难继续下去。当然，如果你觉得对方的谎言或诡计，已经超过了你能接受的限度，比如对方在事实真相和授权等问题上故意欺骗；或者对方在后续的谈判中还可能继续采取这种欺骗伎俩，那么使用你的最佳替代方案、离开谈判桌也不失为一种选择。③ 但无论如何，面对谎言和诡计，要把人和事分开，不要因为对方撒谎或使用了某种不正当的行为，就对其进行人身攻击；要着眼于委托人的利益、遵从你的谈判原则，根据具体情况决定应对策略。

3. 应对其他的不合作。尽管合作型的谈判者希望谈判能兼顾双方立场，均衡双方的利益，依客观公平的标准确定双方的权责，但强硬的谈判对手往往不那么合作。当你就争议或问题本身进行探讨时，他们却偏离问题对你和你的委托人出言不逊，甚至进行人身攻击；当你期望一份能顾及双方利益的协议时，他们却一味地攻击你的建议和方案，只想最大限度地满足他们的利益；他们会以非常苛刻的条件和过分的主张开始谈判，或者为谈判设置先决条件；他们坚持自己的强硬立场不让步，却在你做出每一次让步后提出更多的要求；他们会采取锁定战术、破釜沉舟，让你希望的让步不可能成为现实；他们故意拖延、迟迟不做决定，直到他们认为合适的时机成熟；他们采用红脸白脸的心理战术，让你在不知不觉中接受他们的安排和要求；等等。

面对这些强硬、不合作的谈判策略，作为谈判者你可能会直接回击：对于他们的强硬立场和过分要求，你会给予毫不留情的批评和拒绝；如果他们批评你的方案，你会奋起反击、坚持己见；对于他们的人身攻击，你会以牙还牙；等等。但是，直接的回击很可能会使谈判走向混乱：你不假思索地批评和拒绝对方的立场和要求，可能会使他们更加坚持己见；你忙于替自己辩护，却发现谈判陷入攻击与辩解的恶性循环之中，你们在

---

① [美]罗杰·费希尔、威廉·尤里、布鲁斯·巴顿，前引书，第127页。

② [美]迪帕克·马哈拉、马克斯·巴泽曼：《哈佛经典谈判术》，吴奕俊译，中国人民大学出版社2009年版，第166页。

③ [美]罗杰·费希尔、威廉·尤里、布鲁斯·巴顿，前引书，第130页。

浪费了大量的时间和精力之后一无所获；你以牙还牙，却发现背离了自己的谈判方案和策略。①

很多时候，你可以采取不理会或不回击的方式进行应对：你可以不理会他们的批评和攻击，继续你的争辩或提议，如果这种强硬和不合作是对方的一种策略，一旦他们发现你没有因此上当，他们就会放弃这种分散你注意力的企图。② 你可以选择避开对方的攻击和批评，并借助对方的攻击将讨论拉回问题本身，如当对方攻击你“无知”，或批评你的要求“琐碎、过分”时，你可以反问对方：你的哪些主张或想法让他觉得你“无知”，等等。你的哪些请求是“琐碎、过分”的，等等。理由和依据是什么，等等。这样不仅有可能让双方的交流重新回到问题上来，而且还可能使对方停止攻击，如果他找不出合适的理由或依据的话。你还可以表现得更积极一些，换位思考、分析对方的否定态度、询问对方的意见，根据你从对方了解的情况调整自己的提议和方案。当然，除了提问，你还可以以沉默应对，如果你觉得对方的主张或者他们对你的攻击和批评根本站不住脚，又或者他们对你的提问并没有做出合理、充分的回答。沉默会让对方感到不安，尤其是他们对自己的回答或阐述的理由并不那么有信心时，他们可能会接着回答你的问题或提出新的主张和理由。至于他们的红白脸策略、拖延战术等，你也可以在识破之后指出对方的战术、提出自己的疑问，或者积极寻求对你有利的期限和时间点。③

三、解决问题型的磋商与让步

解决问题型谈判的显著特点是谈判双方不再执着于立场之争，而是通过拓展有限资源，提升共同解决问题的潜力，从而获得双方利益均最大化的解决方案。如前所述，虽然也有双方一开始就进入解决问题型谈判的情形，但更多的谈判者是在对抗或合作型的谈判策略遭遇挫折之后，才转而接受解决问题型的谈判模式。如果说解决问题型的初次报价是邀请对方在谈判中进行集体讨论，那么解决问题型的磋商与让步，则需要双方律师共同努力制定出一个解决或替代方案并加以定位，以期达成协议。④

（一）解决问题型的磋商原则

作为一种旨在通过有效和友好的方式取得最明智结果的谈判方法，解决问题型的谈判自始至终都需遵循四项原则：把人和事分开；着眼于利益，而不是立场；为共同利益创造选择方案；坚持使用客观标准。具体到磋商阶段，表现为：(1)对事不对人，重视

① ［美］罗杰·费希尔、威廉·尤里、布鲁斯·巴顿，前引书，第108页。
② ［美］斯蒂芬·克里格、理查德·诺伊曼，前引书，第395页。
③ ［美］罗杰·费希尔、威廉·尤里、布鲁斯·巴顿，前引书，第139页。
④ ［美］斯蒂芬·克里格、理查德·诺伊曼，前引书，第380页。

保持与对方的关系，认真倾听对方的真正意图，同时说出自己的想法，争取对方理解。(2)协调双方利益，认识到双方既有共同利益也有不同的、冲突的利益，只有相互沟通、讨论，才能增加实现这些利益的可能性。(3)采用不同的方法创造、形成多种选择方案，方案要明确双方的共同利益，识别双方的差异、融合不同利益。(4)制定既不受各方意愿干扰，又合乎情理和切实可行的客观标准，作为谈判的原则。谈判者在为达成协议、缩小双方之间的差距交换意见时，这四项原则是讨论的最佳话题：双方可以消除意见的分歧，克制情绪的冲动以及排除交流过程中的障碍。每一方都应理解对方的利益所在，双方可以一起寻找对彼此都有利的方案，并根据客观标准寻求共识以解决利益冲突。[①]

(二)解决问题型的磋商过程：对解决方案的创造、选择和改进

解决问题型的磋商过程，就是双方共同努力，进行解决方案的创造、评估、选择和完善，促成这个过程的方式可以有多种而非唯一。

1.保持对双方利益的关注。解决问题型谈判模式下，谈判协调的是利益，而不是立场；谈判者认识到谈判的根本问题不是立场上的冲突，而是双方在需求、愿望、想法乃至恐惧等方面的冲突。[②] 显然，谈判双方有共同的利益，这些共同利益是谈判以及促成共识的基础；但双方还有许多不同的、相冲突的利益，而对这些不同的、相冲突利益的协调，使得达成协议成为可能。因此，若想最终促成公平且双赢的协议，谈判者须自始至终保持对双方利益的关注。

对律师而言，法律谈判的目的就是实现己方委托人的利益；而几乎所有的谈判中，每一方都有多种而非一种利益。但是，对方可能并不知道你方的利益是什么，你也可能不知道对方的利益是什么，而交流和讨论是确定、识别双方利益的最佳途径。在磋商过程中，如果希望对方认真考虑你的利益，那就要具体、明确地告诉对方怎么做才符合你的利益，并且强调你方利益的合理性；同时，承认和理解对方的利益，并把对方的利益作为你要解决的整个问题的一部分。

2.创造多种选择方案。对解决问题型的谈判来说，创造多种可供选择的解决方案的重要性不言而喻。谈判专家认为，善于创造多种选择方案是谈判者可以拥有的最具价值的一笔财富，也有律师把他自己的成功直接归功于善于创造对自己的委托人和对方都有利的解决方案。

创造多种选择方案的途径，可以是由谈判一方或双方各自提议，提出多个可能的方案，也可以是双方在集体讨论的基础上，拟定多个可供选择的方案。只是，不管采取哪一种方式，在提出、拟定多种可能的解决方案的过程中，集体讨论或者说头脑风暴是不可或缺的。集体讨论的参与者，在识别各自利益的基础上，选择一种相对宽松的、非

---

① [美]罗杰·费希尔、威廉·尤里、布鲁斯·巴顿，前引书，第13页。

② 同上注，第40页。

正式的气氛，展开头脑风暴：参与者可以围坐一起，共同面对问题；选一个主持人，以保证讨论不跑题，保证参与者都有发言的机会，并通过发问激发大家的讨论；将大家的想法都写在一张黑板上或者一张大纸上，易于大家看到所有的想法，有问题也易于回答；在头脑风暴之后，挑出大家最关注的几种可能的解决方案，在考虑双方利益的基础上，对其做出一些改进，以提交磋商。尽管不同情形下的集体讨论各有优势：在谈判者组织己方人员进行的集体讨论中，由于没有谈判对方在场，参与讨论者可以不必担心泄露机密或者让某一种想法被理解为承诺，参与者的想法可能会更活跃也更能各抒己见；而谈判者在与对方进行集体讨论以拟定选择方案时，由于提出的想法通常会考虑各方的利益，能营造合作解决问题的气氛，并能让各方了解对方的关注点。但是，有一项原则是所有情形下的集体讨论都需遵循的，那就是把创造方案和评估方案分开。也就是说，把所有对方案的批评或评估放到以后再说，在创造阶段，大家要做的是提出各种想法，而无须停下来考虑这些想法的好坏或现实与否。①

不管是一方提议还是双方共同拟定，在创造选择方案的过程中，谈判者还需做到：②(1)扩大选择的范围，不要只寻求唯一的方案；学会从不同视角出发，创造可能的方案；考虑不同力度、不同范围的协议。(2)创造能够满足共同利益的方案，共同利益有助于达成共识，可以使谈判变得愉快、顺利；但共同利益往往不是即时可见的，而是隐藏在谈判中的，要让它发挥作用，谈判者必须对此有所作为；方案要融合双方的不同利益，很多时候双方的需求差异是促成谈判的关键。(3)给对方决策以方便，试着从对方的角度分析选择方案，对方案进行稍许调整，让对方觉得合理；谈判的成功取决于对方做出让你满意的决定，所以你该尽自己所能让对方轻松做出决定。

3. 评估和选择解决方案。创造出多个可能的解决方案之后，谈判者下一步要做的是，对这些方案进行评估并做出选择。在这个过程中，谈判者不仅应综合考虑已经初步形成的这些方案，还要评估这些方案能在多大程度上满足谈判各方的需求。有经验的谈判者提出了评估解决方案的6项标准：③

(1)该方案是否体现己方委托人的需求和目标？

(2)该方案是否体现对方委托人的需求和目标？

(3)该方案是否有利于促进与对方的关系？

(4)谈判者是否已经分析讨论过可以使双方利益都得到最佳实现或者一方利益能够得到最大满足同时又不会对另一方产生不利影响的所有可能的替代方案？

(5)该方案是否现实可行？是否会导致出现新问题？

(6)该方案是否公平合理？

---

① [美]罗杰·费希尔、威廉·尤里、布鲁斯·巴顿，前引书，第59页。

② 同上注，第64—78页。

③ Donald G. Gifford, supra note, p158.

在创造可能的解决方案之前，双方的谈判律师会通过交换信息，阐明己方委托人的利益；在评估方案阶段，律师们需要进一步分享信息，以说明潜在解决方案是否以及在多大程度上能满足他们委托人的利益，委托人倾向于选择哪一方案等。毫无疑问，在这一过程中，律师们会运用陈述、辩论等说服技巧，从委托人的利益角度来阐释各个解决方案的优和劣；同时，由于在前一阶段的信息交换过程中了解了对方委托人的需求和利益，他们也能从对方委托人的角度出发，分析、论证这些具体方案是否以及如何满足对方委托人的利益。因此在这一阶段，律师们也会运用一些竞争型和合作型的磋商技巧，来力证己方的主张和观点，但通常很少会用威胁、警告或者强硬的争辩方法。评估潜在解决方案的过程，也是选择或者说决定什么样的解决方案能满足双方委托人需求和愿望的过程。

4.对解决方案的改进和完善。解决方案的形成过程是一个“提议、回应、改进”三步连续、循环进行的过程。其间，通过信息交换，谈判双方的利益和需求被不断挖掘、提炼；而解决方案从最初的框架条款，历经多次细化与改进，到最终敲定，也是双方意愿和需求逐步得到理解和满足的过程。与解决方案的形成与创造相似，方案的改进和完善的途径也有两种：[①]

一是在现有方案或框架的基础上，吸收、融合对方的提议和需求，以调整、改进现有方案的条款和内容。比如在商铺租赁谈判中，依承租方律师提出的方案，第一年承租方只支付70％的当年租金，第二年全额支付当年租金，第三年和第四年除全额支付当年租金外，并逐月补交第一年所欠的30％租金，这部分租金利息按银行同期优惠贷款利率计算。在评估了承租方的方案后，出租方律师提出了两项不同意见：一是关于第三、第四年补交的第一年所欠30％租金的利息，出租方认为如果按银行同期优惠贷款利率计算的话，并没有体现出对出租方利益的公平考虑，因为如果出租方在第一年就收到这部分租金并将其投资到其他领域，其收益肯定要远高于银行同期贷款利率；二是未来几年，商场管理、清洁、保险等费用将不断上涨，这是个趋势，但对于这部分逐年增加的费用如何分担，没有在方案的租金条款中得到体现。在分析、识别对方提议的合理性以及其利益所在之后，承租方律师对方案进行了部分调整：对于延后支付的租金利息，承租方同意采纳提高利率计算标准；关于商场管理、清洁、保险费用的上涨部分，承租方同意自第三年起，补偿出租方部分上涨费用。因为考虑到最初几年承租方的投入较大且盈利可能性及利润率较低，所以在前两年尽可能减少租金和其他开支是承租方的利益所在，因此承租方律师并没有全盘接受出租方律师的提议，而是进行了适度的调整。

二是提议解决方案的谈判者，通过不断修改、调整方案条款，逐步减少或降低己方需求的满意程度，来平衡双方的利益和需求。这是一种试探性的排除法或者说筛选

① Donald G. Gifford，supra note，p161—162.

法，通常用于谈判对方不能或者不愿意全面而准确地阐明其委托人利益，也没有解释在可供选择的多个解决方案中，各个方案是否以及在多大程度上体现或满足其委托人的利益或喜好的情形。由于对方没有明确披露相关信息，提议者也无法对对方委托人的利益或喜好做出较为直接的判断，而只能通过不断修改方案中的相关条款，然后根据谈判对方对这一系列的修改和调整的反应，来获知他所提方案在多大程度上符合了对方委托人的需求。由于对方案的修改和调整并不是应对方的明确要求作出，提议者在修改方案时也无法预测对方会对这些调整做出什么样的反应。因此，谈判者对提议方案的改进和完善，并不是有针对、有计划地为满足对方最基本利益而设计。

有些时候，谈判对方可能确实并不十分清楚哪项议题对其来说是最重要的，哪一需求是最根本的；尤其在多个议题并重的情形下，厘清各项议题的先后次序，并不容易。因此，当谈判涉及多个议题，而你又不确定对对方而言哪一议题最重要的时候，通过对方对各种不同条款或提议的反应来筛选、判断对方最在意或者最重要的议题，不失为一种有效途径。比如，你所提供的第一项修改方案是就谈判中的 A 项议题做出让步，第二项修正方案是在 B 项议题上做出实质性的让步，但保持 A 项议题的条款内容不变。从谈判对方对这两项修正方案的不同反应，你能够较为准确地解读对方真正的利益和喜好所在。

（三）应对对方拒绝采用解决问题型谈判的情形

在很多谈判中，谈判者受各自立场影响和限制，并不接受解决问题型的谈判模式：在你做出初次开价并提出解决方案后，对方律师可能直接给你一个对抗式的答复。这种情形下，你第一反应或许是向对方解释你的建议方案的诸多优点，也或许是收回方案然后同样以对抗的方式进行回应；但不管你采取上述哪种做法，都可能意味着你的解决问题型谈判策略的失败。因此，如果你想坚持你选择的谈判策略，就应该说服对方律师，让他觉得这种问题解决型的谈判模式实际上更能满足他们的利益。[①] 为促成这个目的，你应当让对方谈他们的利益，而不是表明他们的立场。罗杰·费希尔在《谈判力》一书中通过一个谈判实例，详细分析了与一个不愿意进行问题解决型谈判的人打交道的方法和策略。[②]

1. 将人际问题与谈判的实质问题分开，肯定对方的努力、给对方面子。采取对抗而不愿接受解决问题式谈判的谈判者，不管出于何种考虑何种立场，也都是普通人。承认并理解对方的情绪，宽容对方的不友善甚至敌意；或采取一些象征性的姿态，如一个道歉、一声感谢，化解对方的情绪，这些都有助于对方从心理上认同并接受你的谈判模式。重视保持与对方的关系，能站在对方的角度考虑问题，认真倾听对方的真正意图。你还可以就对方在谈判之前或谈判期间所做出的努力和合作，给予积极的肯定，

① [美]斯蒂芬·克里格、理查德·诺伊曼，前引书，第 378 页。

② [美]罗杰·费希尔、威廉·尤里、布鲁斯·巴顿，前引书，第 117—126 页。

在给对方面子的同时也能换来对方的接近。

2.提问让对方意识到其所坚持立场的利益所在。很多律师不接受解决问题型的谈判模式,或者是受限于他的立场观念,也或者他并不十分确定委托人的根本利益。当对方最初拒绝你的提议时,不要试图通过评价甚至否定对方的立场来说服对方接受你的提议,而要试着通过一系列开放式的问题,来获知对方这样那样的立场背后的理由和需求。比如,“你的这一决定的理由是什么?”“为什么你认为这一主张是合理的?”“我能否问你几个问题,看看我的理解是否正确?”等。当对方就这些问题阐述事实、解释理由的时候,你就可以引导对方明确其委托人的利益,并与他共同探讨可能的解决途径和方案。此外,如果对方所采取的立场确实也考虑到了双方的基本利益,那么不妨将对方的立场式主张视作一种选择方案,客观分析它在多大程度上能满足双方的利益以及如何进行完善。

3.接受对方的批评与建议。有时候,对方不接受你的提议是因为他们觉得你的提议没有充分考虑他们的利益,进而拒绝你所主张的谈判方式。在这种情形下,不妨接受对方的否定和批评,通过“为什么你认为我的这一观点不妥?”“你觉得这个提议在哪些方面考虑不周?”等类似问题,识别对方委托人的利益,并站在对方的角度改进自己的想法;根据对方的否定意见来调整自己的方案。同时,你也可以征求对方的意见:请对方换位思考,如果他站在你的角度,又会如何提议如何做?这样的方式不仅可以让对方正视问题,考虑在接下来的谈判中如何平衡你委托人的利益,甚至提出一个考虑到你委托人利益的解决方案,这显然有助于协议的达成。

4.提议并坚持公平、客观的标准。如果对方坚持他的立场并强调其主张的合理性,那么不妨让他谈谈为什么他的立场是公平的、主张是合理的?这可以让对方重新审视支撑其立场的事实、权利和权力,从现实的角度解释为什么他的这种立场是合理的;同时也表明你不只是考虑己方委托人的利益,同样也考虑公平,考虑对方的利益。这样的交流有利于将谈判推上依客观标准和原则行进的轨道:你可以提议将公平、客观标准确定为谈判原则,并与对方探讨如何寻求这一标准;协议基于客观标准,不仅可以保障谈判的公平,还可以让你顶住对方的威胁、强迫、拒绝让步等各种压力。

如果通过上述努力,对方还是不愿意放弃固有立场,不愿意与你开启问题解决式的谈判,那么你有两种选择:离开谈判桌,或者与对方进行立场式谈判。但通常不要轻易放弃启动或重新开始问题解决式谈判的努力,因为这是对双方而言都最佳的谈判模式。

第三节 其他常见谈判策略和技巧

一、谈判僵局

所谓谈判僵局，是指谈判陷入停顿：双方就某一个问题产生巨大分歧，且这种分歧已经影响到谈判进程；或者，双方虽然仍在进行谈判，但却似乎无法取得进展。[①] 谈判中遭遇僵局是常有的事：不管是谈判之初，还是谈判已经比较深入，或者谈判接近尾声，谈判僵局可能出现在法律谈判的任何一个阶段。谈判之所以会陷入僵局，缘由各异：有些是谈判一方报价或回价过于极端，被对方认为没有诚意；有些是双方的主张或意见差距太大、冲突太直接而无法调和；也可能是一方或双方坚持其立场不愿做妥协，谈判无法继续推进；等等。但是，造成僵局的这些缘由，有些是真实的，有些却可能是谈判者制造出来的，也即僵局只是谈判者为实现某一目的而采取的策略而已。

（一）制造谈判僵局

许多律师不喜欢甚至害怕谈判僵局，主要是因为其所暗示的负面后果。谈判僵局意味着双方不能达成一致意见，谈判目标没有实现，也就意味着谈判者是失败的。[②] 正是由于谈判者对僵局的印象大多是消极负面的，他们很少想到，如果运用得当，谈判僵局有时也可以作为改变谈判情势、推动谈判进程的一种方法。

谈判者如果故意制造谈判僵局，其目的不外乎：一是给对方造成压力，迫使其做出让步或者调整立场，推动谈判进入实质性的问题解决阶段，或者促成协议的达成；二是通过僵局，观察、测试对方的谈判立场和谈判力；三是打乱现有的谈判进程和节奏，获得更多主动权；四是中止谈判，拖延时间以增加对方的谈判压力，削弱对方的谈判优势。

但是，制造谈判僵局也是有风险的：如果谈判对方的报价确实已经接近其最低目标或最佳替代方案而无步可让，那么谈判者所制造的僵局有可能真的导致谈判破裂；或者，也有可能在谈判因僵局而中止之后，因情势变化，对方的谈判力不仅没有削弱反

---

① 谈判专家罗杰·道森将谈判停滞不前的情形分成僵局、困境、死胡同三类：僵局，是指谈判双方就某一问题产生巨大分歧，而且这种分歧已经影响到谈判的进展了；困境，是指双方仍然在进行谈判，但却似乎无法取得任何进展了；死胡同，是指双方在谈判过程中产生了巨大分歧，以至于双方都感觉没有必要再继续谈下去了。在谈判实践中，很少会出现死胡同，许多时候谈判看似走入死胡同，其实遭遇的是谈判僵局或困境。本节所说的谈判僵局包括上述的谈判僵局和困境。[美]罗杰·道森：《优势谈判》，刘祥亚译，重庆出版社 2013 年版，第 54—55 页。

② [美]X. M. 弗拉斯科纳、H. 李·赫瑟林顿，前引书，第 86 页。

而随着时间的推移而有所增强。所以，采用谈判僵局这一策略的前提是谈判者掌握有足够多的信息，对双方的利益和需求有明确的了解，且对未来的情势变化判断较为准确。另外，如果对方是一位谈判经验丰富且对议题准备充分的律师的话，谈判僵局策略很可能因为被识破而归于无效。

（二）应对谈判僵局

尽管谈判僵局会影响谈判进程并可能导致谈判陷入停顿，但僵局并非难以克服的障碍，它的影响很多时候也并没有我们想象得那么负面和严重。几乎所有谈判者都曾经碰到过谈判陷入僵局的情形，而最终大多数的谈判僵局会被破解，谈判会继续进行并以协议的达成而告结束。打破谈判僵局最好的方法就是：事先多准备几种解决方案或策略，在遭遇谈判僵局时积极、冷静应对。常见的僵局应对措施包括：

1. 建议暂停谈判，进行短暂休息，调整谈判气氛。如果你们是一个谈判团队，那么你们可以利用这段时间讨论相关问题或进行头脑风暴。如果你是只身参加谈判的律师，你可以试着离开谈判桌，走到外面，或者喝点什么，这个短暂的休息时间，可以让你重新思考谈判议题或方案，或许还会让你产生新的想法和见解。但需要确认的是，在这段短暂的休息期内，不要谈论任何放弃谈判或者离开的话题，因为消极的想法很容易变成一种坏习惯。尽管遭遇僵局，但要把这休息时间看作调整气氛或重新思考，进而重新行动的时机。①

2. 暂时搁置争议问题，先就其他问题进行谈判。遇到僵局时，谈判者可以考虑使用“暂置”策略：“我们先把这个问题放一放，讨论其他问题，可以吗？”“暂置”被认为是一种简单但非常有效的处理僵局的策略。通过暂置策略，谈判者可以将讨论转向那些相对次要的、双方比较容易达成一致的问题，并在最终讨论真正重要的问题之前为谈判积聚足够的能量。一旦双方在一些看似微不足道的小问题上达成共识，谈判者会变得容易被说服；解决部分小问题，谈判双方就会形成一些动力，从而使那些比较大的问题更容易得到解决。② 但是也可能，当你试着搁置争议问题，将讨论转移到另一问题上时，对方也许会拒绝改变。这个时候，你需要做的就是向对方解释，谈论其他问题并不意味着你想逃避尚未解决的问题，也不是将原有问题置之不顾，而是希望将分歧较大的问题放一边“冷却”一下，这有助于谈判的继续进行。

3. 回顾一下已经达成的共识，或者那些原则上达成一致的问题。对已有成果的回顾，尤其是双方达成的共识较多的情况下，可以让谈判者在肯定彼此努力的同时，激发双方寻求进一步的解决方案。即便就当前的谈判议题双方并没有实质性共识，但如果以前双方有过成功合作的先例，那么对过去合作经历的回顾，或许也可以成为解决当

---

① [美]杰勒德·尼伦伯格、亨利·卡莱罗：《谈判的艺术》，陈琛、许皓皓译，新世界出版社2012年版，第156页。

② [美]罗杰·道森，前引书，第57页。

前分歧，走出僵局的一剂良药。此外，谈判者还可以讨论一些双方都比较感兴趣的话题，缓解一下僵局所带来的紧张或沉闷，为下一步的讨论和磋商创造良好气氛。

4. 试着同对方讨论谈判为何陷入僵局，以及谈判破裂可能带来的不利后果。对造成僵局的确切原因进行讨论和分析，弄清争议和分歧的关键所在，有利于双方在接下来的谈判中更有针对性地解决问题。而对谈判破裂可能带来的消极影响的描述，有时候可以刺激谈判者以积极的心理状态来面对眼前的问题。因为我们大多数人总是希望维持一个积极的自我形象，当这种积极形象遭到挑战时，我们都会不由自主地想要做些什么，以尽可能消除这种消极影响。虽然，在谈判中老提事情的消极面并不是一件好事，但在某些特定时刻，适当谈论一下谈判破裂的后果，也许会成为打破僵局的灵感来源。①

5. 披露一些重要信息，或者做出新的让步。在大多数的谈判中，谈判双方都有些“对方不知道、但却又非常想知道”的信息。从某种意义上说，谈判就是一个搞清楚“哪些是对方知道而自己不知道的事情”的过程。任何时候，在谈判中披露一些重要信息，总是能让对方兴奋起来。因此当谈判陷入僵局时，适度地披露一些重要信息，就如同给对方送去一份礼物，通常能为谈判清除障碍。② 当然，在为打破僵局而披露重要信息的时候，谈判者同样要注意披露的程度和披露技巧：披露的信息应当是真实的、较为重要的，但披露的内容和范围要适度；披露要循序渐进，需要对方做出努力或合作才能获取，而不是你随口告知——因为这样对方会更倾向于认为所获取的信息是真实的，也会更加确信，如果继续这场谈判，他们所投入的时间和努力会获得回报。

谈判陷入僵局的常见原因之一是谈判者坚持其立场或条件不愿妥协。因此，谈判一方做出新的让步，哪怕只是小小的让步，也可能成为打破僵局的有效方法。做出新的让步，不仅是谈判者示好的姿态，也表明其对继续谈判所可能促成的结果的信心；同时，基于互惠考虑，谈判对方大多数也会以让步或其他方式作为回应，谈判很可能因此峰回路转。

6. 调整谈判团队成员，缓和谈判压力。如果你们是一个谈判团队，而僵局主要是因团队中某位成员的谈判行为造成的，那么调走该成员或许是最直接最有效的做法：此举一来可以表明谈判者希望继续进行谈判的意愿，二来可以调整谈判气氛，缓和对方所遭受的压力。

7. 中止当前谈判，同时安排下一回合谈判。如果双方的争议和分歧过大，短时间内无法调和，或者双方在努力尝试上述一些方式后依然无法破解僵局的话，那么中止当前的谈判进程也是一种选择。中止谈判并不意味着谈判破裂，而是让双方有足够的时间回顾、总结已经进行的谈判，重新评估双方的利益和需求，调整谈判目标、谈判策

---

① [美]杰勒德·尼伦伯格、亨利·卡莱罗，前引书，第 158 页。

② 同上注，第 161 页。

略，从而为启动下一轮谈判做好准备。不管是交易型谈判还是解决争议的谈判，如果谈判情势复杂、议题繁多的话，谈判僵局常有，谈判经历几个、十几个甚至几十回合也并不奇怪。在因僵局而中止谈判时，谈判者最好能就下一回合的谈判做出初步安排，以免谈判陷入长久的停滞中。

8.引入第三方参与谈判。如果谈判双方在一些关键问题上的分歧无法调和，或者僵局已经无法通过双方自身的努力破解时，那么谈判者就可以考虑引入第三方参与谈判。第三方可以是专业或权威人士，在一些具体而又关键的问题上如产品质量、责任归属、风险规制等，提供权威解释或意见，以解决双方在这些问题上的争执和分歧或确立客观标准；第三方也可以是独立的争议解决人士如调解员等，他们可以帮助谈判双方确立谈判规则、提供谈判建议方案等，并通过中立、独立的方法，促使谈判双方解决纠纷。很多时候，第三方可以解决谈判双方无法解决的问题。

二、有限授权

在法律谈判中，当谈判者询问某一关键信息，或者要求对方接受某一报价或提议时，对方律师可能会回应说“对不起，委托人没有授权我发布这个信息”或者“对不起，你的这一报价不在我能接受的权限范围内”等。有限授权既可以表现为律师仅对部分事项有决定权，而另有些关键、实质性事项的决定权掌握在委托人手里。比如在离婚纠纷谈判中，律师就财产分割和归属问题享有决定权，但在孩子的抚养和探视权问题上，委托人保留了自己的最终决定权；也可以表现为律师对所有谈判议题都仅享有一定范围内的决定权，若对方的提议或报价超出某个范围时，律师需另行获得委托人的同意：比如，律师所能拍板的最高赔偿金额为20万元，若对方提出的赔偿要求超过这个额度时，律师表示需要和委托人沟通后才能给予答复。

（一）有限授权的策略优势

作为谈判技巧的“有限授权”，有时并不完全等同于委托人给予谈判律师的真实授权。在“法律谈判准备”章中，我们谈及在谈判开始之前，律师应确定自己享有的委托权限：委托人给予律师的可能是无限制授权，也可能是有限授权或无授权。给予谈判律师以何种授权，基于委托人的真实意愿以及谈判情势的不同而定；且不同程度的授权权限，在谈判中也各有优缺。但在法律谈判的实践中，最常见的还是有限授权。不管有限授权是律师和委托人之间的真实情况，还仅仅是律师所采用的一种谈判技巧，有限授权较之无限制授权，在谈判中有几个明显优势：

1.有限授权可以为律师留好退路。有限授权可以让律师避免或者拖延做出决定，尤其在律师认为对方的方案并不合适时，你可以以对方的报价超出你的权限范围为由，留出与委托人或其他人协商的时间和空间。若对方是一个强势的、要求你立刻做出决定的竞争型谈判者，有限授权策略可以有效化解你的时间压力。

2. 有限授权可以给对方造成一定的压力。由于参与谈判的律师表示自己仅具有部分决定权，对谈判对方而言，这意味着他不仅要说服律师，提议方案或报价还要获得拥有最终决定权的第三人认可；而这个第三人很多时候并没有出现在谈判桌前，谈判对方无法直接与其进行交流，也无法运用各种谈判优势或策略，而必须借助于律师的转接作用。这无疑会增加对方的谈判压力。

3. 有限授权有时还可做破解僵局之道。有限授权意味着存在另外一个拥有最终决定权的人，当谈判遭遇僵局时，你既可以选择为获取更高授权而暂停或中止谈判，也可以顺势引入委托人或其他有决定权的人，以便继续谈判。

(二)应对有限授权策略

因为有限授权的策略性优势，律师通常不会声称自己拥有完全的授权，即使他们实际上获得的是委托人的无限制授权。[①] 当然，这一规则同样适用于谈判对方。于是，谈判中就可能出现这样的情境：一方面，你希望和你进行谈判的是实际决策人或者享有完全决定权的谈判者，因为这样你只要说服对方即可，且你的提议和方案能获得即时的回应而不必拖到对方认为合适时；另一方面，你又希望对方接受你的有限授权而不提出任何异议和挑战，这样你就可以在就重大议题做出决定之前或遭遇其他谈判压力时，借助有限授权为自己争取足够的考虑时间和回旋余地。虽然，这是一种两难境况，但在实践中，采取一些方法以应对或减轻对方的有限授权策略给你带来的谈判压力或不利后果，却还是可行的：[②]

1. 在谈判开始之前让对方谈判者承认，只要条件或方案合理，他就可以做出最终的决定。通过这种方式，你就解除了对方虚构其他决策人的可能性。你解除了他们再仔细考虑的权利，因为他们说过今天就可以做出决定的；你同时也解除了他们诉诸更高决策人的权利，因为他们说过他们是有权做出决定的。

2. 即使你无法阻止对方采取有限授权策略，也可以通过确认对方在决策人面前的话语权，进而要求对方做出某些承诺等，来减少有限授权策略所可能带来的不利影响。比如，你可以问对方“你的委托人通常都会接受你的意见和建议，对吧？”或者“你会向委托人说明……，对吧？”等。通过这种方式，有时你会发现对方其实已经承认他具有最终决定权。

3. 以有限授权应对对方不断升级的有限授权。虽然，律师在谈判中声称仅享有部分决定权、重大事项或超出权限范围的提议需另行获得委托人或其他人同意的情形很常见，但是，如果对方的有限授权策略不断升级，也即在同一个问题上，对方通过一而再、再而三地请示高一级、再高一级决策人的方法，迫使你一次又一次地做出让步，那么这样的有限授权策略显然是不道德的。如果遇到这种情形，你可以选择“以其人之

---

① [美]X. M. 弗拉斯科纳、H. 李·赫瑟林顿，前引书，第119页。

② [美]罗杰·道森，前引书，第42—49页。

道还治其人之身”，告诉对方你也需要请示你的决策人，同时将你的报价恢复到第一次报价的水平；或者建议暂停就这个问题进行磋商，因为你需要重新考虑对方的提议或报价。

三、攻心策略

有人认为，谈判本身就是一场心理博弈。谈判桌前的律师们，面对着或强势或温和的谈判对手，脑子里思考着或大或小的谈判议题，他们的心理自然会发生些变化；仔细观察他们的言行举止，把握对方心理变化，运用心理策略和攻势，方能取得良好的谈判效果。诚然，对谈判心理的研究有助于谈判方案的实施，一些攻心技巧和策略若运用得当，确实能让对方更容易接受你的报价和提议；但需要注意的是，谈判中的许多攻心技巧和策略并不能改进你的报价或方案，也未创造出更多的价值和机会，仅是在说服对方接受你的报价、按你的要求行事方面发挥一些作用；更何况，若对方是一个有经验的谈判律师，这些所谓的攻心策略很容易被识破。因此不要过度依赖或相信攻心策略，谈判是否能取得成功，主要还是取决于你的谈判准备是否充分，你的谈判方案是否合理，你的谈判策略是否得当。

（一）红脸白脸策略

“红脸白脸”是一项常见的谈判策略：它利用的是谈判对方既愿意合作，又不愿意与态度强硬的谈判者打交道的心理，由谈判团队中的一人扮演温和且善解人意的谈判者即红脸，另一人扮演强势且非常不讲理的谈判者即白脸，通过一好一坏、一温一冷的搭配，让对手产生明显的心理落差，进而诱导其做出妥协和让步。在不少谈判中，红脸白脸策略被证实确实有效：它可以帮助你在不引起任何对抗情绪的情况下成功地给对方施加压力。在解决 1980 年的伊朗美国大使馆人质事件时，美方就使用了这一策略。[①]

应对红脸白脸策略的最佳方式就是识破它。当你发现对方谈判团队中的成员表现不一、对待你方的立场和态度有明显差距时，你就要警惕他们是否在用红脸白脸策略。你可以试着跟对方说：“你们不是在玩红脸白脸游戏吧？好了，别玩了，我们还是来认真地谈谈刚才的问题吧。”你也可以直接告诉对方的红脸：“我知道你们在使用什么策略，从现在开始，无论你身边的这个人（白脸）说什么，我都会理解成是你的意思”。通常，对方一旦发现自己的策略被识破，会选择停止或放弃。如果担心直接戳破对方会引起尴尬、影响谈判气氛，你也可以采取类似的策略进行应对，比如将不在谈判现场的委托人或其他相关人员“制造”成白脸，然后告诉对方你也很想满足他们的要求，但是你需要对你的委托人负责，等等。

---

① ［美］罗杰・道森，前引书，第 70—71 页。

(二)蚕食策略

所谓蚕食策略,是指谈判者在谈判之初并不直接提出自己的全部要求和条件,而是等到双方就大部分问题达成共识后,再提出另外一些要求,从而得到他所想要的谈判结果。蚕食策略之所以能获得成功,是因为谈判者一旦达成了初始协议之后,最初的紧张和压力得到释放,这时他们大脑就会开始强化自己刚刚做过的决定,这使得他们更容易接受你所提出的一些"并不过分"的要求。心理学研究表明,人们一旦同意了你的初始请求,在第一个要求的基础上形成的其他要求被拒绝的可能性就降低了:因为人们乐于证明自己过去的决定没有错误,并有保持言行一致的心理。[①]

当你发现谈判对方想尝试蚕食策略时,你可以告知对方,如果他们希望你做出任何让步、接受任何新的条件,他们同时必须给你相应的对价;如果对方正在使用蚕食策略,不妨用温和的态度告诉他,这样做有"出尔反尔"之嫌:"这个赔偿金额已经很公平合理了,不要再就支付方式讨价还价了,好吗?"或者"这个问题我们刚才已经谈妥了,不要再提新要求了,好吗?"等等。当然,要避免对方在达成初始协议或谈判结束之后再提出更多要求,最好的办法是在谈判一开始就把这些问题说清楚,并以书面形式把双方的商谈结果固定下来,不要含糊其辞地做出承诺,也不要试图逃避、拖延那些比较难谈的问题,否则越到谈判后期,问题处理起来可能越棘手。同时,如果有可能,在谈判进行过程中,律师要采取各种办法让谈判对方觉得他赢得了谈判,或者说谈判结果对其委托人来说是非常有利的,那么谈判对方在初步协议之后抬高条件、增加要求的可能性自然也就小了。

(三)以退为进策略

这里所说的以退为进策略是指谈判者先提出一个过分的,显然会被对方拒绝的要求,在被对方否定之后,再代之以一个相对较低、合理的要求,试着换取对方的应允。这种先极端、后温和的策略被称为"被当面甩门"(door in the face)[②]或"被甩脸"策略。谈判者最初提出的那个极端、过分的要求,并不是他的真实意图,其目的就是让对方拒绝、否定,使对方心理上产生某种歉意或内疚,因而比较容易接受谈判者接下来提出的、看起来并不那么过分的要求或条件。研究表明,当人们在提出极端要求不得之后,若再提出简单温和的要求,前后两个要求之间的差别就会被对方认为是一种让步,尽管提议者的前一个要求有可能简直不可理喻。对方会认为,既然被拒绝的一方已经妥协,那么他也有义务做出让步。

当然,采用这种策略也存在风险。谈判对方可能会认为你提出这样过分的要求,

---

① [美]迪帕克·马哈拉、马克斯·巴泽曼,前引书,第128页。

② 这个说法的原型是推销员提出过分要求时被客户当面将门甩上。当然,推销员被当面甩门后并没有立刻离开,而是提出了一个不那么令人恼怒的要求。[美]迪帕克·马哈拉、马克斯·巴泽曼,前引书,第127页。

完全是因为你无知或者无礼，有些谈判者还会因此认为你没有谈判诚意而产生抵触情绪，进而影响双方的谈判气氛甚至可能使谈判陷入僵局。因此，能否采用这种以退为进的策略，还要视谈判情势而定，谈判者要注意评估自己所提要求的度是否会引来对方的反感，让对方觉得被冒犯。而应对这种以退为进的攻心策略，谈判者只需要掌握一点：忽略极端过分的初次报价所带来的影响，评估和回应对方的报价和要求仅着眼于其本身合理与否，撇开其他干扰因素。同时，谈判者也可以同样过分的回价来弱化对方以退为进策略的影响。

(四)框架效应策略[①]

框架效应策略利用的是相对于收益，人们在避免损失上有更强的主观能动性的心理。换句话说，当收益和损失程度相当时，人们通常更重视于潜在损失而非收益相关的信息。这意味着在谈判中，当你把同样的信息分别以损失效应和收益效应两种方式表达出来的时候，前者对谈判者的影响会更大。因此，如果你的提议或方案被对方拒绝，请向他们强调你的方案会让他们避免什么样的损失，而不是告诉他们会有什么样的收益；同样，你可以告诉对方，×公司(潜在竞争者)的报价并不能给他们 Y 或者 Z，而不是跟他们说，你的报价可以让他们得到 Y 或者 Z。因为在可能的损失面前，谈判者相对更容易被说服。

尽管框架效应的说服效果更强些，也更容易让谈判对方接受你的要求，但过度依赖该策略有可能损害双方之间的关系。[②] 因为采用这一策略，你提供给对方的尽是风险、损失和不利后果等消极信息，而不是你的提议或方案能给他们带来的好处。对方很可能认为你是在威胁他们或者故意夸大损失，他们会觉得你并不善意甚至充满敌意。一旦对方产生这样的印象，谈判想要达成协议就有些难了。因此，若谈判者想要利用这一策略，最好在谈判的最后阶段，在总结你的观点或做最后努力时再用，避免在谈判开始不久就过早地展示、表达消极信息。

(五)分散收益、集中损失的策略

通常，收益给人带来愉悦，损失给人带来痛苦；那么在收益或损失固定不变的情形下，是集中收益或损失还是分散收益或损失令人感受更深呢？研究表明，对于收益，人们更愿意分解成多次接受，因为那样可以使人的愉悦感最大化；而对于损失，人们则希望一次性集中解决，因为那样可以让痛苦最小化。[③] 若将这一效应运用到谈判中，可表现为：(1)分散对方的收益。当你做出让步时，不要一次用完所有的让步空间，而是

---

① “框架效应”是指对同一个问题在两种逻辑意义上相似的说法却导致了不同的决策判断。之所以称为框架效应，是指我们的思维会受到不同框架(例如表达方式不同)的影响，从而做出不一样的选择。

② [美]迪帕克·马哈拉、马克斯·巴泽曼，前引书，第 124 页。

③ 同上注，第 125 页。

要将让步分成多次，因为比起一次性的让步，对方会更满意这种分批进行的小让步；如果有利好对方的信息，那么你可以将信息分成小碎片，这样相同的信息让对方满意的次数就会更多；你的让利行为也请分开进行，比如你想给某员工提供加薪和升职机会，那么今天给他加薪明天再让他升职，会让他的感觉更好。(2)集中对方的损失。如果你要求对方让步，那么记得将你的要求一次性提出而不是分几次进行；如果你将坏消息告知对方，一定要一次说完；同样，如果你要向对方展示损失、费用，也请一并说明。

除谈判僵局、有限授权、攻心策略外，沉默、最后通牒、最后期限、最后让步、退出谈判等策略和技巧，也为谈判者所常用。关于沉默，本章第一节“信息交换”中已有述及。沉默不仅是一项有效的收集信息、隐瞒信息的技巧，谈判桌上适度的沉默还能展现谈判者的自信、自律和冷静，可谓一技多效；而最后期限、最后通牒、最后让步、退出谈判等策略和技巧的运用，通常意味着谈判已接近尾声，因此我们将之放在第五章“法律谈判结束”章讨论，本章不予详述。

第四节　模拟练习

文欣雅苑地下车库纠纷

一、模拟事例

(一)基本信息

文欣雅苑是某市的经济适用房住宅小区，总建筑50幢，其中小高层6幢，总建筑面积18万余平方米，由利都房地产发展有限公司(以下简称“利都公司”)开发。利都公司于20××年通过土地市场挂牌获得文欣雅苑的开发权，当时小区的性质明确为定向限价商品房；但随后，文欣雅苑的限价商品房性质及销售对象发生了较大的政策调整，根据市政府及有关部门的文件精神，将其调整为解决市教育系统房改遗留问题的专用房。该房屋经市教育厅核定分配计划，各高校整体购入后再按市专用房政策销售给本单位职工。20××年12月，文欣雅苑建成；次年，市教育厅、房产购买人、利都公司签订了《市直单位专用房买卖合同》，依合同第8条规定，利都公司不得擅自改变经审批用于该专用房项目配套的公共设施、公用地的使用性质；小区的商铺、储藏室、地下车位/库所有权归利都公司所有，业主如需购买，另行与利都公司签订协议。

是年，业主陆续入住后发现，文欣雅苑小区存在很多问题：利都公司在小区内建了一条L形商业街，小区无法实施封闭管理；小区的配套自行车库被开发商违规改建成了地面车库进行出售；小区路面没有任何机动车停车位；小区的容积率被修改，由原先的3%变为4.6%。业主和开发商之间争议最大的是小区地下车库680个车位的归属：小区业主认为，由于文欣雅苑的房屋性质为经济适用房，业主的土地使用证上明确是国有划拨土地，因此土地使用权归全体业主，开发商并不享有小区的土地使用权，因此也就不可能拥有在小区土地上建造的地下车库的所有权；再者，如果开发商在出售房屋的时候享有对地下车库的产权，地下车库可以随房屋出售的话，他应该取得地下车库的产权证或销售许可证，但这两样文件开发商都没有；业主、开发商、市教育厅三方签订的购房合同中虽然约定，小区的地下车库属于开发商，但这个合同是开发商和市教育厅协商、拟定之后，交业主签署的，业主并未参与合同的协商和起草；且合同中与车库相关条款与法律规定相抵触，是无效的。利都公司主张，文欣雅苑小区的土地是公司于20××年以5.5亿元竞得的，并非无偿受让取得。小区的房屋原属于限价商品房，后来因市里调整政策，才变为经济适用房的。车库是由公司投资建设的，产权应该归其所有；更何况公司与市教育厅、业主三方签订的购房合同中也明确，地下车库的所有权归利都公司。因此尽管没有产权证和销售许可证，但利都公司仍以产权人的身份对地下车库进行了销售。

利都公司和小区业主一直未就地下车库的归属达成妥协。之前，小区的地下车库一直处于开放状态，车库的照明计入小区公共用电，由物业公司负责清洁、管理工作。去年1月，利都公司、业委会、小区物业公司三方签订协议，约定由物业公司负责对地下车库收取每个车位每月60元的费用(含物业管理费)，协议未约定期限。今年1月，利都公司在小区内贴出告示，以10万元/个的价格出售地下车库的车位；并宣布从1月15日起对地下车库进行封闭，仅允许购买了车位的业主车辆进入；业主若想租车位，每个车位的价格是320元/月。公告一出，小区业主提出强烈反对。业主们的意见是：①小区的地下车库产权存在争议，且利都公司并没有取得地下车库的产权证和销售许可证，因此没有权利出售小区的地下车库；②小区地面没有任何配套的机动车停车位，地下车库的部分车位本来就属于配套车位；③少数业主向利都公司购买了地下车库的车位，仅是少数业主的个人行为，并不代表小区所有业主都认可地下车库的产权归开发商，而且利都公司向那些所谓购买了地下车位的业主提供的是收据，而非发票，且收据上写的是车位使用费；④地下车库是利都公司建设的，因此业主愿意每月支付一定金额的费用，但利都公司提出320元/月的租金不仅是之前每月60元使用费的5倍之多，且与周边商住小区的地下车库租金差之甚远，业主不能接受这个价格。

利都公司除坚持其对小区地下车库享有所有权外，还指出，当初之所以约定每个月60元的使用费，主要也是考虑到当时小区的实际情况，而且当时入住业主不是很多，所以费用收多收少，差异不大；现在小区业主基本上都已入住，小区车辆也接近饱和，因此根据市场规律，提高租金也是正常的，每月60元的租金实在太低了。公司之所以提高租金，是希望小区业主购买而不是租用地下车库的车位。

利都公司和文欣雅苑业主就地下车库及小区存在的其他问题，一直争执不下，并且发生了两次直接冲突:1月20日,利都公司雇佣保安在地下车库安装了卷闸门,阻止业主车辆进入车库,业主则将车子停在了地下车库门口,并于当晚联合起来自己动手拆除了卷闸门;1月30日下午5点钟,利都公司雇佣保安在小区门口进行阻拦,阻止业主车辆进入小区,许多业主于是将车停在了小区门口,直接造成了小区门口主干道的交通堵塞。

几个月过去了,事情一直都未得到解决。在街道和社区的协调下,利都公司和文欣雅苑小区业委会准备就小区的地下车库问题进行谈判。双方均委托了律师参与谈判。

(二)保密信息

1.文欣雅苑业委会的保密信息。(略)

2.利都公司的保密信息。(略)

(保密信息由教师在模拟演练前另行提供)

二、模拟练习方案

(一)分组

学生2人为一个谈判小组,分别扮演各自的律师;也可以4人为一组,2人扮演委托人,另2人扮演律师。

(二)模拟练习步骤及要求

1.阅读谈判材料:

(1)模拟事例的基本信息。

(2)己方委托人的保密信息。

2.进行谈判准备工作:

(1)收集相关信息。

(2)评估各方的利益、权利等。

(3)制定谈判方案。

3.进行模拟谈判,时间控制在30～50分钟。

三、反馈与评价

(一)法律谈判的准备

1.在谈判开始之前,你需要收集、调查哪些信息?如何收集、调查?请详细说明。

2.请列出需要谈判的事项。

3. 请列出己方可用的文件材料、证据等。

4. 请评估你委托人的优势与劣势。

5. 请评估对方委托人的优势与劣势。

6. 请确定并解释己方的最佳替代方案。

7. 预测对方的最佳替代方案,并解释你的理由。

8. 请确定己方的谈判目标。

9. 请解释己方准备采取的谈判策略。

10. 请拟定一份谈判方案。

(二)模拟练习自我评估:磋商与让步

1. 在谈判中,你采用了哪些谈判策略和技巧?这些策略和技巧是否达到你所希望的效果?请解释。

2. 对方采用了哪些谈判策略和技巧?这些策略和技巧是否对你产生影响?请解释。

3. 在谈判中,你是否披露了对对方有价值的信息?如果是,你是在何种情形下披露的?

4. 对方是否披露了对你的委托人有利的信息?如果是,你是如何获得这一信息的?

5. 谈判中双方做出了哪些妥协?是谁先做出的?一方做出妥协后另一方最初的反应是什么?

6. 谈判过程中有没有出现过威胁或暗示威胁的情形?如果有,是谁做出的?具体是什么?

7.谈判期间是否出现过暂停？如果有，是谁提出的？理由是什么？谈判重新开始后，双方有没有披露新的信息或者产生新的提议？

8.谈判过程中你是否坚持了计划的谈判策略？如果否，你做了哪些改变？原因是什么？结果如何？

9.你认为在谈判过程中，哪些方面你做得比较好？哪些方面还需要改进？

10.如果有机会，你是否愿意和这个谈判对手在其他场合进行谈判？请解释理由。

第五章　法律谈判结束

第一节　法律谈判结束

谈判结束是谈判的最后一个阶段，但绝非最容易最不重要的阶段：大多数情况下，谈判之所以失败，是因为谈判者不会结束。[①] 虽然很多时候，谈判双方进行了数日甚至数月的磋商与交流，包括事实调查、电话、信函往来、面谈等一系列活动，但谈判最终能否达成协议，却经常取决于谈判者在最后阶段的言行举止。[②] 谈判结束的结果有二：一是谈判双方经过几个回合的信息交换、讨价还价、让步之后，认为达成一致的时机已成熟，进而做出最后的努力以促进交易的达成或争议的解决；二是谈判者在经过多次磋商之后，发现双方分歧太大、矛盾无法协调，因而承认谈判破裂或失败。

不管谈判是因全部或部分协议的达成而告终，还是因失败而结束，谈判结束意味着谈判进程的终止而非暂时停止。谈判结束不同于谈判中止。尽管在谈判的最后阶段中止有时也被当作结束谈判的一种方式加以适用，但谈判结束标志着整个谈判程序的终结，即使相同的谈判者就同一议题再重启谈判，那也已是新的谈判而非原有谈判的继续；而谈判中止意味着谈判进程的暂时中断，谈判者在谈判中止之后再回到谈判桌前，是原有谈判进程的继续而非启动新的谈判。很多时候，在中止谈判的同时，谈判者会就何时恢复谈判或启动下一回合谈判做出安排，除非造成谈判中止的原因无法控制。谈判会就谈判情势的变化、谈判人员的调整、谈判陷入僵局、谈判期限或其他原因而中止，但谈判中止的原因却不可能是双方达成了协议或谈判彻底破裂。

---

① [美]X. M. 弗拉斯科纳、H. 李·赫瑟林顿：《法律职业就是谈判》，高如华译，法律出版社2005年版，第159页。

② Donald G. Gifford, *Legal Negotiation: Theory and Applications*, West Group (1989), p163.

一、选择谈判结束的时机

法律谈判无论是以协议还是以失败告终，都会涉及律师对谈判结束时机的选择和把握。有些时候，谈判失败是因为谈判者未能识别适当的结束时机。尽管对谈判结束时机的把握取决于律师的判断力，且每一谈判的情势、期限、谈判者等都各不相同，很难给出一个严格且具体的标准，但这并不妨碍我们通过一些常见因素来判断结束谈判的时机是否已出现。

（一）最后期限

谈判的最后期限决定了谈判的结束时间。最后期限可以由谈判双方自行约定：如双方约定若三个月后仍未能就谈判议题达成协议，那么谈判就不再继续，转而寻求其他途径；也可以由外部因素决定，如谈判所涉事项与第三方相关，谈判一方和第三方的协议中约定的合同履行或合同终止时间可能成为谈判的最后期限；又比如，谈判所涉争议已由一方提交仲裁或诉讼，于是仲裁庭或法院第一次庭审时间就可能成为谈判的最后期限。不管最后期限因何而定，一旦最后期限确定，那么确定谈判结束的时机就变得相对容易：如果你倾向于和对方达成协议，那么你可以在最后期限来临之际做出最后的让步或努力，以促成谈判成功结束；如果你觉得对方的提议与你的谈判目标差距太大，但你又不想主动结束谈判，以免影响双方的关系，那么你也可以选择静等最后期限的到来。

（二）谈判对方接受基本条款

如果谈判对方接受了你的提议或方案中的基本条款，那么就请尽快结束谈判。在对方接受条件之后继续谈判的风险是你可能披露出更多的信息，或者对方可能收回条件甚至离开谈判桌。在提议或方案获得对方的接受或同意之后，很多谈判者就会变得放松，在和对方的继续交流沟通过程中，就可能披露一些原本应该隐瞒或保密的信息；也或者，随着谈判的进一步深入，对方可能改变主意而收回条件，甚至不愿再继续谈判。因此对有经验的谈判律师来说，在经过了几个回合的报价、磋商与让步之后，一旦对方同意接受相关条款，那么接下来你最需要做的就是与对方握手，结束谈判。当然，结束谈判的前提是，你确定你获知的信息足够充分，你对自己所报条件或方案的准确性、合理性不存在疑问和失误。

（三）谈判没有任何实质性进展，且无继续的必要

谈判的目的是为促成交易或解决争议，但并不是所有的谈判都能到达目的：有些谈判以协议而结束，还有些谈判以失败而告终。影响谈判成功与否的因素很多，包括谈判准备是否充分、信息交流是否顺畅、谈判策略是否得当等等，但谈判双方在一些重要事项上所持的立场、利益、期望等，无疑是最关键的因素。如果由于双方的主张、条

件分歧太大，谈判者虽然已进行了较长时间的磋商、交换和分享了大部分信息，但依然无法缩小双方的差距；谈判没有任何实质性进展，未来也不太可能出现导致谈判情势变更的情形，那么可以预见的是，谈判很可能无果而终。在这种情形下，与其继续进行艰难协商，还不如结束谈判，双方各自转向最佳替代方案，去寻找其他合作伙伴，或启动其他争议解决程序。

（四）不要急着结束谈判

在没有最后期限压力的情形下，谈判结束时机适当与否需要律师自行判断：当谈判已遇合适的结束时机谈判者却不懂结束，很可能影响谈判结果；同样，当谈判结束的时机未到谈判者却急着结束，也可能导致谈判失败。因此，谈判者一方面要注意别拖延谈判，另一方面也要注意别急着结束谈判：[①]①不要急着结束谈判，除非你已经获得足够的信息，来帮助你提出合理的报价，或对对方的报价做出适当的回应。②不要急着结束谈判，如果对方还没有做好结束的准备。若结束谈判的主动权掌握在你手里，特别是在谈判以初步协议的达成而结束的情况下，确保在谈判结束前你已给对方相应的提示和考虑时间，对方已经做好结束准备；否则，如果对方尚未准备好而你却急着结束谈判，很可能会让对方对你的诚意、对你的方案产生怀疑，并可能因此撤回承诺，使得本来可以顺利结束的谈判又回到磋商阶段，甚至陷入僵局或者破裂。③不要让对方急着结束谈判，如果你尚未做好结束的准备。若结束谈判是由对方主导，那么你需要确认你已经做好了结束谈判的准备，包括对达成共识的那些问题和条款的准确理解，对初步协议的法律后果的预见等。④在谈判结束前，谈判者应当回顾或重申双方初步达成的协议内容，以核对并确认双方对所涉条款尤其是主要条款的理解一致而没有歧义。

二、促成谈判结束的技巧

当法律谈判结束的时机来临时，律师通常会采取一些策略和技巧以促进谈判的结束。常见的促成谈判结束的技巧有：

（一）最后期限

随着最后期限的临近，大多数谈判者会变得更加合作：最后期限所带来的谈判可能无果而终的压力，会促使谈判者降低要求、缩小与对方的差距，有时候甚至可能调整他们的最低目标以促成协议。对那些竞争型的谈判者而言，他们或凭借某些谈判优势，或通过强硬的立场和手段，力争实现己方利益最大化，因此在谈判前期，他们较少披露信息，也很少做出实质性让步；而随着最后期限临近而来的谈判压力，在一定程度

① ［美］X. M. 弗拉斯科纳、H. 李·赫瑟林顿，前引书，第 161 页。

上可以迫使他们降低期望,放弃不切实际的要求。而对合作或解决问题型的谈判者来说,最后期限的到来同样可以促使他们调整谈判节奏,做出最后的让步或努力。研究表明,随着谈判结束时间的临近,谈判者通常会变得更加务实、有效,谈判达成协议的可能性增加。①

由于最后期限决定了谈判结束的时间,所以很多时候,谈判者可以确定一个最后期限以促成谈判的结束。有些最后期限是在谈判之初就确定的,也有些是在谈判没有明显进展,谈判者需要考虑其他方案或途径时提出的;有些最后期限是正式的、严格的,如第一次庭审时间、上诉的最后期限等;有些最后期限是非正式的、有弹性的,如谈判一方在律师函里强调的最后期限。如果你想通过最后期限给对方施加最大的压力,那么就采用那些由外部因素决定的、正式而严格的最后期限,你只需要通过拒绝对方要求改变时间安排的要求就可以给对方施加压力了。非正式、弹性的最后期限又可以分为两种:短导火索式的最后期限和弹性的最后期限。② 谈判者若想促使对方立刻行动,那么你就可以给你的最后期限加上一截短的导火索,目的在于增加最后期限的紧迫感,比如原本还可以有 30 天或 60 天的谈判期限,你现在将最后期限缩短到 10 天或者 15 天后。若谈判者只是想给对方施加压力,并不想采取激烈的行动,那么就可以采用弹性的最后期限。弹性的最后期限能起到要求或提醒对方采取行动、减少不当拖延的作用,同时又不会使对方陷入困境或置己方于尴尬境地。

(二)最后通牒

最后通牒是竞争型谈判模式下较常见的一项谈判策略,同时也是谈判者促使谈判结束的一种技巧。最后通牒意味着若对方不接受谈判者提出的条件,谈判者就会结束谈判或采取致谈判破裂的行为。最后通牒是一种强硬的施压手段,通常适用于谈判已持续较长时间,谈判条件已接近谈判者底线,实施其他谈判策略无果的情况。

最后通牒若想取得预期效果,首先必须要有充分的支撑理由:如提议或要求的合理性,己方的谈判优势,委托人的权利和权力等。这些理由一来可以增加最后通牒的可信度,二来能有效减少对方因屈从于你的最后通牒而导致的面子损失。其次,最后通牒发出的时机要适当:最后通牒一般不适合在谈判初期提出,因为彼时双方间的信息交流和讨价还价刚刚开始,最后通牒很难让对方相信你已经无法妥协或不再让步;且谈判之初就采取最后通牒这类带有威胁性质的做法,也容易影响双方的关系,即使最终因此达成协议,协议的实施前景也会有风险;更何况在谈判初期,对方尚未在谈判上投入大量的时间和精力,放弃谈判的可能性相对较大。所以,谈判初期的最后通牒,往往收不到预期效果。此外,谈判者在发出最后通牒时,要做好将其付诸行动的准备:因为一旦最后通牒中的最后期限过去,或你威胁采取行动的条件满足后,你却没有采

---

① Donald G. Gifford, supra note, p164.

② [美]X. M. 弗拉斯科纳、H. 李·赫瑟林顿,前引书,第 100—101 页。

取任何行动，那么你的最后通牒将变得毫无意义，而且你在接下来的谈判中将举步维艰。

谈判经验不足的律师在接到最后通牒时，往往会吓一跳，但其实，最后通牒并非不能破解。罗杰·道森认为，应对最后通牒最简单的方式就是静观其变。① 当然，许多谈判者会依谈判情势，选择更为积极的应对措施：①识别最后通牒的可信性。谈判者首先应考虑一下最后通牒所使用的语言：是绝对的、没有商量余地的，还是附加了缓冲条件、为下一步的磋商留下了口子？谈判者还应分析一下对方在发出最后通牒时所传达的各种非言辞信息，包括语调、语速、神情、肢体动作等。最后通牒是在谈判之初还是在谈判进入胶着状态后做出，也是衡量其可信与否的重要因素；谈判者还可以与对方"换位"，设身处地地将自己置于对方的境地，来体会最后通牒的真实与否。最后，谈判者还应该回想一下，最后通牒出现时，双方是不是正处于激烈争辩、理论过程中？最后通牒仅仅是对方就缓慢的谈判进程所发的抱怨之言，还是律师一时情绪冲动之语，抑或是一个真实的最后通牒？②尝试就最后通牒中的条件进行磋商。如果对方的最后通牒是真实的，但其中条件是谈判者所不愿接受或者无法达到的，那么谈判者可以先附和其中部分要求，如同意对方提出的货物价格要求，但就交货日期和交货方式提出己方的主张；或者在尊重、肯定对方要求合理性的基础上，解释、说明己方无法全部接受的原因，如提出由于对方给的期限太短，目前你也无法确定能否在规定的时间内达到对方的要求，但你保证会尽最大努力配合；又或者，在表示理解对方要求的基础上，询问对方发出最后通牒的理由是什么，以使沟通和磋商能够继续。③拖延时间。若最后通牒中含有时间条款，那么最后通牒发出之后，时间就成了最重要的因素，对方通常也只在迫不得已时才会实践他的威胁。因此，如果你能为自己争取到更多的时间，延长或修改最后通牒中的时间限制，那么情势就会变得对你越来越有利：这一点在人质劫持及类似谈判中表现得尤为明显。② 而在一般的法律谈判中，你可以借需要先和委托人或其他第三方沟通、获得委托人的授权等理由，来拖延时间、削弱最后通牒的效果。

谈判者应当明白，最后通牒只是策略或手段，而不是目的：你需要的是对方接受你的要求和条件，而不是促使谈判破裂。因此，即使你有明显的谈判优势，有充分的权利和权力来发出最后通牒，也尽量采用相对温和的方式和婉转的言辞：你可以借委托人的口吻发出最后通牒；或者提供给谈判对方两个以上的选择方案，不管他们选择哪一方案，都能满足你委托人的利益，但因为给了对方一定的选择权，他们的被胁迫感就会少一些。

---

① [美]罗杰·道森：《优势谈判》，刘祥亚译，重庆出版社 2013 年版，第 184 页。

② 同上注，第 185 页。

(三)最后的让步

在经过长时间的磋商和交流之后,合作型的谈判律师通常会首先做出最后的让步,以换得协议和谈判的结束。通过最后让步以促使谈判以协议告终的方式有两种:一是谈判者做出让步,并明确表示这是己方的最后让步,同时要求对方给予相应的让步或回应;二是谈判者并没有给出明确的让步,而是提出一个协议方案,内容通常是双方上一轮磋商后的折中或者谈判者认为合适的条件,并表示愿意依此方案达成协议;若对方不接受这一提议,那么谈判者也可以顺势收回己方所做的妥协。

那么如何确定最后让步的幅度呢?大多数情况下,让步的幅度是逐步递减的,因为这样可以使对方相信,你正越来越接近你的底线,因此最后让步的幅度通常不大。许多谈判者主张,不要在最后一步做出大幅度的让步,因为那样很可能让对方认为,你之前的争辩、坚持、较小幅度的妥协等,都只是策略和烟幕弹而非真实情况,并因而产生敌对情绪;或者对方因此认为你尚有很大的让步空间从而要求你再次让步。也有谈判者认为,应当在最后时刻表现得慷慨些,在感觉谈判快要达成协议时,可以考虑在不违背自己方案的情况下,给予对方一些他们认为有价值的东西,以促成协议;但同时要表明这是你最后的态度,不要让对方抱有得到进一步让步的期望。①

"折中分歧"(split the difference)是谈判者在谈判最后阶段经常采用的方式。谈判实践也表明,如果双方的报价都比较务实的话,协议很可能在双方各自让步的基础上折中而成。毫无疑问,折中的让步方式更适合于谈判后期:因为折中分歧方式关注的仅仅是金额,而不是提出这些金额或条件的理由;谈判初期,律师应当更多地以与谈判议题实质相关的理由来论证其让步幅度的合理性;折中分歧不是谈判,它只是在谈判双方离达成协议的目标已经非常接近而没必要再费时费力去争论如何分配那些微不足道的利益的时候,才适合被采用。② 当然,即便在谈判后期,折中分歧的做法是否适当,也要看具体情况:当双方的差距并不明显时,折中分歧通常较为合理也能为谈判者所接受,当然前提是谈判者及其委托人接受这种安排。但如果谈判一方通过有意改变其在谈判后期的让步模式,从而达到不当利用"折中分歧"的话,那么它显然就不再是一种公平的处理方式了:③比如当谈判接近尾声,但双方报价仍存在不小差距;为促成协议,谈判一方首先做出相当于分歧金额 1/2 的让步,另一方随后以 1/5 让步进行回应,如果此时再采取折中分歧方法,意味着一方为达成协议要做出 7/10 的让步,而另一方仅让步 3/10,大多数情况下这样的结果显然是不公平的。更何况在有些谈判

---

① [美]罗杰·费希尔、威廉·尤里、布鲁斯·巴顿:《谈判力》,王燕、罗昕译,中信出版社 2012 年版,第 169 页。

② [美]斯蒂芬·克里格、理查德·诺伊曼:《律师执业基本技能 会见客户、咨询服务、谈判、有说服力的事实分析》,中伦金通律师事务所译,法律出版社 2006 年版,第 375 页。

③ Donald G. Gifford, supra note, p167。

中，由于所涉议题较多，且谈判者的某些要求和条件也无法进行简单量化，折中分歧很可能就不甚合适了。

（四）退出谈判

在谈判后期，若谈判者在未达成协议的情况下退出谈判，那么有两种可能：一是退出谈判是谈判者的真实决定。究其原因，有可能是谈判者认为对方滥用谈判优势、不肯做出让步和妥协，谈判陷入困境而没有实质性进展；也可能是双方的期望、利益、需求差距明显、虽经多次磋商依然无法减少分歧，谈判成功的希望渺茫。二是退出谈判只是谈判者的谈判策略或施压手段，目的在于促使对方降低要求，做出实质性让步，或接受谈判者的条件以促成协议。

如果退出谈判是谈判者的真实意图，那么他通常会以委托人的最佳替代方案作为衡量标准：若对方提出的条件优于最佳替代方案，谈判者可以选择接受条款或者继续谈判；若对方的条件差于最佳替代方案，谈判者就当拒绝。最佳替代方案决定了谈判者何时离开谈判桌、退出谈判。如果退出谈判只是谈判者的一种策略，谈判者也需谨慎用之，因为退出策略存在致双方关系破裂、谈判结束的风险。虽然许多律师害怕谈判对方退出谈判，他们会将这视为自己作为谈判者的失败，因而会尽最大努力来避免这种情况的发生，但是对方也可能顺势结束谈判，而不是如你所想，为了把你留在谈判桌上而做出妥协或让步，结果谈判进程被迫终止。虽然这种情形下，谈判者随后可以主动重启谈判程序，但除非情势真的发生变化，否则你不但很难再说服对方做出让步，而且还可能不得不主动做出让步、降低条件来换取协议。因此，在采取退出谈判这一方法时，谈判者需要对谈判情势进行客观、现实的分析：首先，谈判者必须要有足够的把握，确定对方会很快做出妥协以换取谈判的继续；其次，确保存在最佳方案，一旦谈判真的因此破裂，也不会给委托人造成较大损失。

三、谈判结束后的工作

谈判结束是谈判的最后一个阶段，但谈判结束并不意味着作为谈判者的律师们的工作也就此结束，还有签署意向书、起草协议、总结谈判经验教训、监督协议的履行等等，都是谈判结束之际或之后律师们所要完成的工作。

（一）坦然对待谈判结果

不管谈判是以协议还是以失败告终，对每一位谈判律师来说，坦然地对待谈判结果都是必须的，也是适当的。如果谈判以失败告终，一定要专业地对待它，生气、愤怒和贬损不能改变失败的局势，但他们会对将来产生不利影响。[①] 即使谈判失败主要归

---

① [美]X. M. 弗拉斯科纳、H. 李·赫瑟林顿，前引书，第 167 页。

咎于对方的强硬、不诚信、所主张的条件显失公平等等，在谈判结束之际也要客观、理性地表达对谈判的感受：如果是交易谈判，未来或许还有合作的机会和可能；如果是解决争议的谈判，争议还需要双方通过其他方式或程序加以解决。不管是哪种情形，双方保持相对友好、理性的关系，总是有利的。如果谈判以协议而结束，对于协议结果，谈判双方也会有不同的感受：有些谈判者会认为自己赢了谈判，有些谈判者则会对协议可能并不十分满意。如果你认为自己赢得了谈判，那就做一个真正的胜利者，真诚地对对方律师在谈判中的努力和表现加以肯定，给对方留下一个好的印象而不是给予对方施舍；即便你认为对方的表现无法恭维，也不要当面指责或嘲笑，那样只会给协议的履行和未来的合作带来麻烦。即使你对协议结果不尽满意，也得明白有些结果可能归因于谈判准备和谈判策略的运用，有些则是委托人之间差距明显的谈判实力所致。若没有其他更好的选择和解决途径，就坦然地接受协议，大度地向对方表示祝贺，这也是一种谈判礼节。

（二）谈判以达成协议而结束

若谈判以双方达成一致而结束，谈判律师需要完成的工作通常包括但不限于以下事项：

1.将达成一致的基本条款记录下来，确定所有与谈判议题相关的实质性内容已经包含在内，且没有歧义。当谈判接近尾声，双方准备接受协议以结束谈判时，谈判者应当简要地重申所有与协议相关的基本条款，一来核对重要议题是否有遗漏，二来确认双方对相关条款的理解一致。如果协议内容简单，律师们有时候会当场拟定协议进行草签；但更多时候，尤其在谈判所涉议题较多且协议条款较复杂的情况下，律师们通常会先形成一份谈判备忘录或“原则性协议”，以备日后起草、拟定正式协议之需，且有固定双方承诺或条件之用。

2.尽快与委托人联系，告知谈判结果，获得必要的授权。这主要指的是委托人没有参加谈判，或者至少没有参与谈判最后阶段的情形。如果委托人事先并没有授权律师达成协议，那么这个协议只是临时的，尚需获得委托人的同意或批准；对对方律师而言，也是如此。如果委托人事先已经有授权，那么律师至少应当将谈判的进展和结果告知委托人。当然，在委托人全程参与谈判的情形下，律师还应当告知委托人协议条款的法律后果。

3.起草书面协议。虽然很多时候口头协议也是有效的，但书面协议无疑是固定谈判成果最佳也是最常见的方式。即使谈判对方告诉你没有必要以书面方式确认已达成协议，律师也应当根据自己的判断做出决定，而不是简单听从对方的意见。谈判结束之后，律师应尽快起草协议文本：间隔的时间越长，谈判者越可能忘记双方在谈判中达成的共识，他们在签字时产生疑问的可能性也就越大，进而产生各种不必要的麻烦。

如果有可能，律师最好提出由己方起草协议：除了确保那些对己方委托人来说最重要条款的准确性之外，在起草协议过程中还可能发现一些谈判中并没有涉及的条款。谈判的实践表明，无论双方沟通得有多详细，总会有一些细节问题被遗漏，需要在起草协议的过程中增加、阐释。比如在离婚纠纷谈判中，双方就孩子的抚养费和支付方式(一年一付)达成了协议，但却没有约定具体的支付时间——年初、年中，还是年末？——这个时候，起草协议的一方就可以依照对自己有利的方式，或者至少按照自己的理解来阐述这些条款，而另一方就可能需要在签字时临时做出决定。当然，这并不是说起草协议一方可以随意歪曲、增减协议内容，也不是鼓励律师利用起草协议的机会占对方便宜，而是指出在双方都以为已经就所有问题达成共识的情况下，他们对谈判结果的理解仍可能是有差距的，而起草协议的一方有更多的机会减少或更正这种偏差。

在起草协议的过程中，律师要注意查看谈判记录、备忘录等谈判材料。这些谈判文件一方面可以提醒你在起草协议时不要遗漏对方答应你的所有要求，同时也可以提醒你把那些你虽然并不喜欢，但是的确已经在谈判中答应了对方的条款写进协议中。如果你们是一个谈判团队，那么记得在将协议文本送交对方之前，让谈判团队的其他成员看一遍，你可能忽略了某个条款，也可能误解了双方在谈判中提到的某个问题；尤其是在协议涉及一些技术或专业条款时，一定要协同团队中的技术、财务及其他专业人员共同拟定。同时，你要尽可能用平实的语言，确保谈判对方能够理解协议，不要让对方签署他们还没有弄清楚的协议，因为如果他们理解有误，不仅有可能影响协议的履行，而且也给了对方在协议出现问题时推卸或拒绝承担责任的理由。①

不过，即使双方已经就协议的基本条款达成共识，律师通常也会尽可能用准确的语言来草拟协议条款，但在一些细节问题或次要条款上的分歧仍然不可避免。虽然大多数情况下，双方在次要条款上的分歧不会破坏协议，但有时也会有例外。如果这些次要条款或细节问题并没有那么重要，那么双方可以采取“搁置分歧”的处理方式，用一些模糊语言来表述所涉条款，如“在必要的时候”“一方提出合理请求时”等。因为很多时候，双方存在分歧的这些细节问题在实践中并不会对协议的履行造成影响；即便有影响，待这些小分歧转变为实际的问题时再加以解决也不难，特别是在双方达成合作协议的情形下，双方已经建立并实践的合作关系，能帮助他们顺利解决因一些次要问题所产生的分歧。②

此外，律师还需注意协议履行过程中可能发生的意外和风险，包括一些不可抗力的情形，当事人一方的意外如破产、生病、亡故，可能发生的经济、法律风险等。为应对这些不确定情形和风险，律师在起草协议时应当考虑采用以下一些条款：③①陈述和

① ［美］罗杰·道森，前引书，第 113 页。

② Donald G. Gifford, supra note, p167—168.

③ ［美］斯蒂芬·克里格、理查德·诺伊曼，前引书，第 397 页。

保证条款。为解决磋商过程中的误解，可以在协议中加入陈述和保证条款，以对争议或交易进行详细陈述，并承诺某些特定事实是真实无误的。②约定条款。为防止一方利用其在谈判中的一些误导或表述不详，或在协议签订后有一些不当行为，可以在协议中增加特定一方承诺在协议达成后必须或不得出现某些行为的条款。③附条件条款。为防止双方无法控制的偶发事件出现，可以在协议中约定，如果某一特定条件未能完成，你的委托人可以退出协议。④救济条款。在协议中约定一方不履行协议时，另一方可以采取的救济方式，包括违约金、赔偿、争议解决方式等等。

4.审读协议。如果对方坚持起草协议，那么你也没必要在这个问题与对方发生争议，但可以要求对方在明确的期限内提交协议文本。律师一定要记得认真审读协议。曾经碰到过这样的事例：某剧组与一家劳务公司商谈招聘群众演员事宜，除了工作时间、地点、劳务费等问题外，双方还就群众演员的餐费补贴达成口头一致，即每人每天80元。劳务公司起草了一份书面协议，因为协议内容较为简单，剧组负责人浏览了一下各项条款中的数字，发现没问题就签字了；待到最后结算时剧组才发现，书面协议中所列的餐费补贴是每人每餐80元。

如果协议内容比较复杂，律师可以依照手中的谈判记录自行起草一份协议，与对方送交的协议文本进行比对，避免对方起草的协议中出现增加、遗漏或修改双方在谈判中所达成共识的情形。如果你不同意协议中的某个或某些条款并要求对方修改，因为它们与谈判中达成的意见不相符，那么在你收到对方修改后的协议文本后，一定要重新完整地审查协议，而不是仅核对你提出修改意见的那几项条款：因为对方有可能同时还修改了其他一些重要条款。虽然出现这种情况的概率并不是很高，但确实还是有不少谈判者有过这样的经历。[①]

此外谈判结束之后，律师还应当将谈判方案、谈判记录、备忘录等各类谈判材料以及协议草案等进行整理、归档；同时协助委托人督促对方履行协议，并适时提供相应的法律意见。

（二）谈判以失败而结束

如果谈判以失败告终，在谈判结束之后，谈判律师也还有一些善后工作需要完成。

1.整理谈判材料。谈判失败并不意味你之前所做的一切准备和努力都是无用功，整理谈判记录和其他谈判材料，不仅可以帮助你分析，总结谈判失败的原因和教训，而且在就同一议题重启谈判，或者开始其他新的谈判时，这些谈判材料能起到一些借鉴和参考作用。

2.分析、总结谈判失败的原因。谈判之所以失败，有些是因为谈判者的准备工作不充分、谈判策略和技巧运用不当所致，有些是因为议题本身、双方当事人谈判实力的

---

① ［美］罗杰·道森，前引书，第114页。

差距所造成。回顾谈判过程，分析谈判失败的原因，总结需要改进和提升的方面，积累和丰富自己的谈判经验，是律师能从失败的谈判事例中得到的最大收获。而且有些时候，谈判破裂并不一定就是失败，如果有替代方案，有其他的途径，谈判破裂原比签订一份对委托人来说非常不利的协议要好得多。

3. 为下一步的行动做好准备。如果谈判涉及的是交易事项，那么律师下一步可以做的是协助委托人寻找新的合作伙伴或项目，并做好新一轮的谈判准备；如果谈判涉及的是争议解决，那么你可能需要协助委托人启动其他争议解决程序。

第二节　模拟练习

刘晓燕与市化工集团劳动争议

一、模拟事例

（一）基本信息

20××年 3 月，刘晓燕进入市化工集团有限公司（以下简称"化工集团"）工作，至今已有 10 年。其间，刘晓燕和化工集团一共签署了 4 份劳动合同。第一份劳动合同的期限为 1 年，其间刘晓燕的工作岗位是操作工；第二次和第三次劳动合同期限均为 3 年，刘晓燕的岗位为售后服务文秘；第三份劳动合同期满时，化工集团主动提出和刘晓燕签订无固定期限劳动合同，合同期限为签订之日起至法定的解除或终止合同的条件出现时止，刘晓燕的工作岗位依然是售后服务文秘。刘晓燕和化工集团签订的劳动合同只约定了月基本工资，但根据化工集团不成文的工资政策，公司每年都会给全体员工加 200—500 元/月不等的基本工资，并从下一年度的第一个月起执行新工资标准。此外，全体员工享有半年奖金和年终奖金，分别在每年的 7 月份和下一年度 1 月份发放，奖金金额根据公司当年经营情况和不同部门而定；但同一部门同岗位的员工，不论工作表现如何，奖金数额都是相同的。虽然上述工资政策没有写入书面的规章制度，但刘晓燕每年都从公司领取奖金，从无例外，历年的半年奖大多为半个月工资，年终奖金额一般是 2 个月工资。

上一年年初，化工集团售后服务部门更换了部门主管，新的部门主管张亮上任后，多次对刘晓燕的工作能力和工作方式提出批评。张亮还安排了一名新员工进入售后部门，并把刘晓燕原先负责的大部分工作交给了新员工。由于工作任务大幅减轻，刘晓燕在完成工作之余偶尔上网浏览新闻。根据化工集团规章规定，上班时间不得浏览化工集团内网之外的其他网页。但事实上，由于售后部门工作需要，经常需要上网搜集资料以解决客户提出的疑难问题，同部门的其他员工也都存在工作之余上网(包括非工作原因上网)的情况。

上一年10月开始，刘晓燕休产假，本年1月上旬恢复上班。在刘晓燕休产假期间，化工集团向其发放了基本工资，但上一年年终奖的金额只相当于她的半个月工资，而同部门其他员工的年终奖金额是2个月工资；另外，自本年1月起，同部门其他员工的基本工资都增加了200元/月，但刘晓燕的工资仍按照上一年标准4000元/月发放。刘晓燕向人力资源部门提出异议，人力资源部门表示刘晓燕年终奖金额是由部门主管张亮确定的。张亮表示，由于刘晓燕在上一年休了3个多月的产假，所以只能拿半个月工资的年终奖，今年基本工资也不能增加。刘晓燕不认同张亮的意见，向人力资源部门提出申诉，人力资源部门答复表示会开会讨论该事，但迟迟未给出最终的处理结果。

5月初，化工集团人力资源部经理找刘晓燕进行谈话，称张亮反映刘晓燕工作态度不端正、工作表现不佳，要求其改正。刘晓燕解释，自己在售后部门工作多年，经验丰富，工作表现一贯认真负责，客户和前部门主管对自己的评价都很好。由于此前受到部门主管张亮不符合事实的批评，所以和张亮在沟通时语气可能不够友好，以后会注意沟通方式。人力资源部经理当场未提出任何不同意见，仅表示会进一步调查核实相关情况。

6月18日，化工集团人力资源部突然向刘晓燕出具了《劳动合同解除通知书》，化工集团以刘晓燕不能胜任工作为由要求解除劳动合同，并要求刘晓燕立即办理离职交接手续，否则不发放6月份工资。刘晓燕表示无法接受化工集团解除劳动合同的决定，并要求人力资源部说明理由；人力资源部表示是在充分听取售后部门主管张亮的意见后才做出此决定，并同意支付一个月工资作为提前解除劳动合同的补偿。当天，化工集团将刘晓燕的电脑、文件、电话等办公用品全部清空。6月25日，刘晓燕向当地劳动监察大队投诉公司违法解除劳动合同。劳动监察大队经过向刘晓燕和化工集团初步调查了解，口头建议化工集团纠正违法行为，但并未取得效果。

7月9日，刘晓燕向当地劳动仲裁委员会申请仲裁，仲裁请求为：①裁令被申请人继续履行劳动合同，并按4200元/月的标准向申请人支付自今年7月起至恢复履行劳动合同时止的工资；②要求被申请人立即向申请人支付拖欠的6月份工资4200元，补发上一年年终奖金差额6000元，发放本年半年奖2100元，补发本年1—6月期间的工资差额合计1200元(200×6)，并就前述4项支付25%的经济补偿；③要求公司立即支付哺乳期间延长工作时间的加班工资3859元及25%的经济补偿。

化工集团认为，刘晓燕上班时间浏览网页，违反公司劳动纪律，而且多次与主管争吵、影响公司氛围；刘晓燕的行为不符合公司的价值观，辞退她符合公司实际管理需要。从公司员工管理角度，主管享有很高的职权。故公司根据员工的直接主管领导意见来确定其工资和奖金并不违法，且规章制度也没有规定一定要给这个员工加工资和发放奖金，所以不同意补发工资和奖金。

在仲裁庭开庭前一周，化工集团的法律顾问提出与刘晓燕的律师协商解决此项争议。

（二）保密信息

1. 刘晓燕的保密信息。（略）

2. 化工集团的保密信息。（略）

（保密信息由教师在模拟演练前另行提供）

二、模拟练习方案

（一）分组

学生 2 人为一个谈判小组，分别扮演各自的律师；也可以 4 人为一组，2 人扮演委托人，另 2 人扮演律师。

（二）模拟练习步骤及要求

1. 阅读谈判材料：

（1）模拟事例的基本信息。

（2）己方委托人的保密信息。

2. 进行谈判准备工作：

（1）收集相关信息。

（2）评估各方的利益、权利等。

（3）制定谈判方案。

3. 进行模拟谈判，时间控制在 30～50 分钟。

三、反馈与评价

（一）法律谈判的准备

1. 在谈判开始之前，你需要收集、调查哪些信息？如何收集、调查？请详细说明。

2. 请列出需要谈判的事项。

3. 请列出己方可用的文件材料、证据等。

4. 请评估你委托人的优势与劣势。

5.请评估对方委托人的优势与劣势。

6.请确定并解释己方的最佳替代方案。

7.预测对方的最佳替代方案,并解释你的理由。

8.请确定己方的谈判目标。

9.请解释己方准备采取的谈判策略。

10.请拟定一份谈判方案。

(二)模拟练习自我评估:谈判结束

1.谈判的结果是什么?双方在结束谈判前是否就这些结果取得共识?

2.如果双方达成了基本协议,基本协议的内容是什么?是否有人重申了这些协议内容,以确保双方都已正确理解?

3.如果谈判失败,失败的原因是什么?谈判中是否有一些细节极大地影响了双方之间协议的达成?具体有哪些?

4.谈判期间是否出现过暂停?如果有,是谁提出暂停?理由是什么?谈判重新开始后,双方有没有披露新的信息或者产生新的提议?

5.谈判过程中你是否坚持了计划的谈判策略?如果没有,你做了哪些改变?原因是什么?结果如何?

6.你对自己在谈判中的表现是否满意?如果不满意,还有哪些地方是可以改进的?

7.如果谈判可以重来,你是否会改变自己说过的一些话或做过的一些事?如果是,具体有哪些?

8.如果有机会,你是否愿意和这个谈判对手在其他场合进行谈判?请解释理由。

第六章　多方法律谈判

第一节　多方法律谈判

很多时候，一项交易或争端所牵涉的，不只是两个而是多个利益或当事方：在一些医疗纠纷谈判中，除患者、医院外，相关方还包括生产药品、医疗器械的医药公司；破产清算中的利害关系方，除有担保权或无担保权的债权人外，还包括公司员工、税务局等政府部门；未成年学生在校期间发生人身伤害事件，除当事学生外，大多还涉及学生所在的学校……此类情形下，律师代表委托人所参与的显然不再是"你""我"进行一对一沟通的双方谈判，而是涉及多个谈判参与者的多方法律谈判。

一、多方法律谈判的含义

多方法律谈判，简言之就是有三个或三个以上利益方或当事方参与的法律谈判。多方法律谈判的参与者，既包括立场相同或相近的谈判者，也包括立场不同或存在利益冲突的当事方，还包括一些持中立立场的参与者如调解员、仲裁员等。①

需要指出的是，多方法律谈判和多边法律谈判是两个不同的概念：判断某一谈判是否为多边法律谈判，不仅要看谈判参与者的数量，而且要看众多的参与者相互之间是否存在立场或利益的冲突，以及在谈判桌上他们是以"一个"还是"多个"声音说话。如数个自然人或公司就共同出资成立某一新公司而进行的谈判，这些当事方在出资比例、出资形式、利润分成、风险承担等诸多问题上，都存在立场或利益的冲突，如果他们各自独立参与谈判，那么这无疑是一个多边法律谈判。换句话说，尽管所有的多边法律谈判都是多方法律谈判，但并非所有的多方法律谈判都是多边法律谈判。② 有些法

---

① Larry Crump, A. Ian Glendon, *Towards a Paradigm of Multiparty Negotiation*, 8 International Negotiation 197 (2003), p198.

② Id, p199.

律谈判虽然复杂、参与者众多,但其本质上仍属于双边谈判。如某商城和众多经营户之间关于商铺续租、租金补偿、商场管理等问题进行的谈判,因台风、洪水等灾害致损的众多被保险人和保险公司之间的谈判;又如一年一度的代表国际铁矿石供货方的各大公司和代表买方的中国、日本、欧盟等各大钢企之间就铁矿石价格进行的谈判等。在这些谈判中,众多谈判参与者根据其立场不同,可以被划归至相互对立的两"边",其中一"边"或双"边"都有很多谈判参与者,但同属一"边"的谈判者立场是相同或相近的,相互间也不存在直接的利益冲突,这样的谈判是双边的多方法律谈判而非多边法律谈判。

多方法律谈判不仅在一般民商事领域,在国际贸易政治、经济贸易等领域,也颇为常见。如区域性或全球性的国际贸易、国际投资、海洋资源开发、环境保护等领域,都是通过多方谈判的方式促成协议或解决争议的。多方法律谈判与双方法律谈判一样,都是为就某些事项达成一致而进行的协商、和解,因此尽管本书前几章所谈及的法律谈判策略、技巧、进程等,是以"一对一"的双方谈判模式为例,但同样适用于多方法律谈判。但显然,有多个利益方或当事方参与的多方法律谈判,比双方法律谈判要复杂,且更有难度。

二、多方法律谈判的复杂性

1. 谈判者数量的增多,使谈判规模扩大、谈判进程变慢、协商难度增加。多方法律谈判的参与者,至少是三个或三个以上的,有时甚至达到几十个甚至上百个,如世界贸易组织的各项谈判就是在一百多个国家间进行的。谈判参与者的增多,使得多方谈判的规模通常要比双方谈判大得多;谈判各方对各项议题都有着自己的主张和意见,确保每一方有足够的时间发表自己的观点和意见,就会使得谈判持续更长的时间;更何况由于立场和利益的多元化,谈判各方在一些问题上存在冲突,在另一些问题上又有着共同利益和诉求,他们之间既有对抗又存在联合的可能,这无疑进一步拉长了谈判进程,延缓了谈判节奏。同时,由于立场、利益、诉求等的诸多差别,谈判各方对某一议题或事项都有着不同的意见和主张,参与者越多,达成一致的难度就越大。

2. 谈判者、谈判议题的增多,使得信息收集和评估更加复杂化。一般而言,谈判中的利益方越多,所涉及的议题和事项也就越多。谈判者和谈判议题的增多,使得谈判准备阶段的信息收集工作量大大增加;同时,替代性方案也更加多样化,对任何一方谈判者而言,与某些谈判者而非所有谈判者达成一致协议,也成为一种可选择的替代方案。与此相对应,对各方的利益、权利和权力的评估就变得更为复杂,除了要考虑各个谈判者单独的谈判实力外,还要考虑己方与部分谈判者达成联合的可能,以及其他谈判者联合起来与己方对抗的可能。而谈判过程中,明确所有的信息和谈判各方的观点成为谈判所面临的主要挑战。

3. 多个谈判者、多项议题,使得多方法律谈判的程序更为复杂。在一对一的双方谈判中,谈判程序和步骤相对简单:谈判者通常依次提出自己的问题、观点,反驳对方的观点，或者依顺序将谈判从开始阶段逐渐推向结束。但在多方法律谈判中，谈判规则往往变得不那么清晰："接下来该轮到谁？""做什么？"是同时就多个问题发表意见进行讨论，还是按顺序每次讨论一个问题？"如何在各个谈判者之间进行协调，如开场白、陈述各自的主张和观点、逐步达成协议？"等。[①] 如果没有明确的谈判程序和规则，多方谈判将变得非常混乱：试想，在一起因产品质量引起的人身伤害纠纷谈判中，生产、销售该类产品的公司有十几家，对该类产品质量进行承保的保险公司有3家，因使用该产品导致身体受到伤害的消费者有上百人，对于这样一个当事人数量庞大的法律谈判而言，如果按照一般的双边谈判步骤，那么整个谈判过程将充斥着各种不同的报价、回价、争论、威胁、让步等，谈判将陷入僵局，难以达成协议。因此，对参与人数众多的多方法律谈判而言，有必要事先就如何进行谈判程序达成一致，即使对那些谈判人数相对较少的多方谈判而言，也是如此。

通常，人数众多的多方法律谈判会推选一名谈判协调人，该协调人可以是中立的第三方如调解员，也可以是谈判者中的一员。尽管有些双方谈判的当事人也会选择调解员介入，但显然，在多方谈判中调解员的作用更明显：作为中立者，他能更客观地分析、评估各方的利益，采取解决问题型的谈判策略和技巧，以协助谈判各方达成一致；同时，他能够有效地组织谈判，使得多方法律谈判能有序进行。而在没有中立第三方参与谈判的情形下，协调者的角色也可以由谈判者中的一人承担：能承担这一任务的谈判者，一般是与谈判所涉事项的利害关系相对较弱、立场较为温和的一方，相对而言，他能较好地理解各个谈判者之间的利益冲突。

4.多个谈判者、多项议题，促使谈判策略复杂化。在双方谈判中，谈判者只需要注意对方的行为和策略即可；而在多方谈判中，谈判者必须考虑谈判桌上除自己以外的所有谈判者的策略，并决定是与每一方单独谈判还是与所有谈判者同时进行谈判，是否针对不同的谈判者、不同的议题采取不同的策略，采取什么样的策略以应对谈判对手的联合等。显然，多方法律谈判中的谈判策略要比双方谈判复杂得多。

5.双方谈判和多方谈判的并存，是多方法律谈判的一大特点。大多数的多方法律谈判并非仅指一次单场的、全体谈判者均出席的谈判，它通常是一系列谈判的集合，包括若干双方谈判。如多方法律谈判中的部分谈判者，在一些问题上会寻求与立场或利益相近的其他谈判者进行联合，以加强自己在谈判中的话语权，而这种联合很多时候是通过双方谈判达成的；一些仅涉及两方或部分谈判者利益的议题或事项，由相关当事方进行两两协商或小范围的多方谈判即可。同时，对于关涉全体谈判者利益的各项议题的协商，则需要通过所有谈判者或联合体均出席的多方谈判。因此，多方法律谈判的进程，很多时候是一个贯穿了若干双方谈判和多方谈判的过程。

---

① [美]罗伊·J.列维奇、布鲁斯·巴里等：《谈判学》，廉晓红、郑荣等译，中国人民大学出版社2006年版，第312—313页。

三、多方法律谈判中的联盟

在进行多方法律谈判时，律师通常会面临两种选择：一是代表委托人寻求与其他谈判者的联合，然后再以联盟的名义与联盟外的谈判者进行谈判；二是各自代表自己的委托人独立地参与谈判，根据所有谈判者的利益和要求，拟定一份一揽子建议或协议，谈判以此一揽子建议为基础展开。在实践中，这两种做法并不相互排斥。

联盟是多方法律谈判的一大特点，在实践中很常见。所谓的联盟，是指两个或两个以上的谈判者，为融合更多的谈判力量和资源，对抗其他谈判者而结成同盟，以期获得更多的谈判话语权和对最终协议内容的决定权。就多方谈判中的联盟，谈判者通常需要考虑以下几个方面的问题：

1. 是否寻求联盟。并非所有的谈判者都会选择联盟，是否寻求联盟，取决于谈判者自身的谈判实力以及其他谈判者的具体情况。当谈判者认为他们自身的谈判力较弱，单独参与谈判无法获得希望的结果时，他们通常会寻求与其他谈判者的联盟；那些立场相同或相近的谈判者，或者在某些谈判事项上存在共同利益的谈判者，也会倾向于选择联盟，如在劳资纠纷谈判中，尽管各个劳动者的诉求不同，有些希望获得赔偿，有些希望继续履行合同，但他们的立场是相同或相近的，因此容易形成联盟。另外还有一种联盟是，谈判者为了对抗已经出现的联盟而与其他谈判者结成同盟，这种情形相对较少。

2. 联盟对象的选择。谈判者寻求联合的目的是为增加己方在谈判中讨价还价的能力，那么是不是最有实力的谈判者就是最佳的联盟对象呢？如果不是，那么该如何选择联合对象？研究表明，在三方参与的谈判中，实力较弱的一方更愿意联合同样处于弱势的另一方，而不是实力较强的第三方。① 因为与实力较强的第三方进行联盟，尽管在与其他谈判者进行谈判时可以借联盟的力量获得较多的利益，但在联盟内部进行利益分割时，该实力较弱的谈判者往往会处于被压制、被利用的地位。因此实力较弱的谈判者通常不会选择具有明显优势的另一方作为联盟对象。

在寻求联盟的时候，谈判者通常会考虑两方面的因素：一是与对方结盟后形成的谈判优势及可能获得的利益；二是在联盟内部进行利益分割时己方享有的话语权。所以，理想的联盟对象应当是：一方面，对方的加盟能够增加、提升己方的谈判优势和话语权，在与联盟外的谈判者进行谈判时更容易获得成功；另一方面，对方相对较为弱势，从而使得己方在联盟内部的谈判中享有决定性的优势。

3. 如何进行联盟。多方法律谈判中的联盟，有些是在多方法律谈判开始前形成

---

① Donald G. Gifford, *Legal Negotiation: Theory and Applications*, West Group (1989), p 176.

的，也有些是在谈判过程中根据谈判情势变化而缔结的。对于联盟中的谈判者而言，结盟就是一场双方或多方谈判，各方的利益和需求都应得到考虑、讨论、衡量，最终形成一份能为联盟所有成员接受的协议。在结盟过程中，各方同样会采取竞争型、合作型和解决问题型的谈判策略和技巧，进行讨价还价，这一点与普通谈判无异；而在联盟形成之后，联盟成员还会就联盟在与其他谈判者进行谈判时该持什么立场、采取什么谈判策略等问题，进行商讨、争辩甚至讨价还价，这个过程不再是谈判，而更接近于谈判准备。

并非所有的多方法律谈判都会出现联盟，如果谈判者中的一方具有绝对的优势，即使其他各方均结成联盟，也无法抵消其优势，则联盟形成的可能性就会大大降低；此外，具有较强谈判实力的一方，为避免自己的优势因其他谈判者的结盟而减少，通常会通过与实力较弱的谈判者中的一方结成反联盟团体，或挑起、夸大其他谈判者间的分歧和竞争的方式，阻止联盟的形成。

四、多方法律谈判中的单一文本谈判①

在有些多方法律谈判中，谈判各方会采取文本谈判的模式，即由其中一方谈判者，或是中立的第三方，起草一份协议文本草案，然后向各个谈判方征求修改意见和建议，在收到各方的反馈后，起草者会在考量、平衡各方的批评和具体建议的基础上，对协议草案进行修正，然后再提交谈判各方审议、再修正……这个过程少则反复三四次，多者二三十次，才能完成最终为各方所接受的协议草案。

对某个谈判者而言，并非每一次的协议草案修正都会有利或更接近他的谈判目标。通常，谈判者会发现虽然上一回合的草案修订文本体现了他的利益，但这一回合的修订则对其他谈判者更有利，他的诉求在这一回合的修订中并没有得到体现，有的甚至还较上一回合倒退了。对大多数谈判者而言，能在公平的基础上达成协议是终极目的，因此他们可以接受他们的利益在谈判往前推进的过程中，遭遇一些缩减。最终，当起草者认为当前的协议草案已经能最大限度、最好地体现各方利益时，他会将草案提交谈判各方讨论通过。

在协议文本的修正过程中，并不要求谈判者接受协议草案或评价其对这个草案的整体认可度，也不需要做出具体的让步，只需根据要求给出他对协议草案的意见和建议即可。谈判各方特别关注的分别是哪些事项，他们在某个具体问题上的容忍度、退让度如何等，都可以通过谈判者对每一稿协议草案的反应，进行有效的表达和沟通。这个过程并不需要谈判者之间进行直接的讨价还价、让步或运用竞争型的谈判策略来加以实现。

---

① Donald G. Gifford, supra note, pp181—183.

相对而言，如果协议草案的起草、征求意见、修正是由调解者或其他中立的第三方进行的话，效果会更好些：因为在此种情形下，最初的协议草案通常是试图协调、公平考虑各方利益冲突的一次尝试，而不会被视为用来操纵谈判过程的文件。而且，由于起草者是中立的，谈判各方在对草案提出批评意见或修正建议时，会更真实、客观。在没有中立的第三方参与谈判的情形下，也可以选择谈判者中被公认为较为公正、能考虑到其他各方利益的一人，承担起草协议草案的任务。此时，其他谈判者在评估协议草案时应当仔细确认草案是否确实为谈判各方进行讨价还价提供了一个合理、公平的基础，还是有着明显的倾向性，是否存在起草者利用起草协议的便利为自己谋取谈判优势的情形。

如果说起草协议草案的谈判者有可能利用草案来获取不正当的谈判优势的话，那么其他谈判者也可能采取竞争型的谈判技巧来控制谈判进程。他们会有意夸大他们的诉求和对草案的反对意见，故意模糊、掩饰真实意图，先对那些他们实际上并不关注的事项进行大肆批评，接着在下一回合的协议修正中，以接受上述事项条款来换取其他谈判者在另一些问题上的让步。不过，通过这样的方式来操纵谈判，也存在很大风险，它会使多方法律谈判陷入僵局，并可能出现该谈判者被其他谈判方排除在协议之外的风险。

第二节 模拟练习

文溪小学人身伤害赔偿纠纷

一、模拟事例

(一)基本信息

市文新路 1 号的文溪小学决定在校园西南角的操场边建一座厕所，经招标投标，市众鑫建筑工程有限公司(以下简称“众鑫公司”)中标，与文溪小学签订了工程承包合同。4 月 1 日，众鑫公司的包工头张国强带着工程队开始施工，张国强在工地周围设置了警示标志，并用红色布条将工地围了一圈。但学校并没有对此事进行公告，也未告知学生相关注意事项。4 月 5 日下午放学后，该校三年级学生杨晓明和李益阳在操场相互掷小石子玩，一追一跑就到了施工工地旁边，为躲避晓明掷过来的石子，李益阳往后退了几步，一脚踏空，压倒布条跌倒在工地的地基坑里，导致大腿骨折，额头撞在坑里的木桩上，划了一道长长的口子。事件发生后，学校副校长刘玉芬老师和包工头张国强立即将李益阳送到了市第一医院进行救治。李益阳额头缝了 9 针，住院 20 天后出院，医生嘱咐他回家继续卧床休息 2 个月。住院期间，李益阳共花费医药费12 000元；这笔费用由张国强支付 5 000 元，杨晓明父母支付 3 000 元，李益阳父母支付4 000元。李益阳的父母随后向文溪小学、众鑫公司、包工头张国强以及杨晓明的父母提出，要求他们共同赔偿李益阳住院期间的医药费，后续的治疗费，住院期间的护理费、交通费、营养费，精神损害赔偿金等共计人民币 8 万元。

文溪小学是一所民办小学，共 6 个年级 18 个班级，在校学生近 1000 名。近两年因学生人数不断增加，原有的公共设施包括卫生间等明显不够用，学校计划再建一处厕所。众鑫建筑工程公司是一家具有三级房屋建筑施工资质的公司，注册资金 1000 万元；包工头张国强从事工程建筑已经十余年，有着丰富的工程承包和建筑经验，也有自己独立的施工队伍，长期以来一直挂靠在众鑫公司名下。杨晓明和李益阳都是文溪小学三年级 1 班的学生，两人经常在一起学习、玩耍，关系不错。杨晓明的父母是做生意的，比较忙，晓明平时主要由爷爷奶奶照顾。李益阳的父亲是本市一所中学教师，母亲在一家外贸公司上班。

文溪小学声称，这起学生受伤事件的责任主要在学生自己，而不是学校。施工工地已经设置了警示标志，且用布条围起来了，学校已尽到注意义务；且受伤事件发生的时间是在放学之后，不属于正常的教学时间；李益阳受伤的主要原因是他和杨晓明在操场上互扔石头所致，因此对此次事故所引起的医药费等各类费用，学校原则上不应承担责任。出于人道主义考虑，学校愿意承担 5 000 元慰问费。

众鑫公司认为，文溪小学的厕所建设工程名义上是众鑫公司承建的，但实际上是由张国强承包的，所以众鑫公司对此次事件不承担任何责任，具体事宜应由张国强负责处理。而包工头张国强认为，自己已经在施工工地悬挂了警示标志，也用红布条围了起来，学生们应该知道这是工地，不可以随便到这里来玩。他认为自己已经尽到注意义务。学生一受伤，他就和学校老师一起把他送到了医院，并且垫付了 5000 元的住院费用。这 5000 元就当是自己的一点心意，后期的费用不应由他支付，因为他在此次事件中并没有责任。

李益阳的父母和杨晓明的父母都认为，这次事件的主要责任在学校和包工头。如果学校能够在全校范围内进行公告，老师能和每个学生多多强调，这件事情或许就不会发生。还有，如果建筑方能够用栏杆或木板等将建筑工地围起来，而不是仅捆一下红布条了事，那么李益阳就不可能掉到工地里去。小孩子尤其是小男孩，顽皮、爱玩是天性，不能说孩子在学校里出了事、受了伤，都是因为孩子自身造成。李益阳父母主张，他们所提出的 8 万元赔偿金额中，一部分是治疗费用，包括李益阳住院期间及后续的治疗费用；一部分是全家全天候在医院照顾李益阳而造成的误工费，还有营养费等；另外还有一部分是精神损害费，小孩子因为这件事情吃了不少苦头，而且现在也没办法上学了，功课落下很多不说，说不定还得留级；而且对孩子来说，大腿骨折保不准会对以后的生活有影响，额头上缝了这么多针，肯定会留下疤的，所以要求精神损害赔偿。而杨晓明的父母则认为，作为杨晓明的监护人，他们可以承担一部分责任，但在此次事件中，杨晓明的责任显然是最小的。

(二)保密信息

1. 文溪小学的保密信息。(略)
2. 众鑫公司的保密信息。(略)
3. 张国强的保密信息。(略)
4. 杨晓明父母的保密信息。(略)
5. 李益阳父母的保密信息。(略)

(保密信息由教师在模拟演练前另行提供)

二、模拟练习方案

(一)分组

学生5人为一个谈判小组，分别扮演各自的律师；也可以10人一组，5人扮演委托人，5人扮演律师。

(二)模拟练习步骤及要求

1. 阅读模拟材料：
(1)模拟事例的基本信息。
(2)己方委托人的保密信息。
2. 进行谈判准备工作：
(1)收集相关信息。
(2)评估各方的利益、权利等。
(3)制定谈判计划；
(4)确定是否与其他谈判者联合，准备联合方案。
3. 模拟演练的步骤：
(1)在多方谈判开始之前，先进行联合方之间的谈判，时间不超过30分钟。
(2)开始谈判各方均参与的多方法律谈判，时间控制在30～50分钟。

三、反馈与评价

(一)法律谈判的准备

1. 在谈判开始之前，你需要收集、调查哪些信息？如何收集、调查？请详细说明。

2. 请列出需要谈判的事项。

3.请列出己方可用的文件材料、证据等。

4.请评估你委托人的优势与劣势。

5.请评估对方委托人的优势与劣势。

6.请确定并解释己方的最佳替代方案。

7.预测对方的最佳替代方案,并解释你的理由。

8.请确定己方的谈判目标。

9.请解释己方准备采取的谈判策略。

10.请问你是否选择联合?为什么?

11.如果选择联合,你选择哪一谈判方为联合对象?理由是什么?

12.请拟定一份谈判方案。

(二)模拟练习自我评估:多方法律谈判

1.在谈判中,你采用了哪些谈判策略和技巧?这些策略和技巧是否达到你所希望的效果?请解释。

2.其他谈判者采用了哪些谈判策略和技巧?这些策略和技巧是否对你产生影响?请解释。

3.在谈判中,你是否披露了对其他谈判者有价值的信息?如果是,你是在何种情形下披露的?

4.其他谈判者是否披露了对你委托人有利的信息?如果是,你是如何获得这一信息的?

5.谈判各方做出了哪些妥协?是谁先做出妥协的?在该谈判者做出妥协后其他

各方的反应是什么？

6. 谈判中你是否坚持了计划的谈判策略？如果没有，你做了哪些改变？原因是什么？结果如何？

7. 你认为在谈判过程中，哪些方面你做得比较好？哪些方面还需要改进？

8. 如果有机会，你是否愿意和谈判对手在其他场合进行谈判？请解释理由。

10. 你认为多方谈判和双方谈判有哪些不同？这些不同对你的谈判是否有影响？

11. 如何理解多方谈判中的联合？联合的理由是什么？影响联合的因素有哪些？

12. 如何理解多方谈判中的被“孤立”？

第七章 法律谈判中的伦理道德

法律谈判中的伦理道德，是一个充满分歧和争议的问题，但似乎又有着相对一致的内容：分歧和争议，源于不同的谈判者对伦理道德的不同理解、不同判断，以及类似情境下大相径庭的选择；加上在法律谈判中，对集代理人和谈判者于一身的律师而言，还会遭遇职业道德与自身的伦理价值、道德观念之间的冲突。相对一致的内容是指在实践中，面对各种各样涉及谈判伦理的问题，尽管没有绝对的对错之分，但对于哪些是可以理解、可接受的行为，哪些行为是应该避免的，哪些是不可取的手段，人们已经形成了一套程度不同的意见。①

一、法律谈判中的伦理道德困境

(一)法律谈判中的伦理道德

尽管从严格意义上说，“伦理”与“道德”有着不同的内涵，但在一般指向上，伦理和道德并没有太多的区分，两者经常被视为同义词，或被连用为“伦理道德”。② 伦理道德，是一系列指导行为的概念，蕴含着依照一定原则来规范行为的深刻道理，是人与人、人与社会、人与自然之间相处的行为规范、道德准则。在法律谈判中，伦理道德问题是几乎每一场谈判都可能涉及的问题。当律师采取的行为或策略使得委托人潜在的经济或其他利益，或律师对委托人的义务和律师对其他当事方或社会团体所肩负的社会责任发生冲突时，他就会面临伦理道德问题。

以下是几种假定的情境，但它们所涉及的问题却是谈判者在实践中经常遇到的，试着考虑一下，看看你是否对下述的各种情形都有确切答案。

情境 1：你的委托人是一位自由撰稿人，5 年前在沿江区域花 350 万元买了一栋房子，现房子估价为 500 万元。他之所以买这栋房子，是因为他大部分的时间都在家里写作，需要一个安静的环境，而沿江区域相对车少人少、绿化也好。但最近他从一个朋友处获悉，离他房子 100 多米远的两栋房子已经被一家民办幼儿园租下，幼儿园将于

---

① [美]凯瑟琳·凯利·里尔登：《谈判的力量》，冯宇译，当代中国出版社 2005 年版，第 82 页。

② 杨磊主编：《法律职业道德实训》，浙江工商大学出版社 2014 年版，第 1 页。

半年后招生，招生人数大概为100人。幼儿园会有大量的音乐、室外活动课，到时候每天都会有儿歌声、孩子的玩耍声传过来，这显然会影响到你委托人的日常写作。于是，他打算卖掉房子。现在，有一对中年夫妇与你的委托人联系，有意购买他的房子，委托人请你去和这对夫妇进行商谈。在谈判过程中，这对夫妇告诉你，他们之所以对这个房子感兴趣，是因为它周边的环境很安静，很适合他们的工作。

请问，你是否会将半年后附近有幼儿园开业的信息披露给对方？如果对方问你，周围是否存在影响或改变环境安静的事情或因素时，你该如何作答？

情境2：你的委托人是一家木材供应商，正与一家家具生产厂洽谈合作事项。对方提出，因为很快就到家具销售旺季了，所以要求你的委托人在协议达成后的一个月内提供他们在这一季所需的全部木材。而你的委托人告诉你，按照其现有的生产能力和库存，即使加班加点，至多也只能供应对方这一季所需木材量的70%。虽然你的委托人也可以试着通过其他途径如从市场上购买部分木材以完成交货，但对于能否按时交货，委托人自己也无法确定。但委托人要求你向对方隐瞒这一信息，并向对方承诺完全能够按时交货。

请问，你是否该遵照委托人的指示，向对方做出此项承诺？

情境3：你的委托人李大妈在小区行走时，被赶去上班的王某骑电动车撞倒。李大妈被诊断为右小腿踝关节、右臂肘关节脱位，韧带损伤较为严重。考虑到李大妈年纪较大且事故尚未造成开放性骨折，医生提出两个治疗方案：一是保守治疗，通过吃药和理疗逐步恢复；二是手术治疗，优点是恢复快，但复发风险较高。李大妈及其家人最终选择了手术治疗，并要求王某承担今后复发的风险。李家人告诉你，李大妈右臂肘关节的疼痛已经持续好多年了，因为对日常生活的影响并不严重，平时贴贴膏药也就过去了，所以并没有去医院就诊。这次李大妈受伤有一部分应该是源于这个老毛病。但李家人同时要求你对该信息进行保密，并在对方问及这一信息时予以否认。

请问，如果王某的律师问你，李大妈受伤的关节是否原来就有毛病，你该如何回答？你所采取的处理方法是否与情境2中的相同？如果不同，理由是什么？

情境4：一男子最近遭受家庭、工作失意的双重打击，万念俱灰之下，拿刀劫持了一名路人，并将其拖至某大厦顶楼。你作为警方委派的谈判专家，与该男子进行谈判。对方要求你承诺，如果他现在释放人质，他就不会受到任何法律制裁，你还要帮他找一份好工作。否则，他就拖着人质跳楼。

请问，你是否该做出此项承诺？为什么？

情境5：你正在协助你的委托人与一家公司进行谈判，谈判目前处于胶着状态。因为无法通过正常途径获得对方的一些重要信息，你的委托人甚是着急。现在他得知你的一位发小刚好是对方公司的部门管理人员，有机会接触到你委托人所需要的这些信息。现委托人提出，不管采取什么方法，都要让你的朋友帮着搞到这些信息，并承诺事成之后将你的律师费提高一倍。

请问，你会怎么做？如果在对方公司任职并有机会获取信息的是委托人的朋友，但委托人提出让你出面去处理此事，你的决定是否会有所不同？为什么？

情境 6：你的委托人是一家产品制造商，因市场不景气而陷于困境。现有一家公司有意购买你委托人的产品。你的委托人曾告诉过你，不管采取什么样的措施和方法，只要能高于产品的成本价与该公司达成协议，就是胜利。在谈判过程中，对方的谈判代表向你透露，他同时还在与另一家生产同类产品的厂商进行洽谈；他暗示你，如果你愿意给他个人 2 万元的红包，他马上就可以代表公司和你的委托人签订合同。如果你按对方的暗示行事，与对方依他当前的报价签订合同，那么你的委托人可以用这笔买卖赚得的利润，摆脱目前的困境。

请问，作为谈判者的你会怎么做？

(二)不道德谈判策略或行为的理由与解释

应该说，大多数的律师都很重视自己的声誉，他们希望在委托人、公众面前树立起诚实守信的形象。但同时他们认为，当自己迫于实现委托人或自己的利益时，就得采取一些欺骗性的做法：通过有意识的错误陈述、隐瞒相关事实或虚张声势来说服对方同意自己的看法，是可采用的合法手段；相反，如果律师拒绝偶尔的虚张声势，而是一直说实话而不说假话，那么他通常会在谈判中处于下风，即使最终达成协议，结果也可能只是达到了最低谈判目标。因此，许多律师在采取不道德的谈判策略或行为时，往往会为这些行为找一些理由和解释，以证明自己行为的合理性。

1. 采用这种谈判策略或行为是必要且合理的。谈判者可能会解释，编造事实、隐瞒信息、窃取对方的秘密，是谈判各方都会采用的一些手段或技巧，其目的无非是为了获得对己方委托人有利的结果。为了给委托人争取到最大利益，在不违反法律的情形下，类似的谈判策略和行为都是必要、合理且公平的，是可以被接受的。判断某一谈判策略或行为是否符合伦理道德标准，不能以日常生活中被普遍认可的规则所主导，而应该结合法律谈判这一特殊情境。这一道德相对主义理论即伦理道德标准会随环境的变化而变化，通常被认为不可接受的：如果所有的伦理系统都是相对的，那么严厉的道德判断对个人行为就无法发挥作用，因为这意味着只要在法律的限制范围内，我们就可以对他人为所欲为。①

2. 采用这种谈判策略或行为是必需的，谈判者别无选择。很多时候，谈判者会以自己只是具体的执行者而非最终的决定者为由，为自己不道德的谈判策略和行为进行辩解。律师只是委托人的代理人，当委托人要求谈判律师隐瞒事实或撒谎时，律师必须遵循委托人的决定，否则就违反了律师的职业道德和勤勉尽责的义务；尽管律师本身不想采用这些不道德的谈判策略，但在谈判中律师不能完全按照自己的意愿和伦理

① [美]罗伊·J. 列维奇、戴维·M. 桑德斯、布鲁斯·巴里：《商务谈判(原书第 5 版)》，程德俊译，机械工业出版社 2012 年版，第 155 页。

道德来行事，而必须尊重委托人的选择和决定。

3. 采用这种谈判策略或行为是对方原因造成的。有时是因为谈判对方以前曾经欺骗过自己，或者是预见到对方很可能采用类似的策略，或者对方实施不道德的谈判行为在先等，所以为了报复，为了避免自己被骗而先下手为强，或者为了“以其人之道还治其人之身”，谈判者便采用了不道德的谈判策略和行为。在这种情形下，谈判者虽然知道自己所采取的谈判策略和行为是不符合伦理道德的，但认为责任不在自己而在对方，是对方过去、现在或将来可能的不道德行为导致的，己方仅仅是为了预防、回应、避免受到对方不道德谈判策略和行为的伤害而被迫采取此类谈判策略和行为。

上述理由和解释，是为了让谈判者自己、他人包括谈判对方相信，在特定情形下采用通常被认为错误的行为是可接受的、合理的。但显然，这些理由都是从不道德谈判策略和行为实施者的角度来解释的，是为谈判者自身或委托人利益服务的，却没有考虑谈判对方或受害人的利益，因此这种解释或理由通常并不具有说服力。

（三）采用不道德谈判策略或行为的风险

大多数情况下，谈判者采用不道德谈判策略或行为，是为了增加自己在谈判中的优势，获取对委托人或自己更有利的结果，很少是因为谈判者本身是堕落或不道德的。尽管这些并不合乎伦理道德的谈判行为有可能在短期内，在具体的交易或纠纷中，帮助谈判者或委托人获得他们想要的结果，但同时也可能给谈判者及其委托人带来风险。

1. 如前所述，大多数律师都很重视自己在诚实方面的声誉，他们在谈判中采取不道德的策略或行为，更多是为了追求个案的成功，或遵照委托人的要求隐瞒或进行虚假陈述。但他们本身并不是毫无原则、为了结果不择手段的人，因此当他们看到对方因此遭受或可能遭受经济或其他方面的损失和不利后果，且这些损害是源于自己的行为时，他们会不同程度地感到不安、压力和内疚。研究表明，这种不安和压力会导致谈判者寻求其他方法，来对谈判对方做出补偿，比如在一些问题上不再坚持己方的观点或立场，或者做出比原定计划更大的让步等。

2. 在谈判一方没有意识到另一方采取了不道德的谈判策略或行为时，即使对结果不甚满意，但受害一方除了表达沮丧或不满意之外，不会有其他反应。但是，如果谈判对方当时或事后意识到被误导、被欺骗之后，通常会有比较强烈的反应。除了“以其人之道还治其人之身”的对抗或报复外，谈判者之间的关系很可能因此破裂，对方通常不再相信采取不道德谈判行为的谈判者及其委托人，即便已经达成交易或和解协议，协议的履行也会变得非常不确定。受害方还可能以重大误解、欺诈为由，要求法庭撤销协议。

3. 由于不道德的谈判策略或行为能使谈判者获得有利的结果，而这种结果又是采用合乎伦理道德的谈判策略所无法达到的，加上相当一部分不道德的行为因未被对方发现而逃脱了惩罚，这种短期有效性会让尝到甜头的谈判者铤而走险，增加在未来类似情况下采用不道德策略的倾向性和可能性。而这种倾向性会对谈判者的声誉和诚信产生重要影响，“这些谈判者会被视为低诚信或不正直，会被当作那种一旦有机会就会剥削别人的人”。① 同时，经常采用不道德的谈判策略或行为的谈判者，为了让谈判对方也让自己确信此类行为的合理性，会越来越多地使用服务于自身利益的解释，而这会让他们对伦理标准和价值观的评判产生偏差，降低他们发现事实的能力，并可能使他们渐渐丧失谈判力。

二、法律谈判中的律师职业道德

对在法律谈判中所采取的不道德谈判策略或行为，律师们最常用且自认为最有理的解释是：隐瞒信息或说谎是基于委托人的要求；同时，在谈判中最大限度地维护委托人的权益也是律师职业道德所要求的。那么，律师在法律谈判中隐瞒真相、误导或欺骗对方，真的是律师职业道德所允许的吗？当委托人要求律师说谎时，律师是不是必须遵循委托人的意见？如果不按委托人的要求说谎是不是违反了律师的职业道德？还有，当律师的职业义务与道德义务相冲突时，在任何情形下都必须是职业义务优先？接受当事人委托之后的律师真的没有自主权，而仅仅是“一支被雇佣的枪”？

律师职业道德，是指律师在从事律师业务、提供法律服务时，应当遵循的职业道德规范。的确，勤勉尽责、最大限度地维护委托人的合法利益是律师职业道德的基本准则：中国《律师职业道德和执业纪律规范》第五条就规定：“律师应当诚实守信，勤勉尽责，尽职尽责地维护委托人的合法利益。”第二十四条还规定：“律师应当充分运用自己的专业知识和技能，尽心尽职地根据法律的规定完成委托事项，最大限度地维护委托人的合法权益。”此外，律师有保密的义务，②律师还有为实现委托人目的而选择相应方法的权利。③ 但是，与此相对应，《律师职业道德和执业纪律规范》第四十条明确规定：“律师应当恪守独立履行职责的原则，不因迎合委托人或满足委托人的不当要求，丧失客观、公正的立场，不得协助委托人实施非法的或具有欺诈性的行为。”第二十七条第二款也规定：“对委托人拟委托的事项或者要求属于法律或律师执业规范所禁止的，律师应告知委托人，并提出修改建议并予以拒绝。”显然，“为委托人争取、实现最有利的结果”很多时候并不能成为律师在法律谈判中说谎、欺骗对方的正当抗辩理由；相反，针对委托人提出的不当要求，律师应当有自己独立的判断和决定权。

---

① [美]罗伊·J. 列维奇、戴维·M. 桑德斯、布鲁斯·巴里，前引注，第156页。

② 《律师职业道德和执业纪律规范》第八条：“律师应当严守国家机密，保守委托人的商业秘密及委托人的隐私。”

③ 《律师职业道德和执业纪律规范》第二十七条第一款：“为维护委托人的合法权益，律师有权根据法律的要求和道德的标准，选择完成或实现委托目的的方法。”

同样,美国律师协会《职业行为示范规则》(以下简称"《示范规则》")也持类似立场:《示范规则》一方面规定律师在代理委托人的过程中,应当称职、勤勉、迅捷;[①]律师应当遵循委托人就代理的目标所做出的决定,应当就实现这些目标所采用的手段与委托人进行磋商,并可代表委托人采取上述行动;[②]除非委托人明确同意,得到默示授权或例外事项,律师不得披露与代理委托人有关的任何信息。[③] 另一方面,《示范规则》序言第 2 项明确指出,作为谈判者,律师应为委托人追求最有利的结果,但是也必须遵循诚实对待他人的原则;[④]第 8.4 条(c)项更是将律师从事涉及欺诈、欺骗或虚假言论的行为,列入需要予以惩戒的不当行为之列。此外,《示范规则》第 1.2 条(d)项规定,如果明知委托人的行为构成犯罪或欺诈,则律师不得为委托人从事上述行为提供咨询或帮助;第 1.6 条(d)(2)项规定,为了防止委托人从事对其他人的经济利益或财产产生重大损害的犯罪或欺诈行为,并且委托人已利用或正在利用律师提供的服务来促成此类行为的发生,律师可以在其认为合理必要的范围内披露与代理委托人有关的信息。《示范规则》第 4.1 条还规定,在代理委托人的过程中,律师不得故意从事下列行为:(a)就重要事实或法律,向第三人做虚假陈述,或者(b)为避免帮助委托人从事犯罪或欺诈行为需要公开某项重要事实,但却并未披露该事实。

尽管各国有关律师职业道德的法律法规对律师在执业包括法律谈判过程中所碰到的伦理道德问题做了相应的规定,但在实践中,律师还是屡屡遭遇伦理道德困境,在职业道德与社会伦理道德之间,在为委托人争取最有利结果和实践法律职业精神、追求客观的公平正义之间,难以抉择。原因何在?《示范规则》序言中的一段话或许能说明一些问题:"就职业活动的性质而言,律师各职责之间也存在着冲突。事实上,所有的道德难题都源于律师对委托人的职责、对法律制度的职责以及律师选择做一个正直之人的同时维持令人满意的生计的自身利益之间的冲突。《示范规则》对解决这些冲突的条件进行了规定。然而,在这些规范的框架内,也会产生许多专业判断的难题。这些难题,必须通过敏锐的专业判断力和道德判断力,依据构成这些规范的基本原则的指导下加以解决。"

---

① 《示范规则》第 1.1 条、第 1.3 条。

② 《示范规则》第 1.2 条(a)项。

③ 《示范规则》第 1.6 条(a)项。

④ 《示范规则》序言第 2 项:作为委托人的代理人,律师肩负多种职能。作为法律建议者,律师应使委托人明确理解其法律上的权利和义务,向其解释这些权利和义务的现实意义。作为诉辩者,律师应按照对抗制的规则,热忱地维护委托人的立场。作为谈判者,律师应为委托人追求最有利的结果,但是也必须遵循诚实对待他人的原则。作为评估人,律师应对委托人委托的法律事项进行审查,并就此向委托人或他人进行报告。

三、法律谈判中的说谎及其道德限制

诚实，是对律师最基本的职业道德要求，但是在法律谈判中做到诚实却并不容易：首先，诚实的含义是什么？是遵守了一套明确的规则，还是遵从了某种契约，抑或凭良心做事？其次，诚实和谎话之间的距离是多少？稍有出入也算是谎话？还有，谈判律师应该每时每刻都讲真话吗？或者偶尔、有时不讲真话也是可以接受的？

法律谈判所涉及的大多数伦理道德问题，都是与实事求是的标准相关的，即谈判者的诚实、坦率和公开程度应当达到什么水平。在谈判中，我们更多关注的是谈判者所说的或他们说自己将会做的事情，而不是他们实际做的（尽管谈判者可能做出不符合伦理道德的行为）。有些谈判者可能会有欺骗、采取不正当手段获取信息或资料、谋取个人利益等行为，但最常涉及且关注最多的伦理道德问题还是谈判者的说谎行为。

在谈判中，说谎之所以会成为一个最常见也是最难以判断是否符合伦理道德的问题，原因有三：首先，谈判是一种不公开的行为，如果一位谈判者向另一位谈判者说谎，后者只有在非常偶然的情况下才会发现这是个谎言；如果通过谈判达成了和解，通常很少有机会审查谈判者在谈判中所作主张的真实性。因此比起其他场合，律师在法律谈判中更容易采取说谎等违反道德准则的行为，因为他会认为他的谎言不会被发现，更不会因此受到惩罚。反而，对那些坚持诚信不说谎的律师来说，他可能会使他的委托人丧失某种优势。其次，通过法律谈判促成的交易、解决的纠纷种类很多、范围很广，而各类具体的谈判实例间又存在程度不一的差异，在某一场合中被认为正确的表现在另一场合中很可能被认为不符合伦理道德的。最后，在法律谈判中，律师的职责存在自相矛盾的情形：一方面，他必须公平且诚实；另一方面，为了谈判的成功，有时他必须误导他的对手，通过各种方式使谈判对方做出错误的估计或判断。有时候，成功与不成功的谈判者之间的区别，很可能就在于是否具备既能够误导他人又不被他人误导的能力。①

基于谈判的具体情况、律师的职责和对委托人的义务，我们无法要求律师在谈判中保持绝对的诚实，必须每时每刻说真话。很多时候，如果一个律师扭曲他自己案件的价值、事实和论据的价值及在这些方面反对谈判对方所提出的意见，人们大多不会感到惊奇，而在制度上，我们也接受这种行为并对它有所预见。② 一般认为，律师对某个案件或某一规则不表达自己的真实意见，或者做出有利于己方委托人的解释，来试图说服对方，是符合伦理道德的，这样的行为是律师的权利，很多时候可能也是律师的

① ［美］斯蒂芬·B.戈尔德堡、弗兰克·E.A.桑德等：《纠纷解决——谈判、调解和其他机制》，蔡彦敏等译，中国政法大学出版社2004年版，第77页。

② 同上注，第81页。

责任。同样，如果一位律师在谈判过程中就谈判议题做出概括性的声明，或就谈判所涉标的物、该类争议若提交诉讼后可能出现的判决结果，做出不正确的评估，或者将委托人不甚关心或完全不关心的一些请求列为谈判的一部分，目的在于增加己方的谈判资本，让对方相信这些请求如此重要，借此来换取对方的重大让步，等等，这样的做法我们会予以宽容，即使并不完全赞同但至少也不会认为是在道德上应被谴责的行为。

但是，另外有些情形下的隐瞒、说谎很可能就突破道德限制了。首先，某些对事实的隐瞒、说谎本身就构成了对律师职业道德的违反。如《示范规则》第4.1条(a)项规定，律师不应当就重要的事实或法律向第三人做虚假陈述。尽管一般而言，在代表委托人与其他人打交道的时候，律师并没有将有关事实告知对方当事人的应尽职责，但如果律师引用、肯定他人做出的，但律师明知是虚假的陈述时，就构成了虚假陈述；部分真实但却带有误导性的陈述或等同于肯定错误陈述的省略或遗漏，也构成虚假陈述。[①] 其次，即使有些行为并不违反律师职业道德，但当律师的职业义务和社会共同道德义务相冲突的时候，律师很多时候可能需要做一个文明的职业义务不服从者。[②] 这里有一个真实的案件，一位名叫斯鲍汀的年轻人，在一起交通事故中受到严重伤害，他起诉要求赔偿。被告的律师让自己的医生检查这位年轻人的身体，医生发现年轻人身上有一颗致命的大动脉瘤，很明显是由这起事故造成的，而斯鲍汀的医生却没有发现。斯鲍汀愿意以6500美元的赔偿金进行和解，但被告律师意识到，如果这位年轻人知道了这颗大动脉瘤，他要的赔偿金会高得多。被告律师隐瞒了这个信息，并且以6500美元的赔偿金额与原告和解。后来，法庭发现律师的行为在道德上是不可取的，于是采用一些技术手段废除了该和解协议。[③] 显然，法庭虽然没有相应的法律依据，要求被告律师将斯鲍汀身上存在致命动脉瘤的事实告知他，但法庭依然认为律师的这一行为有悖于社会的共同伦理道德。

四、应对不道德的谈判者

尽管有这样那样的规范和引导，但是受欺骗、隐瞒等不道德谈判行为所可能带来的不当得利的诱惑或其他各类压力的影响，法律谈判中不可避免地会出现不道德的谈判者。因此，律师在尽量避免自己成为不道德谈判者的同时，还需要注意识别对方所采取的不道德谈判策略和技巧。如何减少并应对谈判中的不道德行为呢？以下一些方法或许是种选择。

1.做好充分的谈判准备，展示你有获取信息的能力。你对谈判的准备越充分，对

---

① 《示范规则》第4.1条的注释。

② [美]戴维·鲁本：《律师与正义——一个伦理学研究》，戴锐译，中国政法大学出版社2010年版，第142页。

③ 同上注，第136—137页。

方就越不会对你撒谎，因为他会觉得自己的谎言有被识破的可能、撒谎风险过大，因而作罢。同时，若你能向对方展示你有获取信息的能力，能在日后验证对方所说是否真实的话，那么你就可能在第一时间阻止对方撒谎。[①]

2. 在谈判开始前，双方共同列出需要限制的行为，如进行操纵、欺瞒、不诚实、不负责等，并在谈判开局阶段提及该问题，表明己方的立场——互相尊重，不以任何方式进行虚假陈述，拒绝任何可能对谈判目标造成危害的不道德行为。在谈判之初就明确排除不道德的谈判行为，对双方都是个约束和警示；如果在谈判中一方违反约定，另一方只需要提起这个约定提醒对方遵从就好。

3. 如果在谈判进行过程中，你怀疑对方隐瞒了重要信息或者提供了虚假信息，你可以直接表示你的怀疑：一句“别这样”“我认为你在这个问题上不够坦白”或者更直白的“你这样做对双方都没有好处”等，可能就会使对方回归正常立场；或者表达得婉转一些，“我一直相信你，但对这个问题，我感觉你可能有些苦衷”等；或者以怀疑的表情或沉默的方式应对，让对方感觉到他的谎言已经被识破，从而促使其披露信息或停止不道德的谈判行为。

4. 如果你怀疑对方隐瞒信息或采取了一些不道德的谈判行为，你也可以直接要求对方提供解释：“如果你说的是实情，那么请问你怎么解释……”；或者问一个令对方觉得有必要撒谎的，但其实你已经知道答案的问题；或者针对同一个问题进行多次提问，给对方造成压力，并通过对方的多次回答与陈述来发现其中的矛盾和虚假信息。

5. 有些时候，为了促使对方披露相关信息，谈判者需要改变提问的方式。[②] 如在房屋买卖过程中就房屋的供暖问题，不是简单地问“供暖系统怎么样”，而是代之以更为具体更能发现实情的问题：“房子供暖系统的最后一次检测是在什么时候？结果怎么样？”或者进行婉转暗示：“换了是你要做这个决定，你觉得你现在告诉我的信息足够吗？”

或许会有人主张，如果在法律谈判中遭遇对方的不道德谈判行为，会“以其人之道还治其人之身”，也即如果对方提供虚假信息，你会回以虚假信息；对方隐瞒重要信息，你会还之以空头承诺……但其实这并不是一种很好的策略，因为这样做的结果只会破坏谈判，无法促成协议或解决无法和解，除非你已经决意使谈判走向破裂了。更何况，对方采取不道德谈判策略或行为，并不是谈判者降低自己行为标准的理由。

针对法律谈判中的不道德行为，有经验的谈判律师有许多解决方法，他们会根据具体情况决定是婉转还是直截了当。但有时候我们可能需要提醒自己，没有人是尽善尽美的，总有些时候会抵挡不住不道德行为的诱惑。因此，虽然对方采取了一些不道

---

① [美]迪帕克·马哈拉、马克斯·巴泽曼：《哈佛经典谈判术》，吴奕俊译，中国人民大学出版社 2009 年版，第 157—159 页。

② [美]罗伊·J. 列维奇、戴维·M. 桑德斯、布鲁斯·巴里，前引书，第 157 页。

德的谈判行为,但没有涉及关键信息或者情形不是特别严重,那么只要有可能,我们就应该给对方留下回旋余地,让他们能有机会不失颜面地纠正自己的不道德谈判行为。尽管具体如何处理不道德的谈判者,还要视情况而定,但如果因对方偏离了道德立场就死揪不放,这也不是高明的谈判者所为;当然,保持沉默,纵容不道德的谈判行为也不是正确的态度。①

五、法律谈判中的伦理道德考量:做正确的事

如前所述,尽管律师职业道德规范对法律谈判中的伦理道德问题做了相应的规定,但在实践中,依旧会有不少律师选择违背自身伦理价值、违反职业道德规范,采取隐瞒、欺骗的行为,为自己的委托人争取利益。作为谈判者的律师们之所以如此行为,有些是因为其对相关事实、规则的理解有误;但不可否认,还有不少是因为受现实的经济利益驱动,导致其行为、决策完全以委托人的要求为上。

美国学者曾经做过一份问卷调查,调查对象是734名律师,问卷内容是一个虚拟的谈判案例:你的委托人坚信他的前女友将DONS病毒(DONS为虚构的病毒,是一种通过性关系传播的、致命且目前没有治愈可能的病毒)传染给了他,前女友的来信也承认在与你的委托人保持男女朋友关系期间,她的身体确实携带了DONS病毒。为此,你的委托人做了两次DONS病毒测试,结果均呈阳性。在你的委托人威胁要起诉她之后,前女友建议双方各自委托律师进行赔偿谈判。就在谈判即将开始之际,你的委托人向你透露了一个关键信息,他的前两次DONS病毒测试结果是伪阳性,也就是说,其实他并没有感染DONS。但是你的委托人依旧无法消除对前女友的愤恨,他决定惩罚她,要她为自己不计后果的行为给他带来的痛苦付出代价。因此,你的委托人要求你,在谈判期间不得披露他其实并没有感染DONS的事实。于是,问题来了:面对委托人的这一要求,你会如何回应?调查者设计了两组问题:①若委托人要求律师在谈判过程中,不管什么情形,都不得披露他实际并没有感染DONS的事实,你会怎么回应?②在你明确拒绝了委托人的这一要求或者你不确定你会如何回应后,如委托人退一步提出,只有在对方律师直接问及你的委托人是否真的感染DONS时,你才能披露真实信息时,你又会如何回应?②

显然,根据《示范规则》第4.1条规定,因为涉及对重要事实的虚假陈述或拒绝披露,两组问题所假设的情形都是违反律师职业道德规范的。但调查结果显示,仅有50%的律师明确表示对两种情形下的委托人要求,他们都会予以拒绝;有11%的律师

① [美]凯瑟琳·凯利·里尔登,前引书,第89页。

② Art Hinshaw, Jess K. Alberts, *Doing the Right Thing: An Empirical Study of Attorney Negotiation Ethics*, 16 Harv. Negot L. Rev. 95 (2011), pp116—119.

选择拒绝委托人的第一项请求，但会同意接受委托人的第二项请求；而另有19%的律师选择同意接受委托人的第一项请求。[①] 而当律师们被问及他们如此选择的理由时，选择拒绝委托人请求的律师们所给出理由的前三项分别是：我的诚实和公正的信念极其重要，同意委托人的请求会违反职业行为规则，我的伦理道德观不允许我这么做。而选择同意委托人请求、在任何情形下都不披露真实信息的律师们给出理由的前三项是：这一信息受与保守委托人秘密相关的职业行为规则所保护，这一信息受律师与当事人特权规则保护，委托人特别强调了该信息不得予以披露。[②]

许多律师都相信：忠于委托人不仅是律师的首要，而且是唯一的职责。[③] 但其实，律师的职责并非如此简单：律师尽职尽责所维护的应当是委托人的合法权益而非不当利益；尊重、维护委托人的权益是律师的重要职责但并非唯一职责，因为法律职业的精神，"有别于利己主义与自我膨胀"[④]，在法律谈判中，律师在考虑委托人利益之余，同样也要考虑法律职业的精神，考虑诚实地对待其他谈判者的问题。尽管在法律谈判中，无法要求作为谈判者的律师在所有问题上都表现诚实，但总体上的实话实说还是要坚守的；[⑤]如果谈判对方问及一些不该问的问题，如关于律师的授权权限、关于委托人的和解底线等，律师可以回避，可以采取其他途径予以回答，而并非一定得说谎。尽管相关的职业道德规范对许多行为都没有给予明确禁止或限制，但通常认为律师不能采用一些与社会共同道德相违背的策略，如给其他人造成道德上不公平损害的行为；追求在实质上不公正的结果的行为；欺骗性的行为，即混淆事实真相或诱导人们在产生重大误解的情况下实施一些行为，即使这些行为是法律许可的。[⑥]

坦率地说，法律谈判中的伦理道德是一个不太好讲授的主题。《律师职业道德和执业纪律规范》中相关规定的宽泛、原则和语焉不详，现实中律师为获得经济或社会利益，采取有悖于自身道德价值观，违反职业道德规范的行为屡见不鲜，却又甚少受到惩戒，因此每次在课堂上问及面临伦理道德困境时的抉择时，不少学生的回答与上述问卷调查中那30%律师的选择相同：或不加判断地全盘接受委托人的要求，或稍作调整但依然选择接受委托人提出的明显不合法或者违反社会共同伦理道德标准的要求。

---

① Art Hinshaw, Jess K. AlbertsDoing the Right Thing: An Empirical Study of Attomey Negotiation Ethics 16HarV、NegL. Rev. 95(2011), p139. 另有20%的被调查者对其中一项请求或两项请求均不确定该如何回应。在该问卷所设置的选项中，调查者预先排除了"解除委托关系"这一选项，目的在于要求被调查者通过直接回答"接受"或"拒绝"表明他们在这一涉及谈判伦理道德问题上的立场或倾向，避免他们通过选择"解除委托关系"等技术方式处理来回避对这一问题的回答。

② 同上注，p125，p128。

③ 同上注，p97。

④ [美]罗伯特·N. 威尔金：《法律职业的精神》，王俊峰译，北京大学出版社2013年版，第143页。

⑤ [美]斯蒂芬·B. 戈尔德堡、弗兰克·E. A. 桑德等，前引书，第78页。

⑥ [美]戴维·鲁本，前引书，第143页。

谈及理由,学生们最常见的回答是:尽一切可能为委托人争取最大利益是律师的首要职责,律师的行为不能违背委托人的意愿,隐瞒或不披露重要信息是法律谈判的有效策略。

不幸的是,学生们的这些理念或者行为标准不仅会表现在他们未来的法律谈判及其他执业行为中,同样会潜移默化地影响他们自身的行为方式。可能有人会辩称:律师在法律谈判中的行为有别于现实生活的个人行为方式。这样的辩解,表明从个人的角度而言,律师们其实并不认同法律谈判中许多颇受争议的行为。但是,如果一个人一而再、再而三地重复这些有争议的、有悖于个人或社会伦理道德的行为时,他自身的行为模式和自我认同很难不受影响。退一步,即使是那些可以将执业行为模式和个人行为模式进行完美分割的律师,至少他们在同行或业界的声誉和形象,主要还是依赖于他们在一次次的法律谈判和其他执业行为中的表现。这也是为什么在上述美国学者的调查中,那些执业年限相对较长的律师更倾向于选择拒绝委托人的不当请求。①

诚然,在法律谈判的课堂上,我们需要教授学生有关谈判的策略、技巧,但我们有时是否在教育中过多地强化了谈判的竞争性、对抗性,而忽视了谈判是促成合作、解决争议的有效方式这一本质?如果我们经常片面地强调法律谈判的对抗性、竞争性,毫无疑问,学生们更容易确信谈判是一块“自由之地”,只要不被揭穿不被抓现行,你可以随心所欲地撒谎。因此,除了教授谈判的策略和技巧外,我们同样应当强调法律谈判中的伦理道德考量和遵守。对法学院的学生而言,他们应当被告知:评价他们行为的标准并不仅仅是简单的合法或不合法,而且还应该有其他标准;有些行为虽然是合法的,但它实际上是不正确的,那么这样的行为或策略就不应当被采用;当他们面对困境无法抉择时,不妨接受亚里士多德的建议:“尽量做对的事。”②

法律教育要服务于根植、促进、维护法律职业的精神和价值。一个充满职业精神的法律人,从不迷失在自己或委托人的利益之中。精神的东西会按精神的方式行进,而获得这一精神最好的方法就是崇尚它,只有崇尚才能根植于心,为灵魂所拥有。③

---

① Art Hinshaw & Jess K. Alberts, supra note, p146.

② [美]凯瑟琳·凯利·里尔登,前引书,第 89 页。

③ [美]罗伯特·N·威尔金,前引书,第 152 页。

第八章　法律谈判与其他争议解决方式

第一节　法律谈判与其他争议解决方式

一、法律谈判与替代性争议解决方式

替代性争议解决方式(Alternative Dispute Resolution,简称 ADR),又称"非诉讼争议解决方式",是各种诉讼外争议解决方式的总称。广义的替代性争议解决方式包括谈判、调解、仲裁、法院附设 ADR(court-annexed ADR)等。[①] 自 20 世纪 70 年代以来,ADR 凭借其灵活、高效、费用低等优势,获得了迅猛发展。概括起来,ADR 有几个特点:①替代性。ADR 是诉讼之外的其他各种争议解决方式的统称,其共同之处在于"替代":每一种 ADR 程序都是对诉讼程序的一种替代。当然,这种替代性并不意味着完全取代诉讼,因为"ADR 不准备,也永远不可能取代诉讼"。[②] ②多样性。ADR 被认为是一系列争议解决方式综合的程序组,当事人可以选择其中的一种程序,也可以将几种程序结合起来使用,从而为当事人解决争议提供了多种选择的可能性。有些 ADR 程序甚至还可以辅助于传统的法院诉讼。③自主性。这种自主性体现在许多方面:当事人对争议解决方式的选择是以自愿、合意为基础,或选择调解,或选择仲裁;有些时候,当事人一旦选择 ADR,也就意味着放弃了诉讼的权利,如大多数的仲裁具有排除法院管辖权的效力;当事人还可以自主确定程序规则,如对调解程序、仲裁规则的选择等;在谈判、调解等 ADR 程序中,当事人对争议解决结果具有决定权,仲裁裁决的约束力也是以当事人自愿签订的仲裁协议为基础的。当然,也有例外:有些 ADR 程序是半强制的,虽非诉讼的前置条件,但可根据当事人一方的申请启动,如由专门机

---

① Donald G. Gifford, *Legal Negotiation: Theory and Applications*, West Group (1989), p203.

② 转引自范愉:《代替性纠纷解决方式(ADR)研究——兼论多元化纠纷解决机制》,《法哲学与法社会学论丛(2)》,郑永流主编,中国政法大学出版社 2000 年版,第 140 页。

构介入的针对消费者或产品责任争议的ADR;还有些是强制性的,是法院处理此类争议的必经程序,如我国的劳动仲裁。

(一)调解

调解是在第三方协助下进行的谈判:争议发生之后,双方当事人在中立第三方即调解员的主持、引导下,自愿协商、互谅互让,达成协议以解决纠纷。调解可以分民商事调解、仲裁调解和诉讼调解。民商事调解是当事人将争议提交专门的调解机构或独立调解人进行调解,由此形成的调解协议通常并不具有强制力;①而仲裁调解和诉讼调解则分别由仲裁庭、受诉法院主持进行,是相关仲裁程序或诉讼程序的一部分,一经调解结案形成裁决或调解书,具有与仲裁裁决和法院判决同等的法律效力。

在调解中,专业而中立的调解员会运用各种技巧构建起一套程序,为当事人寻求、制定争议解决方案创造条件。作为一项独立的争议解决程序,调解虽然没有特别正式或严格的步骤,但还是有几个相对固定的阶段:如调解开始、当事人陈述、调解员主持谈判、调解结束等。调解员会引导当事人进行有组织有次序的讨论,以便收集具体信息,确定争议焦点、利益和阻碍争议解决的因素,拟定、评估、选择和解方案。与仲裁员和法官不同,调解员对争议事项并没有决定权,他必须严格遵守保密约定以赢得当事人的信任,进而指引当事人积极深入地参与争议解决程序。

(二)仲裁

仲裁是指当事人将争议交第三方居中裁决,裁决对双方均具有拘束力的争议解决方式。仲裁可以分为机构仲裁和临时仲裁:前者是常设仲裁机构进行的仲裁,后者是当事人将争议提交临时仲裁庭进行仲裁,仲裁结束,仲裁庭即自行解散。② 不管是机构仲裁还是临时仲裁,仲裁程序的启动都是以当事人之间存在有效的仲裁协议为前提的,仲裁协议可以是争议发生前签订的,也可以在争议发生后约定。

与其他争议解决方式相比,仲裁具有以下特点:①自治性。是否将争议提交仲裁、提交哪一仲裁机构进行仲裁、仲裁员的选择、仲裁庭如何组成等等,都可由当事人自行决定。②专业性。仲裁员大多是各个专业领域或法律方面的专家,他们不仅是仲裁公正性的保障,也是裁决专业性的体现。③灵活性。仲裁的审理方式、具体的程序规则都可以由当事人协商与选择,较之诉讼,仲裁程度更加有弹性。④保密性。与诉讼不同,仲裁原则上不公开审理,仲裁员具有严格的保密义务。⑤一定的强制性。大多数的仲裁裁决都是一裁终局,且具有和法院判决同样的强制力。

实践中还存在一种"无拘束力仲裁"(non-binding arbitration),但从严格意义上说,无拘束力的仲裁并非真正的仲裁,它的作用更类似于调解、小型审判等,而非我们

---

① 本章所讲的调解主要是指民商事调解。

② 依现行的《仲裁法》,中国内地不存在临时仲裁。

通常理解的对当事人有约束力的仲裁:无拘束力仲裁的主要目的在于促进当事人的谈判和协商,而不是由第三方做出一项由约束力的决定。①

(三)法院附设 ADR

法院附设 ADR 是指以法院为主持机构,或受法院指导,但与诉讼程序截然不同的诉讼外纠纷解决程序。② 法院附设 ADR 起源于美国:20 世纪 70 年代,为缓解法院的诉讼压力,提高纠纷解决效率,美国一些州法院将调解、仲裁等 ADR 程序引入法院,表现为法院附设调解、法院附设仲裁、简易陪审团审理、早期中立评估、小型审判等多种形式。

1. 法院附设调解。法院附设调解(court-annexed mediation)是调解机关设在法院的一种调解制度,它不同于法院的诉讼调解,除一些特殊的强制调解外,大多数的调解程序由当事人申请启动;调解员可由法官、律师、社会工作者等充任,如果法官担任调解员,则该法官一般不参与后续的诉讼;调解程序和诉讼程序相互独立,但又紧密衔接,若争议调解不成,则由当事人自行决定是否转入诉讼;一旦调解成功,调解协议在获得法院的确认后具有强制执行力。③

2. 法院附设仲裁。法院附设仲裁(court-annexed arbitration)是指法院要求那些依照法律规定符合条件的争议当事人,如争议金额在 10 000 美元或 50 000 美元以下的④,或医疗事故纠纷等,在将争议提交法院审理前先进行仲裁。仲裁程序由法院主导,但仲裁员由法院之外的、经当事人选择的第三人担任;庭审程序比较简便、灵活,举证的范围、陈述的时间都受到一定限制。仲裁裁决做出后,双方没有异议的裁决即成为终局裁决、对当事人有约束力;若当事人一方或双方不服裁决的,则裁决无效,当事人可申请法院开庭审理,做出判决。⑤

3. 简易陪审团审理。简易陪审团审理(summary jury trial)是法院在正式开庭审理前暂停诉讼程序,由法官和陪审团进行的一场模拟庭审。在该程序中,由双方律师向陪审团陈述对案件的看法,简要展示证据,然后由陪审团做出建议性裁决,当事人以该裁决作为谈判协商的基础。该程序的主要目的是促进尚在审理准备阶段、无法达成和解协议而面临正式庭审的当事人,继续通过谈判解决纠纷。虽然陪审团做出的建议性裁决对当事人并没有约束力,但通过陪审团的评估,当事人对自己在接下来的正式庭审中的处境会有更理性的认识。若当事人在简易陪审团审理后仍未能达成和解,法

---

① Donald G. Gifford, supra note, p211.

② 范愉:《非诉讼纠纷解决机制研究》,中国人民大学出版社 2000 年版,第 377 页。

③ 邓春梅:《法院附设调解制度研究》,中国法院网:http://www.chinacourt.org/article/detail/2012/07/id/532396.html。

④ 不同州法院确定了不同的争议金额标准。

⑤ 朱品艳:《法院附设仲裁研究》,西南政法大学 2007 年硕士学位论文,第 7 页。

院会召开审前会议讲述和解的可能性；若经庭审会议依然达不成一致，那么将进行正式的庭审程序。①

4. 早期中立评估。早期中立评估(early-neutral evaluation)是指当事人在将争议提交法院，但尚未开始审理准备时，由一名在争议所涉事项领域有相当专业知识的律师或其他人员作为评估人，主持一场由双方当事人和律师参加的非正式会议。在双方律师做简单陈述之后，由评估人对双方所提供证据的证明力、观点的合理性进行评估，并提出建议性的解决方案。评估人的意见仅具有参考性，且任何时候均不得为法官知晓。如当事人在评估之后有和解的意向，评估人也可以与双方进行沟通以促进他们进一步谈判；若早期中立评估未能促成当事人和解，那么诉讼程序将继续进行。②

5. 小型审判。小型审判(mini-trial)虽名为"审判"，但并非通常意义上的法庭审判，而更像是模拟法庭。争议双方各派一名高级代表和一名中立的第三方顾问组成庭审小组进行听证，首先由双方律师就争议事实做一个简短陈述，提交证据，然后由庭审小组提出一项和解方案，交争议方协商。听证通常由中立的第三方顾问主持，他虽然没有就争议本身做出裁决的权力，但双方的高级代表一般都会就案件或某一具体问题征询第三方顾问的意见和看法。小型审判的结果并不是由庭审小组做出一项对双方有约束力的决定，而是提出和解方案协助双方进行谈判，直至他们达成协议，或者因无法达成共识而承认谈判破裂。小型审判的听证是非正式的，其程序和规则也比较随意，有些听证甚至没有第三方顾问参与，而是由争议方的高级代表主持。③ 小型审判的目的在于通过听证程序，使得各方当事人对争议有一个全面的认识，能意识到己方的有利和不利之处，帮助他们理解如何从法庭或法官的视角看待此项争议；而且，由于参加听证的争议方代表都是享有解决争议权限的高级管理人员，他们在听取双方陈述、审查证据之后，大多会对争议有一个更为客观、中立的评判和看法，这有助于双方在听证之后通过谈判解决纠纷。小型审判主要适用于商事争议的解决。

虽然，谈判与调解、仲裁、法院附设 ADR 程序以及诉讼等，都是各不相同的争议解决方式，但有些替代性争议解决方式本身就是谈判的继续，如调解；而在另一些争议解决程序中，或多或少也都有谈判的存在和可能，包括仲裁和诉讼；且法院附设 ADR 中的多种程序，其主要目的就是为促进当事人通过谈判解决纠纷而非继续诉讼。接下来，我们就简单了解一下调解程序和诉讼框架下的谈判。④

---

① Donald G. Gifford, supra note, p214.

② 孙敏洁:《论美国法院附设 ADR》，武汉大学 2005 年硕士学位论文，第 12 页。

③ Donald G. Gifford, supra note, p218.

④ 由于仲裁和诉讼都是由第三方就争议做出裁决，当事人接受裁决约束的过程，而考虑到在争议提交仲裁或诉讼之后，争议双方若继续进行谈判，仲裁和诉讼中的谈判背景和影响谈判的因素会有很多相似之处。所以本章只选择了其中之一——诉讼框架下的谈判进行简单分析，而不再述及仲裁程序下的谈判。

二、调解程序下的法律谈判

我们曾经说过，谈判者常常是在竞争型的谈判策略无果之后，才开始尝试解决问题型的谈判模式；同样，谈判者往往是在谈判陷入困境，无法继续下去，但同时又希望在很大程度上保留双方之间的某种关系时，才会考虑调解程序。因为有独立第三方的介入，调解与仅有争议双方参与的谈判存在很大不同；但是，调解通常又被认为是谈判的继续，是争议双方在中立第三方协助下进行的谈判。①

（一）调解是谈判的继续

调解程序通常可分为调解前的准备、调解员开场白、当事人陈述、确定议题与谈判、达成协议和调解结束等几个阶段。在这个过程中，调解员身兼多职，他既是主持人、引导者，又是协调人、评估者甚至建议者等，但归根到底，调解程序下的争议最终还是需要当事方通过谈判加以解决。调解的目的不是对争议做出裁决，而是促进谈判双方之间的交流与沟通，鼓励他们运用合作或解决问题型的谈判策略和技巧解决纠纷，这是调解与仲裁、诉讼的最大区别。

调解是谈判的继续，争议双方参加调解是为了在依照他们自身意愿的基础上进行谈判，达成一项双方都能接受的协议，而非一项他们必须受其约束的裁决。在开场白阶段，调解员在解释调解及其规则时，通常会强调调解程序的非正式性及其协商一致的本质、调解员的公正性以及当事人负有寻找他们自己的解决方案的责任。② 显然，在调解程序下，有权利对争议事项的实体问题做出决定，是否以及如何解决争议的是当事人而非调解员；调解程序由调解员主导，调解员是独立、中立的，但他不是裁判者；调解员不仅对争议事项没有决定权，而且他一般不会在调解之初就提出他自己的建议，解决方案的形成、确定，最好都由当事人及其律师完成。

在调解程序下，调解员会运用各种技巧，引导当事各方进行谈判，并鼓励他们采取合作或解决问题型的谈判策略、放弃竞争或单纯进攻型的谈判方式，以促成协议的达成；但当事人及其律师是否愿意接受调解员的建议和影响，由当事人自行决定。而且，如果当事人认为调解程序无法满足，实现他的利益和需求时，和普通谈判程序一样，当事人可以随时退出调解。

（二）调解是在第三方协助下进行的谈判

尽管调解的本质依然是协商一致，但是，由中立的第三方介入的调解程序与仅有

---

① Harold I. Abramson, *Mediation Representation: Advocating in a Problem-Solving Process*, NITA 2004, p13.

② [美]斯蒂芬·B. 戈尔德堡、弗兰克·E. A. 桑德等：《纠纷解决——谈判、调解和其他机制》，蔡彦敏等译，中国政法大学出版社 2004 年版，第 119 页。

当事人及其律师参与的谈判，有着明显的区别。其中最核心的就是：调解员能够鼓励、促使谈判双方采用合作或解决问题型的策略和技巧进行谈判。

1. 调解员能促进谈判者之间的交流，改变他们对待谈判对方的态度和行为模式。有些时候，谈判者之所以不愿与对方分享信息、不采取合作或解决问题式的谈判策略，是因为谈判者之间缺乏足够的信任。谈判者会认为，除非对方也采取同样的做法，否则他们的谈判地位就会受到削弱。在调解程序下，调解员通常会借助他的调解经验和技巧，营造有助于双方进行合作交流的气氛和环境：有中立的第三方在场，那些习惯于采取竞争型策略的谈判者相对会变得温和、合作，他们会减少对对方的攻击和指责，更何况调解员被认为是对谈判结果有影响的人；[①]调解员会认真、有效地倾听谈判者的陈述、理解他们的想法和关注点，这样谈判者就会有更强的意愿去尝试一些新的、不同的替代方案以解决争议；调解员还会鼓励当事人或谈判者释放他们的情绪，不管是愤怒还是恐惧，抑或担忧，尤其是在另一方谈判者不在场的单独会谈中，这样那些被掩饰或隐藏起来的情绪就不再会成为双方和解的障碍。

2. 调解员能引导双方有序地披露信息，鼓励谈判者分享信息。在开场陈述环节，由于调解员制定了陈述规则并监督其执行，谈判者可以较全面地陈述己方的看法、观点以及基本利益和需求，避免被另一方打断或遭遇言语攻击。同时，调解员还可以通过询问来引导谈判者披露更多的信息，以进一步减少双方的误解，让他们相互了解各自真实的想法和需求。这无疑有助于下一步的谈判与和解。由调解员主导的信息分享过程，可以避免因为谈判一方的强势而使这一过程变成单边的信息披露：调解员可以给另一方谈判者施压，要求其披露信息以回应对方，而谈判者同意接受调解本身也就意味着他有回答调解员所提问题的压力。

虽然在调解之初，当事人及其律师一般都不太愿意告诉调解员他们真实的底线，但在调解员明确并在一定程度上实践了他的中立立场、强调他的保密义务之后，调解员和当事人及其律师之间的交流会变得比谈判双方之间的沟通更为开放和灵活，谈判者也更愿意接受调解员的意见和建议，调整立场，说出自己真实的利益和需求。

3. 调解员会鼓励谈判者采取合作或解决问题型的谈判策略，平衡双方的磋商和让步节奏，避免谈判陷入僵局或破裂。调解员的主要职责是：将谈判者从谈判之初所持的立场或承诺中释放出来，引导谈判者采用合作或解决问题型的谈判策略和技巧。

有些时候，律师会在谈判之初就表示，他的委托人绝对不会接受某个条件或某项报价，那么在接下来的谈判中，他很可能会为了面子或者证明自己并没有说谎而坚持原有立场，这时调解员就需要和律师沟通，解释为什么他当初的立场已经不适合现在的情势，或建议律师调整原有立场，为保障其委托人的最佳利益而接受某个条件。有些时候，谈判一方过于强硬的谈判方式，很可能引起对方的敌意或者报复性地采用竞

① Donald G. Gifford, supra note, p204.

争型的谈判策略,从而导致谈判陷入僵局甚至破裂,那么调解者就可以建议并鼓励其采取更为合作的立场和谈判策略。当谈判一方拒绝让步,并认为如果他继续采取竞争型的谈判策略,对方最终会做出更多的让步时,调解员有必要充当“现实的代理人”,适时指出谈判另一方有可能已经接近其最低限度,建议谈判者做出更为客观、现实的评估和预测,避免谈判破裂。在谈判者出于面子或怕被误读而拒绝让步的情形下,调解员还可以通过包括进行单独会谈在内的各种方法,减轻或缓和因让步而给谈判者带来的丢面子、示弱等压力。比如,在向谈判对方传递让步信息时,不明说这是谈判者做出的让步,而将其转换成是调解员自己预测的谈判者有可能接受的条件等。也有可能,谈判者因为过于合作而被另一方不当利用,那么调解员也可以以引导者的身份,规劝谈判者适当减缓让步节奏和幅度,避免让步过快过急,以至于到最后无步可让。[①] 调解员还可以通过劝导谈判者对让步、磋商保有耐心,鼓励其对谈判树立信心,适时地稀释、缓解谈判对方极具进攻性的谈判技巧给谈判者带来的压力或愤怒,以保护谈判经验不足的谈判者。

4. 调解员在必要时可以提出自己的建议以促成协议的达成。在某些情形下,调解员还可以就争议所涉实体问题和谈判进程提出建议。调解员的建议通常比较现实、可行:一方面,他通过和谈判双方的沟通尤其是通过单独会谈,所获得的信息量、对当事人的真实利益的认知,比任何一方谈判者都要多、要清楚;另一方面,他是与争议事项、当事人及律师没有利害关系的中立第三方,因此他所提出的建议包括和解方案,都更为客观、理性和公平。

在调解过程中,调解员会就谈判者的谈判策略或技巧、信息交换、让步等问题给出适当的建议和评估;但如果涉及和解方案,调解员通常只在万不得已,且在调解的最后阶段才会提议。这是因为调解更注重或者说更鼓励由当事人自己来确定可能的和解方案。虽然说调解员有可能比谈判者更清楚什么样的方案可以使当事人双方的利益得到最大满足,同时又相对公平,但调解员是谈判的引导者或促进者,而不是争议的裁判者,如果他过多地介入实体问题,当事人有可能会认为这是调解员强加给他们的和解方案,而不是他们依照自己的意愿所决定的,因而不予认同。而且,一旦当事人对这个和解方案提出异议,那么调解员的诚信以及他作为中立、公正的争议协调者的形象就会受到损害。因此,调解员在以自己名义提出和解方案时,应慎之又慎。[②]

5. 调解员会对协议条款进行确认、说明,以减少歧义。在调解过程中,若谈判双方就某一问题达成一致时,调解员需要对条款做简要说明、概括,这样不仅确保谈判双方正确理解已达成共识的内容,而且可以促使谈判者继续就余下的议题努力协商并达成一致。在最后阶段,若谈判双方就整个谈判事项达成了共识,调解员通常会重申和解

---

① Donald G. Gifford, supra note, p205.

② 同上注, p209。

协议的内容。而且,协议一旦达成,调解员很可能会和谈判律师一起起草协议文本。

调解程序作为一种独立机制,在减少谈判决定的不确定性,防止谈判各方固守自己立场方面十分有效;它不仅对有第三方介入的双方谈判大有帮助,而且对多边谈判几乎是不可或缺的。①

三、诉讼框架下的法律谈判

人们对诉讼的反应通常都比较消极:诉讼意味着当事人之间的关系已经遭到破坏或恶化,意味着争议已无法由当事人决定,同时也意味着争议结果的不确定性。那么,诉讼是否真的意味着当事人彻底失去了通过谈判解决争议的可能呢?当然没有。从另一个角度来看,诉讼只是表明双方当事人进行谈判的背景、环境发生了变化:由于代表着司法权的第三方——法院的介入,争议被置于诉讼框架之下,谈判也就只能在另一种氛围中继续;而影响谈判进程和结果的因素,自然也就有了明显变化。②

(一)诉讼是解决争议谈判的替代方案之一

在法律谈判的准备阶段,律师应当通过对利益、权利和权力的评估,确定除通过谈判达成和解之外,委托人可以考虑的一种或几种替代方案:通过利益评估,明确委托人追求自身利益所能采取的方案;通过权利评估,确定委托人通过行政机关或在仲裁庭、法庭上得以主张的权利;通过权力评估,考虑能够运用权力迫使对方满足委托人利益的可能方案;等等。在确定了各种可能的替代方案之后,律师和委托人接下来要做的便是对这些替代方案进行评估,并最终确定一到两个最佳替代方案。最佳替代方案能够帮助谈判者决定是否继续谈判,是否接受和解协议。

对旨在解决争议的谈判而言,诉讼很多时候可能并不是最佳替代方案,但肯定是替代方案之一。大多数的当事人在将争议提交诉讼之前,都会试着通过谈判解决之;如果谈判不成,才会考虑采取包括诉讼在内的其他争议解决方式。而且,即便到了诉讼阶段,95%的争议也还是通过谈判来解决的。据说,平均而言,诉讼律师使用谈判技能几率是使用审判技能几率的19倍。③

(二)诉讼对谈判的影响

争议一旦进入诉讼程序,并不意味着通过谈判解决争议的机会就已丧失殆尽。有些时候,诉讼可能只是律师的策略而已,其目的在于迫使对方让步,或者借此推进谈判

① [美]罗杰·费希尔、威廉·尤里、布鲁斯·巴顿:《谈判力》,王燕、罗昕译,中信出版社2012年版,第116页。

② 蔡彦敏、祝聪、刘晶晶:《谈判学与谈判实务》,清华大学出版社2011年版,第244页。

③ [美]X. M. 弗拉斯科纳、H. 李·赫瑟林顿:《法律职业就是谈判》,高如华译,法律出版社2005年版,第188页。

进程，尽早达成和解协议。即使当事人是在寻求其他争议解决方式无果之后才选择诉讼，谈判的机会依然存在。法院附设ADR主要也是为了促进当事人通过协商解决纠纷而非继续诉讼。不过，较之一般情境下的谈判，诉讼框架下的谈判会更多地受到诉讼程序及其他相关因素的影响。

1. 谈判存在于诉讼的各个阶段。律师们深知，谈判是诉讼程序不可或缺的一个部分：诉讼之前，他们会试着通过谈判解决纠纷；争议提交法院之后，他们依然会努力协商以求和解；在提交证据、庭审、判决、上诉的各个环节，他们还会尝试谈判。① 曾有人形象地将诉讼过程中的谈判描述为“法律阴影下的讨价还价”；②还有人认为，谈判和诉讼并非两个完全分立的程序，他们是融合在一起的，是解决争议的同一程序，并就此拼出一个新词——“诉讼谈判”(litgotiation)。③

2. 诉讼对谈判的影响。由于诉讼中的谈判实质上是与诉讼程序相伴而行的，因此诉讼对谈判的影响也是显而易见的：(1)维持双方之间的良好关系通常不再是重要的考虑因素。争议一旦进入诉讼程序，不仅意味着双方之间关系的破裂，而且双方律师会尽一切可能向法庭提交对自己有利而于对方不利的证据，否定或驳斥对方的主张，以期说服法官，获得对己方委托人有利的判决。因此，这种情境下的谈判，谈判者主要关注的是争议本身的是非曲直，各方证据是否充分确凿，法律依据是否合理等，维持或修补双方关系已然不是谈判者重点考虑的因素了。当然，如果双方能在诉讼过程中达成和解，对缓和双方的关系会有一定的作用。(2)诉讼给谈判造成一定的时间压力。由于每一阶段诉讼程序的开始或结束都有着较为严格的时限，所以，不管当事人是想将诉讼当作一种谈判策略而会尽量赶在庭审前结束谈判，还是想抛开先前谈判破裂的阴影仍寄希望于双方的妥协，都会想在法庭裁决前达成和解诉讼程序随时间推进而不受当事人意志控制的特点，会给双方的谈判带来较大的时间压力。(3)诉讼中的谈判者会更加务实。虽然诉讼程序下的部分谈判，律师会因双方关系的恶化而变得更有对抗性；但是，除了那些主要是为了确定某些事实或责任、或为了尊严或荣誉而进行的诉讼外，大多数律师通过诉讼中的举证、事实调查等环节，对谈判情势、双方的优势与劣势有了更清晰、客观的认知，在谈判中的表现自然也就更加务实。(4)结果的不确定性成为促成谈判的重要因素。进入诉讼程序的争议双方虽然会尽力举证、主张、抗辩，但裁决结果的不确定性很可能会促成谈判：不管是原告还是被告，大多都希望寻求确定性以消除不确定性。更何况，诉讼本身的时间成本如可能的二审、再审、申请强制执行

---

① Harold I. Abramson, supra note, p15.

② Robert H. Mnookin, Lewis Kornhauser, *Bargaining in the Shadow of the Law: The Case of Divorce*, 88 Yale L.J. 950 (1979).

③ Marc Galanter, *Worlds of Deals: Using Negotiation to Teach about Legal Process*, 34 J. Legal Educ. 268 (1984).

等，都会成为影响谈判的重要因素。

争议一旦进入诉讼程序，对律师而言，理性地进行两手准备无疑是最佳方案。永远不要关上谈判的大门，因为和解的机会一直都有，更何况诉讼形势可能变化很快；但也永远不要假设一定会达成和解，因为无论双方当事人离和解有多近，在协议达成、文件经各方当事人签署之前，或者诉讼被法官驳回之前，诉讼程序还在继续进行；而且，当和解不能实现时，你得准备继续诉讼。①

第二节 模拟练习

王薇与张兵离婚纠纷②

一、模拟事例

(一)基本信息

20××年5月，王薇(女)和张兵(男)经人介绍相识，在经过几个月的交往了解后，双方于同年10月登记结婚。婚后初期，夫妻感情较好。王薇在一家私营企业上班，负责行政管理工作，每月工资约3000元，工作时间比较固定。张兵在一家商贸类企业担任销售员，因工作需要经常出差，其固定工资约4000元；奖金根据销售业绩而定，奖金较多时每月收入合计约6000元。日常生活中，双方的工资收入都交由张兵管理支配，工资卡、存折也都由张兵保管。

婚后，夫妻俩与张兵父母同住。201×年12月底，双方共同申购了一套经济适用房，经济适用房管理中心发布的《符合经济适用房购房资格名单》中公示的购房申请人是"张兵(王薇)"。该套房屋购买价为人民币48万元，首付款18万元，其中王薇父母出资6万元，张兵父母出资5万元，张兵和王薇共同出资7万元；剩余房款30万元由张兵夫妻俩向银行贷款，期限为20年。房子的购房手续和产权登记手续都由张兵一人办理，房产证、契证权利人都只登记了张兵一人。房子的还贷事宜也一直由张兵办理，一般都是张兵从自己的工资卡直接转账或由张兵以现金存入还款账户。第二年，房子经简单装修后，王薇和张兵搬入新房居住。

第二年5月，两人的女儿张念出生。但女儿的出生似乎并未给这个家庭带来期盼中的欢乐。张兵父母由于受重男轻女观念影响，不愿意帮忙照顾孙女；而王薇父母年

① [美]X.M.弗拉斯科纳、H.李·赫瑟林顿，前引书，第208页。
② 本模拟事例既可以做调解模拟练习之用，也可做谈判模拟练习之用。

迈体弱也无力帮忙，无奈之下王薇辞职在家带孩子。最初，张兵每月给王薇 2000 元左右的生活费，后来又增至 3000 元一个月。但自上一年 6 月起，张兵经常夜不归宿，而且给王薇的家用越来越少；后来，张兵索性不再给王薇家用。问其缘由，张兵解释是因为销售业绩下滑，公司早就不发奖金了，每月固定的 4000 多元工资扣除房贷外，还不够支付张兵个人的日常开销，根本没钱再贴补家用了。王薇虽对张兵的解释半信半疑，但苦于没有办法，也只能向父母家借钱维持生活。

上一年 9 月，一朋友告诉王薇，她曾多次看到张兵与同一名女子在公共场合态度亲昵。王薇和家人商量，决定让弟弟王强跟踪调查张兵的行踪。果然，王强发现张兵和一名刘姓女子已经租房同居，但王强未能拍得俩人同行的照片。10 月，在王薇及众亲友质问下，张兵承认曾经出轨，但同时表示已经与刘姓女子断绝关系，并希望与王薇和好继续生活。在亲友劝说下，也为了给女儿一个完整的家，王薇决定原谅张兵。但不到 1 个月，张兵又恢复夜不归宿的状态。12 月，王薇证实张兵仍与该刘姓女子保持亲密关系后，和张兵大吵一架，然后带着女儿搬到父母家居住。今年春节前夕，王薇父母找到张兵父母理论，张兵父母表示他们也没办法管教自己儿子。

春节后，王薇听说刘姓女子已经怀了张兵的孩子，于是决定和张兵离婚。王薇和张兵沟通几次之后，张兵表示如果王薇净身出户就同意离婚，否则就拖着不离婚。4 月，心灰意冷的王薇向当地人民法院起诉离婚，诉讼请求为：①依法判决王薇和张兵离婚；②依法分割夫妻共同财产，主要共同财产为本市柳家苑 3 幢 2 单元 201 室房屋一套，银行存款 3 万元；③婚生女张念归王薇抚养，张兵支付张念抚养费每月 1500 元，抚养费每年递增 5%，医疗费教育费待实际发生时各半承担；④判决张兵支付婚姻过错赔偿 10 万元。

张兵辩称，他和王薇感情转淡是因为两人性格不合、经常吵架；虽然他之前确实和刘姓女子有暧昧关系，但两人现在已经不再往来，因此他和王薇的婚姻破裂并不是因为他的婚外情。王薇诉称的夫妻共有的房子既然登记在他的名下，就是他的财产，与王薇无关，更何况房贷也一直是他从自己的工资中支出的。首付款中王薇父母的出资款实际上是借款，只不过他没有向王薇父母打借条而已；他愿意把这 6 万元还给王薇父母，另外承担 1 万元的利息款。关于女儿的抚养费，张兵表示因为自己收入下降，确实能力有限，他只能承担每月 500 元的抚养费。

在律师的建议下，王薇同意先试着通过调解解决与张兵的离婚纠纷。

(二)保密信息

1. 王薇的保密信息。（略）

2. 张兵的保密信息。（略）

（保密信息由教师在模拟演练前另行提供）

二、模拟练习的实施方案

(一)分组

学生3人为一个小组,其中2人扮演双方的律师,1人扮演调解员;也可以5人一组,2人扮演委托人,2人扮演谈律师,1人扮演调解员。

(二)模拟练习步骤及要求

1.阅读模拟材料:

(1)模拟事例的基本信息。

(2)己方委托人的保密信息。

2.律师进行谈判准备工作:

(1)收集相关信息。

(2)评估各方的利益、权利等。

(3)制定谈判方案。

3.调解员进行调解准备工作:

(1)了解纠纷及当事人基本情况。

(2)进行调解预评估。

(3)拟定初步的调解方案。

4.进行模拟调解,时间控制在60分钟左右。

三、反馈与评价

模拟练习自我评估:调解①

1.请简述调解员开场白的主要内容。

2.你是否有机会完整且不受干扰地阐述己方的主张或意见?如果没有,请解释原因。

3.在调解中是否出现过僵局?如果是,原因是什么?调解员是如何处理僵局的?

4.调解员是否和你进行过单独会谈?如果是,单独会谈时你披露了哪些重要信息?保留了哪些重要信息?请解释理由。

① 本表由扮演律师的学生填写。

5.调解结束时,调解员说了些什么?

6.调解是否达成协议?如果是,请问你对调解协议是否满意?如果没有,你认为调解失败的原因是什么?

7.在调解过程中,你是否一直都信任调解员?请解释理由。

8.你认为调解员哪些方面做得比较好?请举例说明。

9.你认为调解员哪些方面还需要改进?请举例说明。

主要参考文献

[1] 蔡彦敏,祝聪,刘晶晶. 谈判学与谈判实务[M]. 北京:清华大学出版社,2011.

[2] 宋莉萍. 商务谈判理论、策略与技巧[M]. 上海:上海财经大学出版社,2012.

[3] 张荣华. 哈佛口才课[M]. 长春:吉林出版集团,2010.

[4] 唐齐千. 谈判艺术与礼仪[M]. 北京:民主与建设出版社,1998.

[5] 斯蒂芬·克里格,理查德·诺伊曼. 律师执业基本技能 会见客户、咨询服务、谈判、有说服力的事实分析[M]. 中伦金通律师事务所,译. 北京:法律出版社,2006.

[6] X. M. 弗拉斯科纳,H. 李·赫瑟林顿. 法律职业就是谈判[M]. 高如华,译. 北京:法律出版社,2005.

[7] 戴安娜·特赖布. 法律谈判之道[M]. 高如华,译. 北京:法律出版社,2006.

[8] 斯蒂芬·B. 戈尔德堡,弗兰克·E. A. 桑德, 纠纷解决——谈判、调解和其他机制[M]. 蔡彦敏,等,译. 北京:中国政法大学出版社,2004.

[9] 罗杰·费希尔,威廉·尤里,布鲁斯·巴顿. 谈判力[M]. 王燕,罗昕,译. 北京:中信出版社,2012.

[10] 杰勒德·尼伦伯格,亨利·卡莱罗. 谈判的艺术[M]. 陈琛,许皓皓,译. 北京:新世界出版社,2012.

[11] 戴维·鲁本. 律师与正义——一个伦理学研究[M]. 戴锐,译. 北京:中国政法大学出版社,2010.

[12] 罗伯特·N. 威尔金. 法律职业的精神[M]. 王俊峰,译. 北京:北京大学出版社,2013.

[13] 利·汤普森. 谈判学[M]. 赵欣,陆华强,译. 北京:中国人民大学出版社,2009.

[14] 理查德·吕克. 谈判[M]. 冯华,译. 北京:机械工业出版社,2005.

[15] 罗伊·J. 列维奇,布鲁斯·巴里,戴维·M. 桑德斯,约翰·W. 明顿. 谈判学(第4版)[M]. 廉晓红,等,译. 北京:中国人民大学出版社,2006.

[16] 罗杰·道森. 优势谈判[M]. 2版. 刘祥亚,译. 重庆:重庆出版社,2013.

[17] 彼得·约翰斯顿. 劣势谈判[M]. 吴婷,李建敏,译. 海口:南方出版社,2011.

[18] 凯瑟琳·凯利·里尔登. 谈判的力量[M]. 冯宇,译. 北京:当代中国出版

社，2005.
[19] 罗伊·J.列维奇，戴维·M.桑德斯，布鲁斯·巴里．商务谈判（原书第 5 版）[M]．程德俊，译．北京：机械工业出版社，2012.
[20] 迪帕克·马哈拉，马克斯·巴泽曼．哈佛经典谈判术[M]．吴奕俊，译．北京：中国人民大学出版社，2009.
[21] DONALD G. GIFFORD. Legal Negotiation: Theory and Applications [M]. West Group, 1989.
[22] WILLIAM Ury. Getting Past No: Negotiating Your Way from Confrontation to Cooperation [M]. Bantam Books, 1993.
[23] ROBERT H. Mnookin, Scott R. Peppet, Andrew S. Tulumello. Beyond Winning: Negotiating to Create Value in Deals and Disputes [M]. the Belknap Press, 2004.
[24] HAROLD I. ABRAMSON. Mediation Representation: Advocating in a Problem－Solving Process [M]. NITA, 2004.
[25] ART HINSHAW, JESS K. ALBERTS. Doing the Right Thing: An Empirical Study of Attorney Negotiation Ethics [J]. 16 Harv. Negot L. Rev. 95, 2011.
[26] ROBERT H. MNOOKIN, LEWIS KORNHAUSER. Bargaining in the Shadow of the Law: The Case of Divorce [J]. 88 Yale L. J. 950, 1979.
[27] LARRY CRUMP, A. LAN GIENDON. Towards a Paradigm of Multiparty Negotiation [J]. 8 International Negotiation 197, 2003.
[28] MARC GALANTER. Worlds of Deals: Using Negotiation to Teach about Legal Process [J], 34 J. Legal Educ. 268, 1984.